Рассказы

Андрей Зарин

Рассказы

ISBN: 978-1-64439-805-0

СОДЕРЖАНИЕ

ЧЕРНАЯ ДАМА

На днях я поздно ночью возвращался домой. В белесоватом сумраке тянулись длинные, пустынные улицы, далеко-далеко, на всем их протяжении, можно было ясно различать и тумбы, и фонарные столбы без горящих на них фонарей, и дворников, уныло спящих, сидя на обрубках, и склонивших свои головы на колени.

Был ночной час, но ночи не было.

О, эти ужасные белые ночи! Кажется, город вдруг посетила чума и все население вымерло. На улице день, но кругом пустынно и мрачно. Окна завешаны занавесками, лавки наглухо заперты, и в бесконечной перспективе проспекта редко-редко мелькнет человеческая фигура и скроется за углом. Точно страшная смерть прошла со своей косою по городу.

Но это только белая ночь: люди спят, лавки заперты, а на улице светло, как ранним утром.

В такие дни я не знал прежде покоя и бродил до утра по улицам. Теперь работа урегулировала мой сон и бдение, но эти ночи все же напрягают мои нервы каким-то неясным раздражением, и часто из-за них я отрываюсь от течения своих мыслей.

Так и теперь. Я шел домой в бледном свете томительной ночи, и мне вдруг вспомнился один эпизод из моей жизни. Я стал восстанавливать его во всех подробностях, и он снова показался мне до такой степени странным и удивительным, что, придя домой, я решился записать его.

Этот случай характеризует отчасти мое легкомыслие, но кто не был легкомыслен в свое время?

Это было и не так давно — всего четыре-пять лет тому назад. Я жил в конце Загородного проспекта и однажды, в такую же белую ночь, возвращался домой. Я проходил уже мимо Обуховской больницы, когда меня перегнала женщина в трауре. Я невольно залюбовался ее стройной фигурой.

Грациозная, высокая, с изящными плечами и маленькой ножкой, в бледном свете белой ночи, в своем черном костюме с длинным полотнищем крепа, она показалась мне чем-то чарующим, прекрасным.

Грешный человек, я прибавил шагу, чтобы перегнать ее и заглянуть ей в лицо. Увы, ее лицо было покрыто чуть ли не тройной черной вуалью, но мне показалось, что я увидел яркие глаза, пунцовые губы и изящный прямой носик. Я невольно улыбнулся и замедлил шаг.

Она снова перегнала меня, и теперь, я видел ясно, она посмотрела мне в лицо и, кажется, улыбнулась. Я прибавил шагу... Не знаю, сколько бы времени продолжалась эта игра вперегонки, если бы в конце улицы не показалась группа из трех молодых людей со шляпами, сдвинутыми на затылок, с энергичными жестами и громким пьяным говором.

Я решительно приблизился к незнакомке и предложил ей руку. Я не помню, в каких выражениях я сделал это отважное предложение, помню только, что крошечная, изящная ручка, затянутая в черную перчатку, легла на мою руку, и я почувствовал неизъяснимое блаженство.

Трое гуляк поравнялись с нами, дали дорогу и прошли дальше, оглашая пустынную улицу своими криками.

Мы остались одни. Я всячески старался разглядеть черты лица моей незнакомки, но они были тщательно скрыты вуалью.

— Приподнимите эту таинственную завесу, — сказал я шутливо.

Она поняла мою просьбу сразу.

— Ах, нет! Этого нельзя, этого никак нельзя! Не просите меня! — произнесла она дрожащим от волнения голосом, и я с изумлением почувствовал, как ее рука задрожала.

— Я буду думать, что вы герцогиня, скрывающая свое инкогнито, — сказал я.

— Думайте что хотите, но не просите меня об этом.

Ее голос был удивительно гибок. Она сказала десять слов, но в звуках этих слов мне послышалась целая мелодия. Она должна была быть красива, это несомненно. И я не ошибся.

— Пойдемте тише, — сказала она.

— С удовольствием!.. Вы шли гораздо быстрее, когда перегнали меня.

— О, да! Я была одна... — пустынная улица... мне было страшно... Я боюсь одна... ночь, никого нет, а мне кажется, что за мною бегут, ищут, ловят...

— Зачем же вы выходите так поздно?

— Ах, это надо, это необходимо даже! Если бы я могла, я бы сидела дома, заперла все двери, завесила окна и никуда, никуда бы не вышла...

Я невольно улыбнулся ее аффектированному тону. Она говорила, вся вздрагивая от волнения и прерывая свой голос, словно задыхаясь.

— "Что же вас гонит: судьбы ли решение, зависть ли тайная, злоба открытая?.."[1]

Я хотел было продекламировать и третью строфу, но вдруг замолчал в смущении.

Она несомненно красива, но эти странные речи... Бог ее знает.

— Вы смеетесь, — сказала она с упреком.

— Я удивляюсь.

— Удивляться нечему. Вы молоды и не знаете жизни, — заговорила она горячо, — вы не знаете, что помимо закона можно быть осужденной, помимо властей можно быть в тюрьме. Есть тюрьмы, есть пытки, есть казни! В каждом доме совершается невидимое преступление!

Мне послышались в ее голосе слезы. Я ничего не понимал и по тогдашнему легкомыслию своему подумал, что разговор становится скучным. Я снова стал шутить.

— О, я вас понимаю! Я хотя и молод, но знаю жизнь по книгам. Я знаю, что может быть "Клуб висельников", что существовало "Общество душителей, или тугов", что был "Клуб двенадцати шпаг дьявола". Это все открыл и рассказал Понсон дю Террайль или кто-то в этом роде. Я читал, что маркизы и герцогини ходили на тайные свидания, делали подозрительные обороты с драгоценными вещами, что короли наряжались булочниками и выпрыгивали из окошек...

— Ах, у вас все шутки! — воскликнула вдруг она с неподдельным отчаянием. — А я думала...

— Что вы думали? — мне стало на мгновенье совестно, и я близко пригнулся к ее лицу.

Она молчала, я стал оправдываться.

Ничто не обязывает меня серьезно относиться к делу. Эта обстановка: белая ночь и пустынная улица; эта удивительная встреча, этот странный разговор во вкусе таинственной фабулы бульварного романа.

— Согласитесь сами, вы можете меня мистифицировать. Я не хочу быть смешным и смеюсь сам. Бросьте это, откройте свое лицо. Помните, как в еврейских песнях:

Дай услышать голос милый,

Покажи твое лицо!

Я уже теперь влюблен в вас, а тогда... о, тогда я стану вашим рыцарем и с готовностью пролью кровь за освобождение своей царицы!

---

[1] Неточная цитата из стихотворения М. Ю. Лермонтова 'Тучи'

Мой монолог произвел желаемое впечатление. Она тихо засмеялась и уже без ужаса ответила:

— Только не сейчас, не здесь!

Сознаюсь, я воспользовался ее неосторожным словом и с горячностью сказал:

— Я не говорю — здесь. Я доведу вас до дому, вы радушно пригласите меня войти и позволите выкурить у вас одну папироску!

— Что?

— Одну папироску выкурить! Я устал, я шел издалека. Я даже не сниму пальто. Ведь вы позволите? — добавил я над самым ее ухом замирающим шепотом.

Ее рука дрожала.

— Да... нет... что же... да, позволю, позволю, — вдруг сказала она два раза.

Я сжал ее руку.

— И там я увижу ваше лицо?

Она наклонила голову. Несколько шагов мы прошли молча и остановились у одного из домов Сивкова.

В конце Забалканского проспекта, подле Обводного канала, два квартала заняты огромными каменными домами, образующими собою два переулка и принадлежащими одному владельцу.

Я не знаю, кому они принадлежат теперь. Знаю, что они были Тарасова, потом Сивкова, потом еще и еще кого-то, но имя Сивкова так и осталось за ними.

Эти огромные дома заселены по преимуществу бедным людом. В нем масса рабочих, бедных чиновников, студентов и... прекрасных, но погибших созданий.

Моя история разрешилась просто. Мы вошли в подъезд, прошли по узкому коридору во двор, через него в другой подъезд, в другой коридор и, наконец, на лестницу. Нас охватила египетская тьма, так как в домах Сивкова на лестницу не сделано ни одного окна на высоте всех пяти этажей.

Я хотел зажечь спичку, но она порывисто потушила ее и опять лихорадочно заговорила:

— Не надо! Ради бога, не надо!

— Мы же поломаем ноги!

— Бога ради! — она сжала мою руку и повела в темноте по лестнице.

Мне становилось жутко. Вдруг наверху звякнул дверной крючок, хлопнула дверь, послышались мужские голоса и загорелась спичка. Бледным светом она озарила площадку четвертого этажа.

Моя незнакомка прижалась ко мне и замерла, вся дрожа от волнения. Потом она вдруг зашептала совершенно безумным лепетом:

— Если любите... если дорожите жизнью... Бога ради... идите... прочь скорее... скорей...

Шаги все приближались. Ее вуаль касалась моего лица.

— Идите, идите, — прошептала она исступленно и толкнула меня.

Я повернулся и, ничего не понимая, медленно сошел вниз.

Когда я вышел на улицу, я чувствовал себя словно одураченным. Я старался разобраться в происшествии, но не понимал решительно ничего.

Вернувшись домой, я лег спать; на другое утро сел за работу и на время позабыл обо всей этой странной истории.

Несколько дней спустя, идя по Гороховой, я вдруг встретил свою незнакомку.

Она была одета в тот же траурный костюм, и непроницаемая вуаль так же закрывала ее лицо.

Я быстро догнал ее и заговорил с нею.

— Скажите, пожалуйста, — не без раздражения сказал я, — к чему вы меня в тот раз заставили разыграть такую глупую роль?

Она вздрогнула, увидев меня.

— Вы? — воскликнула она с неподдельным горем.

— Да, — ответил я, — признаться сказать, мне было очень досадно, что вы заставили меня изобразить собою какого-то бульварного героя!

Но она не слышала моих слов и снова воскликнула с тоской:

— Вы! Неужели и вы...

Я раздражительно заметил:

— Вы и среди белого дня разыгрываете мелодраму! Неужели вы не можете быть естественны?

Она опять не слыхала моих слов. Она схватила меня за руку, повлекла к воротам ближайшего дома и тут, сжимая мне до боли руку, заговорила тем же исступленным шепотом, каким говорила на лестнице:

— Если вы жалеете себя, если любите себя, уйдите! Оставьте меня одну! Вам не спасти меня! Идите! Не мучайте мсня!

Я изумленно посмотрел на нее.

— Вы хотите делать какую-то тайну! Я ничего не понимаю.

— Если бы вы знали мою жизнь! — сказала она с тоскою.

Я был снова заинтригован.

— Расскажите!

— Вы хотите, хотите?

— Хочу.

— Слушайте! — голос ее стал каким-то торжественным. — Если вы правда заинтересовались мною, если вы думаете, что можете полюбить меня, — я вам расскажу все, все, от рождения! Хотите?

— Хочу.

— Вы не трус? — вдруг спросила она.

Какой мужчина скажет, что он трус? Я пожал плечами.

— Дайте мне слово, что исполните мою просьбу.

На этот раз я решился удовлетворить свое любопытство.

— Я дам вам всякое слово — покажите мне свое лицо.

— Вот!

И она вдруг приподняла вуаль. Да, я видел пунцовые губы, правильный носик, черные брови и глаза... Глаз этих я не забуду и узнаю их везде. Они были карие, большие и глядели на меня с такою затаенною грустью, с таким томительным ожиданием, что этого взгляда я не могу забыть, а с ним и глаза, так смотревшие на меня, и весь облик ее грустного прекрасного лица.

— Даю слово, — сказал я горячо, — что исполню всякое ваше желание!

Она опустила вуаль.

— Придите сегодня ночью, в двенадцать, к железному мосту. Я буду ждать вас; я возьму вас с собою и открою все.

Я невольно отшатнулся и смущенно пробормотал:

— К железному мосту?

— Да, на царскосельской дороге, — сказала она, — вы боитесь?

Я вспыхнул от обидного подозрения.

— Я буду. Надеюсь, вы не дурачите меня!

— Я?! — воскликнула она и, схватив меня за руку, прибавила с невыразимой прелестью: — Милый, милый!

У меня закружилась голова. Если бы не день и не народ, я, вероятно бы, ее обнял.

Она скользнула из-под ворот, быстро подошла к праздно стоявшему извозчику и села на пролетку.

Извозчик встрепенулся и задергал вожжами.

— Приходи! — крикнула она мне радостным голосом.

Я закивал головою и долго смотрел ей вслед. Она оборачивалась, и мне казалось, что я видел ее улыбку сквозь непроницаемую завесу вуали.

Я вернулся домой совершенно отуманенный и только к

вечеру осознал все безрассудство своего обещания. Кто она, от чего ее спасать и какое мне дело до истории ее жизни от рождения?

Что за странное время и место для свидания!

Двенадцать часов ночи — час очень поздний, особенно для такой пустынной местности, как у железного моста.

По полотну царскосельской железной дороги надо пройти мимо мастерских, сторожки, мимо "ям", туда, к крошечной сосновой роще, что стоит у полотна соединительной ветви между Варшавским и Николаевским вокзалами. Это полотно проходит под железным мостом, по которому проложены рельсы царскосельской железной дороги.

Я стал робеть. Это свидание, в такой странный час и в такой удивительной местности, приводило меня в совершенное недоумение; но наступил вечер; любопытство превозмогло мою робость, и я пошел на свидание.

Я взял с собою, на всякий случай, револьвер, крошечный карманный револьвер, пуля которого, я уверен, не убьет даже кошки, но сознание его присутствия все-таки приносило мне некоторое успокоение.

Я шел по узкой тропинке внизу откоса полотна. Справа от меня тянулась проезжая дорога. Белая ночь освещала пустынную местность своим бледным светом и придавала ей зловещий вид.

Я приблизился, наконец, к железному мосту и остановился. Кругом было пусто. Я подошел к пролету моста и взглянул на другую сторону, и то, что я увидел, заставило меня встрепенуться.

По ту сторону моста стояла наемная карета, запряженная извозчичьими лошадьми.

Я был уверен, что "она" там, как вдруг от кареты отделился рослый мужчина и быстро пошел на меня. Я поспешно отскочил и схватился за револьвер. Шедший на меня был одет в пальто, картуз и высокие сапоги; лицо его было прикрыто козырьком картуза, и я видел только небольшую рыжую бородку и толстые губы.

Он сделал ко мне еще несколько шагов и громко спросил:

— Вас на свиданье звали или нет?

Я молчал и все отступал, сжимая револьвер.

— Вас, что ли? — крикнул он снова и опять сделал несколько шагов ко мне.

Я вынул тогда револьвер и сказал:

— Стой! Не то я выстрелю! Что тебе нужно?

— Барыня вам письмо прислали.

— Покажи!

— Пожалуйте сюда, я передам.

Он был от меня шагах в восьми.

— Мне не надо твоего письма, — сказал я и, приподняв револьвер, стал отступать назад.

Он свистнул, и вдруг из-за кареты вышли еще два человека, одетых так же, как он, и быстро побежали к нему.

— Ну, идите к нам честью, — сказал он мне, — мы свезем вас к барыне!

В голосе его слышалась насмешка.

Я почти обезумел от страха, но, несмотря на это, отчетливо помню все детали происшествия.

С видом хладнокровия я повернулся и пошел к городу. В ту же минуту я услышал за собою топот шести ног. Идти дальше было нельзя. Я бросился вперед, добежал до телеграфного столба, прислонился к нему спиною и поднял револьвер.

— Если кто подойдет ко мне, я выстрелю!

Они остановились шагах в пятнадцати передо мною.

— Брось эту штучку, лучше будет! — иронически сказал первый из них.

Я молчал.

— Брось, — повторил он.

Я молчал, судорожно сжимая револьвер-игрушку.

Он пошептался со своими товарищами, и те вдруг бросились на дорогу. Я с ужасом увидел, что они меня обходят. Со стороны дороги шел на меня один из них, другой зашел со стороны города, а первый, главный, стоял передо мною шагах в пятнадцати и насмешливо выкрикивал:

— Брось! Поиграл, и будя!

Я чувствовал, как волосы шевелятся на моей голове, как горячий пот вдруг выступил на всем теле и тотчас застыл ледяной коркой. Самые нелепые мысли проносились в моей голове. Смертельная тоска сжала мое сердце, и мне страшно было расставаться так рано, так глупо со своей молодой жизнью.

А два человека, пригнувшись к земле, медленно подвигались к телеграфному столбу, к которому я плотно прижимался спиною.

Вдруг по дороге со стороны города послышались ругань, крики, мерный стук копыт и гром тележных колес.

Я выстрелил в воздух и не своим голосом закричал:

— Помогите!

Мои преследователи тотчас же оставили меня и быстро пошли к выехавшей на дорогу карете.

Я повернулся и бросился бежать. Мне навстречу тянулась длинная вереница ломовиков, моих избавителей, со своими тяжелыми телегами.

Сознаюсь в малодушии: я бежал почти вплоть до Обводного канала, и мне все слышался грохот колес преследующей меня кареты.

На другой день я был в домах Сивкова и переспросил всех дворников, описывая им свою незнакомку, но разве они могли среди тысячи жилиц узнать одну по моему описанию? В течение года, если не более, я внимательно разглядывал каждую встречавшуюся мне на улице женщину в трауре, но своей незнакомки я не встречал больше.

Я знаю, что отличу ее в какой угодно толпе, что признаю ее лицо тотчас, как только она взглянет на меня своими тоскующими глазами, но я совершенно не понимаю, что за история произошла со мною.

Кто были эти люди, кто была эта женщина, зачем я им был надобен?

Мой костюм не внушал представления о богатстве, ни к каким партиям я не принадлежал и никому не дал повода к кровавой мести...

Многим покажется, что я вступил в состязание с Ксавье де Мортепеном [французский романист, один из основоположников жанра бульварного романа] и написал главу из бульварного романа, но это все в действительности случилось со мной, и я рассказал здесь только голый факт.

1895

КОШМАР

I

Никогда Санин не чувствовал себя так хорошо, так вдохновенно настроенным, как в эти дни. Третий день он не выходил из дома, не видел людей и жил только образами героев своей повести и их жизнью.

И писалось так легко и свободно! Сложные сцены складывались сами собою, острые диалоги, горячие фразы срывались сами; образы стояли, как живые, и Санину казалось, что он на бумагу перекладывает свою душу. Окружающего мира для него не было. Он писал, перечитывал и снова писал, одинокий в своей крошечной квартирке.

И вдруг течение его мыслей прервал резкий звонок; раз, два, три!

Санин с неудовольствием отложил перо, встал от стола и только тут заметил, что на дворе уже стемнело. Он перешел крошечную гостиную, вошел в темную переднюю и отворил дверь.

В тот же миг молодая девушка порывисто бросилась к нему, схватила его за руки и бессвязно заговорила.

— Виталий Сергеевич, вы один! Барин, милый, помогите! Что мне делать? Его нет... где он?.. Поедемте...

Санин сначала растерялся, потом ничего не понял. Он отстранил девушку, запер дверь, и обратился к ней с ласковым укором:

— Что это вы, Аня, как безумная? Что с вами? Пройдемте! — и не мог удержаться от укора, — вы мне сильно помешали...

— Ах, если бы вы знали! — истерично повторяла она, — если бы вы знали...

Санин прошел в кабинет, методически зажег лампу и сел в кресло.

— Ну, что у вас?

Перед ним стояла высокая, стройная брюнетка в барашковой шапке и драповом пальто с меховым воротником. Милое, круглое лицо её с вздернутым носом выражало неподдельный ужас. Прекрасные, огромные глаза горели сухим блеском.

Санин искренно любил эту девушку.

Раз в месяц она приходила к нему делать папиросы и пробывала у него целый день, свободно и без умолку говоря, в то время как пальцы её быстро и искусно набивали табаком и отбрасывали сделанные папиросы.

Санин знал всю её жизнь, со всеми подробностями. У неё были старуха мать и брат, отбывавший срок службы в егерском полку.

Когда она поступила на табачную фабрику, ее стал преследовать мастер, добиваясь любви. Она бы совсем пропала, если бы не приказчик из магазина Дурунча, принявший в ней участие. Он порекомендовал ее нескольким покупателям как ловкую папиросницу, и теперь она жила только частными заказами, оставив фабрику.

Этим летом она встретила на гулянье в Таврическом саду бравого парня, Григория Пурвиса, и они полюбили друг друга. С детским восторгом передавала она Санину свои девические тайны и грезы. Григории Пурвис заходил за нею, и Санин познакомился с ним. Он оказался слесарем на заводе и получал хорошие деньги. Санин любовался на них, и их молодое счастье согревало его усталое сердце.

Что же теперь с этой веселой Аней?

Он только что вгляделся в её искаженное лицо и почти испугался за нее.

— Скажите же толком, Аня, что случилось? — повторил он.

Она с отчаяньем хлопнула руками по коленям.

— И вы ничего не знаете! Вы сидите здесь и пишете свои рассказы, а что там, вокруг, — не знаете?!

Он с улыбкою покачал головой.

— Но для чего же вы живете? — воскликнула она, — ах, я только трачу время! Идемте же! — и она схватила Санина за плечо, как власть имеющая.

— Куда? Зачем? — спросил Санин,

— Его искать, Гришу! Да неужели вы ничего, ничего не знаете?

Он опять покачал головою, а она уже быстро, бессвязно говорила.

— Все, решительно все оставили работу. Нельзя работать, когда за целый день труда едва можно быть сытым! — Это говорил Гриша. И все бросили. А сегодня пошли к царю. Все, все... просить царя о защите, а в них стреляли!.. И там он... Гриша, её Гриша!.. Она ждала его до вечера, и его нет. Иные вернулись, а его нет. Может он ранен; может убит! Его надо искать в больницах.

— Я не могу одна! — окончила она уже всхлипывая, — барин, милый, поедем!..

Санин сидел неподвижно. Мысли вихрем кружились его голове.

Там совершались такие события, а он ничего не знал, он — который должен быть нервом общества...

Он быстро вскочил на ноги и бросился в спальную.

— Сейчас, Аня! — торопливо произнес он, — сию секунду! Только переоденусь и деньги... Сейчас!..

II

Небывалое движенье царило на улицах. Люди двигались густыми толпами; по всем направлениям шли отряды солдат, проезжали казаки и драгуны.

На иных углах и перекрестках горели бивачные костры и подле них грелись солдаты, завернутые в башлыки, и пламя костров кровавыми бликами скользило по стволам составленных ружей.

— Сюда! Сперва в Мариинскую! Стой! — крикнула Аня извозчику и рванулась из саней.

Санин машинально пошел за ней следом.

У ворот толпилась кучка народа. Сторож в огромном тулупе впускал и выпускал одинокие, мрачные фигуры.

— Здесь есть раненые? — раздался голос Ани.

— Есть, болезная, — ответил из толпы чей-то голос, — где их нету.

Сторож пропустил их и сказал:

— Вон фонарь! Туда и идите!

Аня почти побежала по двору. Санин шел за нею следом.

В тесной комнате толпились люди.

Бойкий фельдшер сообщал сведения.

— Тебе кого? Максима Прохорова? Есть! Иди в палату нумер третий. Вам что?

— Григория Пурвиса... слесарь — замирающим голосом произнесла Аня.

Санин замер, пока фельдшер водил корявым пальцем по длинному списку имен.

— Нет — ответил он наконец отрывисто и прибавил: — поглядите в покойницкой!

Санин вздрогнул. Аня судорожно вцепилась в рукав его шубы и заговорила.

— Где, где? Куда?

— Там укажут.

Санин вывел ее и повел по узким мосткам следом за другими идущими людьми.

И было что-то жуткое в веренице людей, безмолвно двигавшихся по едва освещенному двору. Над низкой дверью каменной часовни уныло качался фонарь. Люди входили в дверь и выходили.

Аня вырвала руку и вбежала в часовню, Санин медленно вошел за нею и остановился на пороге.

На широких столах лежали недвижные люди; иные в пальто, иные в шубах, иные в разодранных блузах.

Санину мелькнула форменная тужурка. Бледное молодое лицо и струя крови, окрасившая щеку.

Несколько человек бродили между столами, наклонялись над трупами и снова шли дальше,

Аня вернулась,

— Его нет. Поедем!

И Санина не удивил её властный тон, её простота, с которой она взяла его под руку.

Они вышли.

И опять то же.

Взволнованные толпы народа, солдаты, конные разъезды, бивачные огни, растерянные люди у ворот больниц, равнодушный фельдшер и торжественная тишина мертвецкой.

Сон или наяву?

Что-то порвалось в душе Санина, билось, трепетало и не находило себе опоры.

Дальше. Еще и еще.

И вдруг этот полусон прорезал крик Ани:

— Он! Вот, вот! О, Господи! Гриша, милый, хороший!..

Санин рванулся вперед. Девушка приникла к трупу и билась над ним и причитала.

Григорий Пурвис лежал с тихой улыбкою на бескровных губах.

Санин охватил девушку и повлек на чистый воздух.

— Успокойся, Аня, — говорил он ей, как сестре, — мы его возьмем. Мы его похороним. Он — там! Он — святой! Я похлопочу, Аня. Теперь домой! Ты где живешь?

И он усадил ее на извозчика, обнял ее с нежностью брата и, толкнув извозчика, снова сказал:

— Все от Бога, Аня! Ты где живешь?..

III

И опять те же улицы, тот же кошмар...

Поддерживая девушку, Санин поднимался по темной, грязной лестнице, с железными перилами, слабо освещенной электрическими лампочками и из-за всех дверей до него доносился смутный гул, как ропот далёкого прибоя.

Он толкнул ногою дверь, и его окутал вырвавшийся из сеней белый пар, полный удушливого смрада тесного жилья.

— Кто там? — послышался голос, и Санин вздрогнул.

— Здесь живет Анна Смурова? — спросил он.

— Анна! Это моя...

В узкий, сырой коридор вышла согнутая высокая старуха и не окончила фразы.

— Что с ней? — воскликнула она, — ее убили? Что?

И она охватила дочь руками.

Убили жениха её, — тихо ответил Санин.

— Гришу?! Аня, бедная моя девочка, — старуха, дрожа, ввела дочь в комнату, освещенную жестяной керосиновой лампой.

В коридор вышли полуодетые люди. Высокий, бледный мужчина поднял над головой сжатые кулаки; молодая девушка засмеялась несмолкаемым, звонким смехом. Старый, согнутый старик зашамкал.

— Так всегда будет! Там шла! Я говорил... Да! 10 лет тому назад, на Бельгийском...

— Замолчи! — закричал высокий мужчина, — старый ворон!

Санин сел у соснового стола на табурет и сидел недвижно, без мысли, без чувства. Перед ним стоял дешевый комодик, покрытый вязаной скатертью, и на нем — зеркало, и тут же на стенке, в рамке из раковин, портрет убитого.

На кровати сидела неподвижная Аня. Мать сняла с неё пальто и шапку, и теперь она осталась в темной юбке и красной кофточке, подпоясанной ременным кушаком. Веселое лицо было бледно и тупо; искрящиеся глаза потухли; стройная фигура согнулась, и она сидела, недвижно уставившись глазами в одну точку, зажав руки в коленях.

IV

Время шло. Санин и Аня сидели недвижно, а старуха то сновала по комнате, то садилась подле осиротевшей девушки и говорила без умолку:

— Вот, вот... экое горе! И ведь только что хотели венчаться, — по весне и свадьба! Я узнала вас. Вы тот господин, у которого Анюта работает. Пошли вам Бог здоровья! Она прямо к вам побежала. Крикнула — "не могу"! и убежала. Пришёл Рыбаков, потом Гаврилов, весь в крови. Бьют, говорит, свои своих, — Господи, грех какой! Вчерась был. Веселый такой! Заживем, говорит. Она чуяла, просила его: не иди! Так нет, нельзя, говорит, все идут... Ну и пошел. Вот! Господи! Анюта, милая, ты ляг, барин ничего. Ты одетая! Хоть бы заплакала!..

Санин сидел, не слыша её слов, ничего не видя вокруг. Он словно отупел, и что-то оторванное в душе его металось и не находило опоры.

А время шло. Гудели вокруг голоса, потом смолкли и сменились храпом, а потом опять зашумела жизнь, и пламя лампы побледнело и стало оранжевым, а лица старухи и Ани стали походить на лицо лежащего в покойницкой Григория.

Вдруг дверь в комнату тихо приотворилась, и в нее сперва просунулась круглая голова с коротко остриженными волосами, потом воротник с галунами и, наконец, фигура рослого, здорового солдата,

— Маменька, здравствуйте! — произнес он и остановился, в нерешимости увидев незнакомого господина и убитую горем сестру.

Но та как будто очнулась и в один миг выпрямилась и вскочила, словно от электрического удара.

Глаза её снова засверкали, но теперь злым, сухим блеском. Руки вытянулись, как стальные пружины, и она порывисто шагнула к брату, который испуганно отодвинулся к двери.

— Ты? — закричала Аня, — ты здесь? Григорий убит, слышишь, убит! Тобой, Вами! Вон! Будь ты прок...

— Анюта! — закричала мать,

Санин встал. Солдат растерянно улыбался.

— Не брат он мне! Вон, вон! Прокля...

И она упала на пол и забилась в судорожных рыданиях.

V

Санин ездил в больницу, едва выпросил труп и уговорился с гробовщиком.

Разбитый, он вернулся домой и едва вошел в кабинет, как ему метнулись в глаза листы исписанной бумаги.

Его повесть, которой он жил последние дни. Повесть обманутой любви, решение хитрой проблемы отношения полов...

Он криво усмехнулся.

Поблекли краски, потухли образы. Как жалка и ничтожна вся эта повесть перед повестью жизни! И к чему она?

И не стыдно ли в эти дни писать жалкие, ничтожные вещи, с этими героями — лилипутами, с этими похотями сытых людей? И к чему его дар, его перо и сила изобразительности?

Будь они прокляты!

Он нервно собрал исписанные листы и стал рвать их на мелкие клочья, а потом упал ничком на постель и замер.

Кругом было тихо.

Жизнь, казалось, умерла, а он чувствовал, что она здесь, в нем, но утрачена руководящая нить, и в душе его бьется и трепещет что-то оторванное, и не может найти себе опоры...

МОЕ ПРОКЛЯТЬЕ

(Письмо самоубийцы)

Пишу традиционную в этих случаях записку: — "В смерти моей никого не винить", — и прошу передать ее, мой дорогой друг, следователю, приставу или околоточному. Словом, кому надлежит.

Прилагаемое же письмо прочтите сами.

Согласен, что для письма это длинно, но я уверен, что вы дочитаете его до конца и, может быть, даже заинтересуетесь им, если сумеете найти надлежащую точку зрения.

Оканчиваю я свое земное поприще таким малодушием потому, что мне не под силу дольше нести "мое проклятие", мой таинственный дар, который многие чувствовали во мне и как-то странно, суеверно чурались меня.

Не вынес я и, видя жизнь одним сплошным страданием и ужасом, трусливо предупреждаю событие.

Этот кошмар терзал меня три года, с каждым днем становясь мучительнее и тяжелее...

Вы помните мою Наташу? Вы ее видели, а раз видели, то не могли и забыть.

Я полюбил ее сразу, как увидел. Сразу.

Мы говорили с ней минут десять, я прощаясь притронулся к ее пальцам, пришел к себе домой и вдруг почувствовал, что в моей жизни не хватало ее, что она воздух моего дыханья, кровь моего сердца.

Была теплая, короткая, осенняя ночь.

Темное небо, засыпанное звездами и тихая, примиряющая грусть, разлитая в воздухе.

Я распахнул окно, лег на подоконник, смотрел на мерцающие звезды и твердил: "люблю, люблю, люблю"!

В груди моей росла и крепла уверенность, что и она меня любит.

И это оказалось верным. Неделю спустя она шла рядом со мною, прислонив свою горячую щёку к моей, и нам обоим это не казалось чудесным.

Между нами не было слов, банальных объяснений. Что-то непобсдимо-сильное толкнуло нас друг к другу, спаяло в одно и наполнило одинокие жизни наши блаженством.

Но тут же разразился и гром над нашими головами.

У моей Наташи была чахотка. Подлая, злая, беспощадная наследственная чахотка.

Мы поехали с Наташей к доктору. Это был мой приятель, чистый прямой и знающий свое дело.

Мы просили у него только правды, беспощадной, смертельной, но правды. И он сказал ее.

Наташа могла жить 6, 7, даже десять лет при тщательном уходе за своим здоровьем, при полном спокойствии. Любовь и замужество сократят ее жизнь до двух, трех лет.

Да, это был приговор. Приговор, произнесенный устами врача, но предрешенный задолго, задолго до ее рождения.

Что за нелепость! Жить, чувствовать, мыслить, что бы в расцвете сил стать жертвой беспощадного недуга?

Но мы не могли расстаться. Наше чувство было сильнее нас.

Я увез ее в Крым, потом в Алжир; мы были в Каире; потом опять в Крыму, а летом в моей Черниговской усадьбе... И в следующем году также.

Описать нашу любовь я не в силах. Это было сплошное безумие, восторженное, упоительное; иногда полнее жгучей боли и страданий, иногда бурное, как ураган, злое, как глумление жертвы над палачом — и всегда упоительное.

Да и не нужно описывать это. И времени нет. Я упоминаю об этом периоде моей жизни только затем, чтобы перейти к последующему.

Она сгорала, светя ярким пламенем, освещая для меня весь мир, согревая меня.

Сгорала и от внутреннего недуга и от безумия нашей страсти. Иногда в объятьях моих она задыхалась от кашля, покрывалась потом и, случалось, окрашивала подушки и постель яркой кровью.

Я уединялся, рвал свою грудь ногтями, рыдал и заклинал кого-то сохранить мне ее жизнь или дать умереть с нею. Она находила меня, осыпала ласками и снова пробуждала во мне порывы страсти.

Да, это было безумие

Мы прожили два года; два года пролетели сном, а на третий силы покинули ее.

Прошел апрель. Мы жили в усадьбе и собирались уже ехать с нею в Египет, когда она решила остаться дома, чтобы... умереть.

Был яркий день; теплый, ласковый день пробуждающейся природы, но Наташа зябла и у нас топили камин.

Она сидела в легком камышовом кресле с накинутым на ноги пледом. Я сидел у ее ног и держал в руке ее горячую сухую руку. Я читал ей и остановился по ее просьбе. Она сидела, закинув голову, закрыв глаза. Я смотрел на нее и в первый раз увидел, как ужасно похудела она. На мгновение голова ее представилась мне обнаженным черепом и меня охватил ужас. Я сжал ее руку. Она открыла глаза. Ее глаза всегда были прекрасны. Большие, серые, добрые, иногда прозрачные как летнее небо, иногда темные, как в непогоду море. Но теперь, казавшиеся еще больше от худобы лица, сверкающие лихорадочным блеском, теперь, когда только в них сосредоточивалась вся ее жизнь, вся ее любовь, они были поразительны. Я смотрел в них и их глубина словно поглощала меня.

— Не надо ехать, — тихо сказала она, — я умру здесь, мой ясный!.. — и улыбнулась.

Я смотрел в ее сверкающие глаза и вдруг увидел в них... смерть. Да, смерть! В каком-то туманном образе, в каком-то отблеске, но ясно, мучительно ясно... словно из нее выглянула таинственная "она" и прощалась со мной.

Это был только миг, но в этот миг и она поняла или увидела мое виденье.

Она тихо пожала мою руку, а я приник к ее коленам и беспомощно зарыдал.

Она гладила мои волоса, потом нагнулась, охватила мою голову руками и закашлялась.

Я отнес ее на постель. Она была легка как пушинка, моя кроткая, моя нежная, моя единственная

Мы никуда не поехали. В ясный майский догорающий день догорела и моя Наташа. В ясное ликующее майское утро я хоронил ее

Жизнь моя кончилась. Я уехал и посещал все уголки, где были мы с нею вместе. . .

И вот как это случилось в первый раз.

Я был у пирамид. Лошадь я оставил с проводником у палатки торговца, продававшего лед и прохладительные напитки, а сам пошел к Малой пирамиде, где под навесом пальмы лежал большой камень. На этом камне, год назад, сидела моя Наташа, а я лежал подле нее и сбрасывал с ее ног туфли и целовал их, а она смеялась, отдергивала ноги и шутя говорила: "стыдись! на нас смотрят сорок веков"!..

Я опустился на этот камень и отдался воспоминаниям нашей любви.

Что в ней бессмертного? Я оглянулся. Недалеко от меня лежала тяжелая, неуклюжая груда Малой пирамиды. Дальше, почти уходя своей верхней площадкой в небо, высилась Хеотова пирамида, а кругом — песчаная пустыня, над нею небо с раскаленным солнцем, и эти пальмы с нависшей купою зеленых листьев наверху стройных стволов.

Все не вечно! Но также высились эти каменные громады, лежала недвижно эта пустыня, красовались пальмы и жгли огнем тропические лучи и во времена фараонов, и когда пришел Омар, и когда Наполеон явился здесь со своими народами.

Всех пережили и не бессмертны, не вечны! Что же в любви нашей было бессмертного?.. Я воскресил в душе моей все наши безумства, но не мог воскресить пережитых восторгов, а поднимал только со дна души бесконечную грусть.

Умерла Наташа! И все вокруг напоминает мне о ней, но не живет снова то, что пережито. . .

Вдруг, нарушая торжественную тишину, послышались веселые голоса, серебристый смех и из-за края пирамиды вышло несколько туристов.

Я сразу узнал их. Это семейство англичан, приехавших в Александрию и остановившихся в той же гостинице, где и я.

Общество состояло из пожилого господина, почтенной дамы, двух девушек, гувернантки и примкнувшего к ним молодого человека, вероятно, жениха одной из девушек.

Девушки шли впереди и, оглядываясь, веселыми голосами перекликались с отставшими. Молодой человек нагонял их.

Девушки заметили меня, только сравнявшись со мною, и сразу смолкли и пошли с забавною чинностью.

Молодые, свежие, как весенние цветы.

И, когда они уже миновали меня, одна из них остановилась, чтобы подождать отставших.

Это была высокая, стройная с золотыми волосами блондинка. Чесучовое платье облегало ее фигуру, перехваченную зеленой лентой кушака. Белая легкая шляпа с длинным зеленым вуалем покрывала ее голову. Солнце светило на нее и она казалось воздушной. Дать ей в руки пальмовую ветвь и рисовать с нее вестника, посланного Деве Марии. Я невольно засмотрелся на нее. Она взглянула на меня и я вдруг похолодел... Меня охватил ужас, я даже приподнялся... Да! В лучистом взгляде ее голубых веселых глаз я вдруг увидал то, что тогда у Наташи: смерть! Она взглянула на меня из глубины ее глаз тем же туманным обликом, тем же смутным намеком... на одно мгновение, но ясно, ясно до осязательности!

Все существо мое содрогнулось от грубого сознания: "она умрет"!..

А она звонко смеялась, дождавшись молодого человека и остальных членов компании, и они скрылись за пирамидой.

Голоса их еще долго звенели в воздухе, потом смолкли и все погрузилось снова в торжественную тишину.

Я старался разобраться в своих ощущениях. Как это произошло? Мои глаза встретились с ее; я заглянул в них, увидел это и в то же мгновение ужасное сознание грядущего озарило мой мозг, потрясло все мое существо.

Да, так это и было. Это не была галлюцинация.

Я сел на лошадь и медленно вернулся в гостиницу.

На другой день я увидел то же семейство за табльдотом, но боялся взглянуть на милую девушку.

Прошло несколько дней. Я забыл о том, что увидел в глазах девушки. Как вдруг однажды, возвращаясь в отель со своей одинокой прогулки, я был поражен смятением. В отеле что-то произошло необычное. Я спустился в столовую и там узнал, что девушка умерла, внезапно, как ее другая сестра, как ее отец — от наследственного недуга сердца. Пожилой господин оказался ее дядей и опекуном.

Меня охватил ужас. Я собрал вещи, рассчитался и на другой день оставил Александрию...

Наступала вторая весна. Я поехал к себе, на могилу моей Наташи. Острая боль прошла, осталась тихая грусть. Ведь, мы оба знали, что любовь сократит ее жизнь!

Вы знаете полковника Красова? Мы с ним соседи: у него именье, смежное с моим. Он заехал ко мне и потащил меня к себе, говоря, что только заехал повидать мать, после чего едет с женой за границу.

Мать Красова жила постоянно в именье. Бодрая, свежая, несмотря на свои 60 лет, она очень нравилась покойной Наташе, и они любили друг друга.

Ради нее я поехал к Красовым. Он говорил без умолку всю дорогу, вероятно, с добрым намерением развлечь меня.

Жена его и мать встретили меня с сердечным радушием.

Мы сели на веранде, выходящей в сад.

Цвела черемуха и ее аромат кружил голову.

Красов в первый раз вез жену за границу, и она с жадным любопытством расспрашивала меня о моих путешествиях, интересуясь всякой мелочью.

Где и что выгоднее покупать? Какие сувениры везти из Швейцарии, из Италии? Был ли я в Монако, играл ли в Монте-Карло?

Она расспрашивала обо всем с таким увлечением, что я оживился и отвечал ей многословно и подробно.

Красов любовался женою и счастливо смеялся, мать его снисходительно улыбалась.

На веранду подали чай. Надвинулся вечер, наш украинский вечер. Темное небо засветилось звездами, защелкали соловьи, бесшумно мелькнула летучая мышь.

Я поднялся уезжать.

Красов приказал заложить шарабан и захотел сам отвезти меня.

— Ну, до свиданья! — сказала мне его жена на прощанье, — теперь уж до зимы. Вы, вероятно, в Петербург?

Да, я собирался в Петербург.

— Вы когда же едете? — спросил я.

— Не позднее послезавтра, — ответил Красов.

— Но это не мешает, пока вы здесь, навещать старуху! — сказала мне его мать.

Я поцеловал ее руку и, поднимая голову, благодарно взглянул на нее.

Она улыбалась, ласково глядя на меня, а в ее глазах... да! Я увидел то необъяснимое, что видел в глазах Наташи, в глазах той девушки.

Я отвернулся и почти бегом сошел вниз, за веранду, через сад, к крыльцу, где ждал экипаж.

Красов нагнал меня и спросил не без удивления:

— Что с вами? Вы пошли так поспешно.

— Мне стало что-то не по себе, — ответил я.

Мы сели и он тронул лошадь.

Экипаж встряхнулся и плавно покатился по мягкому грунту. В темноте раздавались удары копыт да подле меня красным огоньком вспыхивал кончик сигары, освещая усы, нос и козырек фуражки Красова.

Мне вдруг показалось, что на мне лежит обязанность предупредить его.

— Полковник, — сказал я, — вы, надеюсь, не сомневаетесь в моем к вам расположении?

Вероятно, в голосе моем послышались особые ноты, потому что он тотчас сдержал бег лошади, взял вожжи в одну руку и обернулся ко мне.

— Что вы хотите сказать мне? — спросил он.

Я хотел только посоветовать вам отложить свой отъезд на несколько дней... на неделю, — ответил я.

— Почему?

Я не мог объяснить ему причины.

— Почему вы это советуете? — повторил он.

— Я не хотел бы объяснять вам причины, — уклончиво сказал я.

Он больше не спрашивал, раскурил сигару, взял вожжи и погнал лошадь.

Я сошел у своего крыльца.

Красов пожал мне руку и сказал:

— Странно это, но я послушаю вас! До свиданья. Приезжайте утешать мою жену, — прибавил он и уехал.

Я вошел в дом и долго не мог уснуть.

Ходя по кабинету, я все старался додуматься, галлюцинация ли это, вызываемая каким-то странным предчувствием, или посылаемый мне откуда-то кем-то видимый знак.

Я ничего не чувствовал, проведя весь вечер с матерью Красова и почувствовал сразу, едва заглянул в ее глаза... но я не до чего не додумался и на другое утро уехал на окраину своего именья в хутор, где начался сенокос.

На третий день приехал за мною посланный от Красова. Его мать умерла...

Я вернулся, и мы хоронили эту прекрасную женщину. Ее гроб опустили рядом с могилою моей жены...

Накануне похорон после панихиды Красов удержал меня и сказал:

— Тогда вы удивили меня и я подумал, что вам нужно в чем-нибудь мое участие. Но теперь я удивлен еще больше. Как вы узнали об этом?

Я смутился.

— Я не скажу вам, как. Мне показалось.

Красов задумчиво кивнул:

— Понимаю! Вы, вероятно, видели когда-нибудь один из ее страшных припадков удушья, а в этот вечер уловили какие-нибудь едва заметные его признаки.

Действительно. Она страдала астмой и однажды я с женой были при ее припадке. Я даже ездил за доктором.

И я с облегчением ухватился за это объяснение и надолго успокоился. Это было так естественно!

Красовы не поехали за границу и, по окончании отпуска, он с женою вернулся в Петербург.

Я приехал из именья в конце ноября. Сезон был в разгаре.

И вот началось мое мучение, когда я понял, что наделен особым даром и что дар этот для меня "проклятие", бремя, превышающее мои силы.

Как это происходило, я и сам не знаю.

Вероятно вам случалось входить в комнату умирающего

больного или находиться при умирающем. Вы входили в его комнату и вчера, и третьего дня, и неделю назад; вы находились у его постели ежечасно; поправляли его изголовье, давали лекарство, помогали есть. И ничто не смущало вашего духа. Но вот вы вошли к нему сегодня и вас вдруг охватила жуть, в вашу душу вдруг проникло сознание, безотчетное, но неумолимо ясное, что он уже обречен. По внешности все то же. И он, может быть, даже оживленнее обычного, но вы уже узнали и стараетесь избегать его взгляда, чтобы не передать ему своей страшной тайны. Потому что она, несомненно, одна из самых страшных. Вы продолжаете быть подле него и наблюдаете, что с каждым входящим повторяется тоже, что с вами. Вот вошел с беспечным лепетом ребенок и вдруг стал на цыпочки и заговорил шепотом

Ах, это наблюдали все! Любимая собака воет и не находит себе места, кошка беспокойно мечется... Смерть вошла и безмолвным ужасом охватила всех живущих...

Ну, вот: точно также я ощущал это сразу, бесповоротно, при взгляде в глаза человека.

Вы понимаете мой ужас? Я взглядывал на человека и в то же мгновение весь проникался сознанием "он уже не жилец"! И потом боялся подойти к нему, заговорить с ним, чтобы не выдать ему своей ужасной тайны.

Понимаете вы весь ужас этого?.. Моим знакомым стало казаться, что во мне что-то есть, что я "проклятый" и многие стали суеверно избегать меня.

Помните Грянева? Я не любил его. Это был злой, насмешливый ум, мелкого тщеславия душа. Однажды на вечере за ужином он с вызовом спросил меня:

— Ну, кого вы обрекли сегодня?

Я взглянул на него и увидел, что обреченный он. Беспощадная смерть туманила насмешку его взора и глядела на меня.

Я угрюмо ответил ему:

— Вас!

Он выронил стакан и лицо его стало белей его сорочки, а в глазах отразился ужас.

Мне стало больно. Я поднялся из-за стола и уехал.

Грянев помер спустя неделю. Перед этим он всем говорил, что я предсказал ему смерть и смеялся. После его смерти меня окружил ужас окружающих. Я стал искать уединения и только подле вас находил иногда отдых душе своей.

Смерть! Кругом смерть! Разве это не достаточно ужасно?

Я входил в театр и видел эту проклятую вокруг себя. Вот

молодой офицер с девушкой. Лицо его сияет счастьем, губы улыбаются, а я вижу на нем уже печать смерти. Вот девушка подросток; вот молодая женщина; крепкий по виду, как дуб мужчина. Все обречены смерти!

И мне начинало казаться, что я среди мертвецов; я начинал слышать трупный запах и убегал...

Помню, была елка у Фаргосовых. Все веселились. Дети прыгали с веселыми криками вокруг елки, потом танцевала молодежь.

Я стоял в стороне и смотрел на общее веселье. И вдруг стал видеть ее! Она пахнула на меня холодом от юного радостного студента; потом от молодой девушки, подошедшей ко мне с картонажем. Усмехнулась из глаз прошедшей мимо меня дамы... Я перестал понимать окружающее, а когда очнулся, все смотрели на меня с каким-то суеверным страхом и старались отойти от меня подальше.

О, я знаю: все мы смертны. Знаю: мы рождены чтобы умереть, — но можно ли видеть это? Можно ли жить, когда видишь, — и уж наверное знаешь, — что вот этот говорящий с вами умрет, и эта, и эти!..

Особенно дети!... Я сидел в Александровском сквере. Мальчик подкатил мне под ноги мячик и подбежал ко мне. Я поднял и подал ему мячик, взглянул в его лучистые глазки и увидел его приговор. Крошечный Херувим! Что он сделал? Для чего было вызывать его к жизни?..

Ужас охватывал меня все сильнее; мое проклятие пригибало меня к земле. Я остерегался смотреть людям в глаза, остерегался глядеть по сторонам, ходил опустив голову.

Вы смеялись: "словно отверженный"!

Я, действительно, отвержен.

Я почувствовал облегчение только тогда, когда твердо решил прервать это мучение.

Сегодня утром я подошел к зеркалу и на меня из моих глаз взглянул призрак смерти. В первый раз я не почувствовал ужаса и в душе моей улеглось смятение.

Вы поймете меня и оправдаете мою "трусость".

Этим летом я беседовал с одним ученым доктором психиатром в Париже.

Он заинтересовался моим рассказом.

Внимательно выслушал меня и сказал:

— Я допускаю это. Не смерть в виде оголенного черепа смотрит на него, а он просто угадывает ее приближение. Ведь, мы без ошибки предскажем ее за минуту, за две? Увеличивайте нервную впечатлительность человека и признаки ее присутствия будут для него уловимы тогда, когда нам они совсем не видны. Несомненно в человеке готовом умереть от болезни задолго до смерти уже начинают происходить физиологические изменения, но они неуловимы для нас, а для исключительно нервной организации вашего знакомого вполне осязательны. Это возможно!..

Потом он сказал:

— Такого человека врач не отказался бы иметь консультантом. Исход болезни он знал бы заранее. Помните, сказку о смерти, договорившейся с шарлатаном?..

Я спросил, может ли человек от этой способности избавиться.

Он развел руками.

— Что я скажу вам? Этот случай такой редкий. Несомненно это психическое расстройство... хотя... это может быть и особая способность, дар! Вы говорите, он от этого несчастен. Это он! Другой, напротив, быть может, был бы счастлив и извлек из этого дара земные блага. Я сказать ничего не могу, а исследовать его было бы интересно.

И все. Дальше он ничего не нашел мне сказать.

Понятно, интереса этого я ему не доставил.

Быть может, и правда нашлись бы люди, для которых было бы благом то, что для меня проклятие: и облегчило бы им трудность жизненного пути, а не отягчило бы, как меня.

Но я не могу.

Подавленный тяжестью своего дара "видеть", пораженный ужасом этой неустанной "пляски смерти", я трусливо убегаю прочь к неизвестному от этого кошмара непрестанных страданий.

НИТЬ АРИАДНЫ

Красивая молодая Елизавета с ненавистью и страхом служила одною прислугою у старого развратного ростовщика Георгия Кандуполо.

Она была взята из Воспитательного дома, и голубая кровь одного из ее родителей сказывалась в нервных ноздрях ее изящного прямого носа, в тонких бровях и маленькой руке; а красная грубая кровь другого — в ее росте, широкой груди и низком упрямом лбе, — что делало ее красавицей, возбуждающей зависть у богатых клиентов Кандуполо.

Она попала к нему 16-летней девчонкой, когда жива была еще его жена, старая ведьма с крючковатым носом и пучком седых волос на подбородке. Она сидела в кресле на колесах, постоянно с палкой в руке, и Елизавета возила ее по всем четырем комнатам, а старуха за всякую малость ругала ее и била палкой.

— Ничего, Лизавета, — говорил ей старый Кандуполо, — она скоро сдохнет. Потерпи немного.

Его голос звучал ласково, из-под густых бровей на нее устремлялся горячий взгляд, и ей становилось страшно.

Но, запуганная с детства, совершенно не знающая жизни, она думала, что этот дом — единственное ее убежище, и рабски покорно мирилась с своей долей.

Старуха померла, и старик после ее похорон напился и, пьяный, сказал Елизавете:

— Видишь, и подохла. Я знал. Ну, вот ты и одна. Ну, вот и береги меня. Что, любишь старого? — И дрожащими руками он обнял ее и приблизил к лицу ее синие холодные губы.

В нем была тайная сила власти над нею. Высокий, жилистый, худой, с длинной седой бородой, с крючковатым носом и острыми темными глазами под нависшими бровями, мог ли он нравиться расцветающей красавице.

Жилистые руки с крючковатыми пальцами, синие губы с холодной склизкой чешуей могли ли дать ей наслаждения ласки. Но она послушно шла на его зов и равнодушно отворачивалась от молодых и красивых, статских и военных щеголей, которые посещали старого грека, чтобы брать у него деньги за векселя, за драгоценные вещи, за риск фамильной честью и за страх уголовного суда.

Один гусарский ротмистр говорил Елизавете:

— Брось старого черта. Я тебя барыней сделаю, пыль на тебя не опустится, в шелке ходить будешь. Брось.

Елизавета только улыбнулась и отвела в сторону протянувшуюся к ней руку.

— Нет, его нельзя мне оставить. Никак нельзя, — сказала она тихо.

Вечером старый горбоносый грек укладывал в открытое бюро толстые пачки денег и гортанным голосом говорил стоящей в дверях Елизавете.

— Соблазнял дурак.

— Что там. Болтал только...

— Дурак. На тебе заклятие — мне служить, а он лезет. Захочу, обращу его в осла, в кошку. Немощь ничтожная. Чья ты? Ну, чья?

Он захлопнул крышку бюро и устремил на Елизавету блестящий взгляд.

Лицо ее побледнело, она задрожала и, идя к нему, говорила:

— Твоя, твоя...

— И помни это. Заклятие на тебе, — как в полусне слышала она его голос.

Жили они затворниками.

Парадная дверь запиралась на ключ, на тяжелый дверной крюк, на толстую цепь и никто не входил через нее сразу.

Резкий голос Кандуполо спрашивал через дверь, кто звонит. Потом Елизавета открывала дверь настолько, насколько допускала короткая цепь и, когда Кандуполо убеждался в безопасности, Елизавета впускала посетителя.

Задняя дверь на лестницу из кухни запиралась тоже на засов и крючок, а когда наступало время спать, дверь из передней в комнаты замыкалась на замок, комната, где стояло бюро с деньгами и сундук с вещами, запиралась тяжелым железным болтом; вторая дверь из кухни на черный ход замыкалась тоже, и все ключи осторожный грек брал с собою.

— Так, Лизавета, нам спокойнее, — говорил он, совершив обход по комнатам, — злые люди, как волки зимою, так и рыщут. Вот моего друга знатный офицер убил. И подумать нельзя. — И он рассказывал ей процесс Ландсберга.

Кроме клиентов у них никого не бывало. Елизавета справлялась по хозяйству одна, да и хозяйство было незатейливо, и дни ее текли монотонно, как падающие из крана капли воды.

Душа ее дремала, страсти спали и немногие книжки, которые она читала, не будили ее воображения.

Однажды, когда после всех предосторожностей, Кандуполо

ушел по делам из дому и Елизавета осталась одна, — с черной лестницы раздался звонок.

Елизавета подошла к двери и окликнула. Ей ответил веселый мужской голос.

— Не бойсь. Капитан Дунин письмо с экстрой шлет. Чтобы ответ ему.

— Самого дома нет, — отозвалась через дверь Елизавета.

— Подождем, коли нет, — весело ответил голос.

— Этого никак нельзя.

— Ах ты дело какое, — с досадою выкликнул за дверью, — возьмите письмо тогда, сделайте милость. Я после зайду.

Елизавета решилась открыть дверь.

В кухню вошел бравый солдат-денщик; молодое с черными усами лицо его дышало здоровьем и силою, черные глаза глядели с наглостью, крепкие красные губы обличали энергию. Он взглянул своими наглыми глазами на Елизавету и сказал.

— Здравия желаем. Ну, и попасть к вам, словно крепость взять.

— Здравствуйте, — отворачиваясь от его взгляда, ответила Елизавета, — давайте письмо ваше.

— Сей минут. — Денщик, не сводя загорающегося восхищением взгляда, полез в карман за письмом и достав его, проговорил: — а подождать не дозволите. Так бы это расчудесно было. Я бы вам и помог, ежели что надо.

Елизавета вспыхнула под его взглядом и смутилась.

— Нет, нет и думать нечего. Дайте письмо и идите.

— Э-эх — вздохнул денщик, — получите-с. Век бы не ушел от вас — прибавил он тихо.

Елизавета сердито нахмурилась и сняла с петли дверной крючок.

— Когда за ответом-то придтить, — спросил денщик.

— Ввечеру. В 6 часов приходите.

— Прощенья просим.

Денщик вышел, Елизавета заперла за ним дверь и бессильно опустилась на табуретку.

Что это с ней сделалось. В первый раз под взглядом мужских глаз сердце ее забилось, и она потеряла самообладание. В первый раз ее охватило чувство и страха, и тайной радости, и неясного желания...

Она чувствовала, что произошло что-то роковое, что вдруг бросило ее к этому бравому солдату, но ни сознать, ни формулировать не могла этих странных новых ощущений.

Кондуполо вернулся к обеду. Она подала на стол кушанья, села сама и отдала ему письмо.

— От Дунина. Так, — сказал грек, разрывая конверт и читая письмо. Потом покачал головою и сказал: — дурак, разве это можно письмом.

— Что сказать, коли за ответом придет, — спросила Елизавета.

— Сказать. А скажи, пусть завтра к вечеру придет. Сам придет. Ишь хочет на слово денег взять, по письму этому. Ты напиши вексель. Да...

— А писать не будете.

— Чего писать-то. Скажи, завтра вечером и все.

После обеда он ушел спать, а Елизавета стала в тоскливом нетерпении ждать прихода денщика и, когда в кухне звякнул звонок, она тотчас очутилась у дверей и, без обычных предосторожностей, сняла крюк.

— Наше вам, — сказал, входя, денщик и протянул руку. Елизавета подала свою, и он задержал ее, нагло смотря ей в лицо и сверкая белыми зубами из-под черных усов.

Невольная улыбка пробежала по лицу Елизаветы, но она тотчас нахмурилась и резко выдернула руку.

— Скажите своему барину, чтобы пришел завтра вечером сам. Вот и ответ — сердясь на себя, сердито сказала она.

— Ладно. А мне какой ответ будет, — и денщик шагнул к Елизавете.

Она в ужасе отшатнулась и резко сказала:

— Теперь идите, а то сам придет.

— Так-то, — покорно сказал денщик, — ну, прощенья просим. В другой раз может смилостивитесь, а я сохнуть по вас буду. Вот. — Он тряхнул головою, надел фуражку и вышел.

Всю ночь без сна провела Елизавета, разметываясь по постели. Так и стоит перед ней рослая фигура, с красивым открытым лицом, с наглым ласковым взглядом с сверкающими белыми зубами.

На другое утро она получила от него письмо.

В начале письма было написано: "ты лети письмо к тому, кто мил сердцу моему", а самое письмо описывало пылкую любовь, а в конце, перед подписью "патрон неизменный Степан Кречетов", было написано, что он непременно придет к ней, хотя бы за то жисти поришился".

Елизавета скомкала письмо, спрятала его за пазуху и весь день была, как не своя.

Старый грек наложил на нее заклятие, а этот, что же. Неужели и он колдун.

Две недели прошло. Хозяин уходил и возвращался. В эти

часы его отсутствия Елизавета замирала в ожидании, но Степан Кречетов не появлялся.

Кондуполо обедал, спал, потом считал деньги или вместе с Елизаветой переглядывал взятые под залог вещи, потом запирал двери, укладывался спать — и Елизавета оставалась одна в своей комнате с горячечной мечтой о Кречетове. Где он? Отчего не идет? И грудь ее волновалась и вся она трепетала неведомым желанием ласки и страсти.

И он пришел. Пришел, когда не было старого грека, и Елизавета сразу очутилась в его объятиях и трепетала под его поцелуями всем своим упругим, горячим телом.

Он пришел и овладел ею сразу.

Весь пыл молодой крови, всю таившуюся доселе страсть пробудили в Елизавете его ласки.

Едва уходил старый грек, она отворяла двери на черную лестницу и впускала своего Степана, и их охватывало безумие.

Она передавала ему всю свою доселе серую скучную жизнь и, трепеща на его груди, говорила:

— Возьми меня отсюда, от этого старого черта. Я тебе слугой буду, словом не поперечу.

Степан Кречетов лежал, закинув свою красивую голову и говорил:

— Можно. Как этто со службы выйду, мы с тобой и поженимся.

— Милый ты мой, — страстно прижималась к нему Елизавета.

Первым от угара страсти очнулся Кречетов, и среди поцелуев и объятий начал осторожно расспрашивать Елизавету об ее хозяине.

Она рассказывала ему о сундуке, полном драгоценных вещей, о бюро, в котором пачками лежат деньги и свертками золотые монеты.

У Степана загорались глаза.

— Ишь, старый черт, — говорил он, — для чего ж он деньги не в банке держит.

— Ему завсегда их надо под рукой иметь, — объясняла Елизавета, — господа приезжают, давай сейчас... Одному он князю Тугаеву сорок тысяч выложил. Вот он какой.

— Сорок тысяч, — пробормотал Степан — ах, ты старый пес...

— А две, три, пять, так это за пустое...

— За пустое. Ах ты, лысый черт...

Однажды, после бурной вспышки страсти, он, лаская Елизавету, сказал ей:

— Жениться-то, женимся, а на что жить будем.

— Проживем. Работать буду, — прошептала Елизавета.

— Дура, проживем с работы. Ты в кухарках, я в лакеях. Ты на Васильевском, я под Лаврой. В год два раза увидимся. Нешто жизнь это.

— Работу найдем, чтобы дома...

— В углу. Наше вам размерси. Нет, ты вот что...

Елизавета подняла голову и заглянула ему в лицо. Он отвернулся и заговорил.

— Нет, ты мне лучше помоги этого дьявола обделать.

— Убить! — в ужасе прошептала Елизавета.

— Зачем. Пущай живет, собака. Так взять малость...

Елизавета испуганно прижалась к нему.

— Страшно,

— Потому что глупая, — сказал Степан. И после этого при каждом свидании повторял ей то же.

— Да как же сделаю я это-то? — спросила наконец Елизавета.

Степан сразу оживился.

— Слушай. Ты это где у него какой ключ, все знаешь. Хорошо. Теперь я дам тебе порошку и опять синее стекло на лампу. Как значит, ты увидишь, что у него большие тысячи припасены, ты ему в чай порошок, а к себе на лампу синее стекло. Знак, значит. Я и приду. Поняла. Ты не бойсь. Это не отрава. А я для отвода, значит, я тебя потом свяжу и рот заткну. Ты потом плети, что знаешь.

И все... а там, posля, и поженимся. В Москву аль в Варшаву уедем. А любить буду...

— Неси порошок-то, — сказала решительно Елизавета.

Старый Кандуполо был весел.

— Гляди, Лизавета, князь деньги отдал. В месяц я три тысячи нажил с него. Сегодня давай мадеру нашу.

Вечером он считал деньги и раскладывал их пачками в бюро.

Елизавета была бледна и только глаза ее горели лихорадочным блеском.

— Хе-хе-хе. Вот старый Кандуполо, — говорил, смеясь грек, — сюда приехал губками торговать, теперь у Георгия Кандуполо полмиллиона. Прежде Кандуполо, что собака был, теперь ему везде почет. Давай чай пить, Лизавета, потом спать будем. Ты иди ко мне нынче. Старый Кандуполо не обидит тебя. Давай чай и ром, давай.

— Иди, — сказала чуть слышно Елизавета.

Она всыпала, порошок и налила старику чая, долив его ромом.

Старик шутил и смеялся, а потом, шатаясь пошел в свою спальню, говоря:

— Ты сейчас приходи, Лизавета...

Семен Кречетов каждый вечер пробирался во двор и смотрел на окно Елизаветы.

И вдруг сегодня оно озарилось синим светом.

Кречетов дождался, когда на лестнице дворник загасил огонь, и осторожно, как кошка, шмыгнул, в подъезд, а потом пробрался до заветной двери.

— Ты, — услышал он шепот и скользнул в отворенную дверь.

ПОДРУГИ

(Рассказ из быта акробатов)

I

Если вы в афише цирка, балагана или просто заезжей труппы, обещающей "невиданное" представление в зале местной гостиницы, прочтете в числе артистов: "братьев", "сестер" или "семейство" таких-то, то знайте, что в большинстве случаев, эти артисты такие же братья, сестры, отцы и дети между собою, как и всякие случайно встретившиеся друг с другом люди.

Роднит их обыкновенно нужда да знакомое дело, и кочуют названные братья и сестры из города в город до той поры, пока не надоедят друг другу до смертельной вражды.

Неустрашимые канатоходчицы, американки, знаменитые "сестры Броун" явились такими же случайными родственницами, представляя собою товарищество на паях, причем старшая, Клара, заведовала административной частью и финансовой, т. е. заключала контракты, получала жалованье, выдавала на расходы и изобретала номера; младшая же, Эльза, приняла на себя хозяйство, т. е. при их кочевой жизни, имела все объяснения с прислугой, следила за гардеробом, заботилась о канате, сетке, балансах и во всех случаях своей жизни, кроткая и покорная, подчинялась энергичной и властной Кларе.

II

Клара Броун, несмотря на свои 32 года, была удивительной красоты; брюнетка с длинными, черными волосами, черными сверкающими глазами и обольстительным ртом. Среднего роста, с пышною грудью и тонкой талией, со столь развитым телом, что оно казалось словно отлитым из стали, Клара Броун в трико и ярко-красном корсаже могла бы служить моделью художнику для изображения энергии и воли.

Еврейка Западного края, она рассказывала, что ее чуть не пятилетним младенцем украла бродячая труппа и увезла в Австрию. Там она быстро освоилась с новыми людьми и полюбила кочевую жизнь, как полюбила тяжелое ремесло акробата.

Бродячая труппа состояла из старика отца, матери, двух сыновей и дочери. Клара Броун, тогда Сара Рубин, являлась шестым членом их семейства. Огромный фургон, представлявший целый передвижной дом, запряженный парою кляч, медленно переезжал из города в город, из деревни в деревню, всегда поспевая попасть на местную ярмарку или местный праздник.

В их жизни было много поэзии, и Сара скоро забыла своих родных и родину. Ее успехи поражали добродушных Тиле.

— Раз, два, три, гоп... — кричал старик Тиле, быстро поднимая кверху ноги Сары и уже по третьему разу она смело задвигала своими худенькими ручками и прошла аршин десять.

— Это хлеб наш... — говорил в тот же вечер старик своей жене: — она всему выучится.

И, действительно, с такою же легкостью она выучилась закидывать назад голову, касаясь руками земли или, сидя на земле, прикладывать голову и плечи к вытянутым ногам. Ее крошечное сердце не знало страха и она только радостно вскрикивала, когда могучий Альфред Тиле перебрасывал ее, как куклу на руки своего брата, Карла.

Когда ей исполнилось семь лет, семейство Тиле решилось в первый раз показать ее публике. Она вышла на подмостки балагана, крошечная, словно игрушка, с большими сияющими радостью черными глазами, распущенными кудрями, в белом корсаже, усыпанном серебряными блестками — и грубой толпе показалась небесным ангелом. Когда же эту блестящую пушинку стали перебрасывать с рук на руки, каждый раз с риском разбить ей голову, когда старик Тиле велел стать на свои плечи Альфреду, на плечи Альфреда — Карлу и уже ему на голову стала крошечная Сара, а потом с криком упала на руки старика — восторг толпы перешел всякие границы, и на подмостки балагана градом посыпались деньги, яблоки, апельсины. Это был полный триумф маленькой Сары, приковавший ее на всю жизнь к балаганным подмосткам. Сара была артисткой в душе. Каждый еврей — поэт и энтузиаст, а ко всему старик Тиле, любивший свое ремесло, как жизнь, сумел перелить эту любовь в душу восторженной Сары.

Случалась, ночь заставала их где-нибудь за городом. Они

сворачивали свой фургон в сторону от дороги и останавливались для ночлега. Альфред и Карл набирали хворосту, Эмма — бледная и худосочная — доставала провизию и котелок для воды, разжигали костер, и все ужинали, а потом отдыхали. Эти ночи навсегда запечатлелись в памяти Сары.

Тихий, недвижный воздух был исполнен летней томительной неги. В темном небе ласково дрожали звезды, вдали слышался протяжный крик аиста, — а кругом бесконечный простор, охваченный бесконечным покоем. Догорал костер. Эмма уходила в фургон, братья вытягивались на земле, старик сидел, гладя голову Сары, и говорил ей о призвании служить любимому делу.

— Все Тиле, из рода в род, — говорил он с гордостью, — были странствующими артистами. В этом фургоне я помню, умирал мой дед, и в нем же я закрыл глаза отцу. И мои дети пойдут по той же дороге, хотя год от году нам становится труднее жить своим делом. Всякий норовит устроиться в городе при цирке. Власти нас преследуют, словно мы воры. Дети бросают родителей и бегут в города служить у людей приказчиками, вместо своего честного ремесла, Не то было в прежнее время... — И старик начинал вспоминать прежние годы. То-то было веселье. С барабанным боем входили они в город и их встречали радостными криками. Серебряные и золотые монеты сыпались к ним в карманы, девушки искали их любви, мужчины — компании, и у них всегда было разливанное море. А какие были артисты!

Речь его лилась неудержимым потоком и сердце Сары распалялось любовью к своему делу. Ей слышались крики и рукоплескания толпы, она видела восторженные лица, чувствовала затаенное дыхание зрителей.

III

Сара росла и хорошела. Теперь ее уже не перебрасывали с рук на руки, и она выходила на сцену, как полноправный товарищ. И чего она не знала. Она изучила партер, и никто смелее ее не делал сальто-мортале с полу, она знала каучук, эквилибр; турникен и трапеция были ее послушными орудиями, и, наконец, она изучила проволоку и канат. Но ей всего казалось мало. Каждый номер она изучила до совершенной чистоты, так что движения ее можно было измерить числом; пылкий ум ее изобретал все новые трудности, и Сара Тиле одним своим именем на афише привлекала восторженных зрителей.

И с каждым днем она хорошела. Неразвитой стан стал приобретать пышные очертания, ноги сформировались и окрепли, смуглые щеки покрылись нежным румянцем, а большие черные глаза засверкали, как звезды, гордо выдавая всю энергию души своей владелицы.

Глядя на нее сверкающими взорами, все мрачнее и мрачнее делались братья Тиле и, радостные при ней, становились темнее тучи, едва сходились вместе.

Старик Тиле умер. Он умер в своем фургоне, в том самом углу, где когда-то окончили скитальческие жизни его дед и отец, умер в то время, как его дети и Сара давали представление в местном цирке.

Они вернулись домой поздно вечером и, вместо отца, увидели холодный труп и над ним причитающую старуху мать.

Семья осиротела. Старика отца свезли на кладбище, и в темном фургоне стало вдруг тесно и душно, словно перед нависшей грозою. Братья мрачно смотрели исподлобья и перестали говорить друг с другом. Мать и Эмма тихо плакали, а Сара молча убивалась, чувствуя, что в восторженном старике она потеряла часть своей души.

На другой день после похорон они покинули город. Перед отъездом старший брат, оставшись наедине с Сарою, сказал ей дрогнувшим голосом:

— Ты свободна. Может, теперь ты не захочешь остаться с нами?

Сара удивленно посмотрела на его и покачала головою.

Как он может спрашивать ее об этом. Она считает себя их сестрою и никогда не расстанется с ними.

В это мгновение младший брат поспешно вошел в фургон и с исказившимся лицом подозрительно взглянул на старшего.

— Она остается с нами, — сказал Альфред.

Карл вздрогнул и пошатнулся.

— Она говорит, что считает себя нашею сестрою, Карл! — сказал Альфред, поняв состояние брата. Карл вздохнул с облегчением и лицо его выразило счастье; но только на мгновение. Альфред тоже нахмурился, и в душном фургоне опять стало тесно и страшно.

Они остановились на ночлег в поле. Была тихая летняя ночь. Звезды слабо мерцали, потому что луна во всей своей красоте, плыла по небу и заливала землю своим волшебным блеском. Костер давно погас. Сара, Эмма и мать спали в фургоне, оба брата лежали у потухшего костра. Саре стало душно. Она тихо вышла из фургона и легла на землю. Подостлав под себя узкий ковер. Смотря в чистое небо, она дремала, как вдруг до ее слуха донесся отрывочный разговор двух братьев и наполнил ее сердце невыразимым смятением.

— Альфред... — произнес Карл. — Я тебя люблю, но не могу терпеть дольше. Иногда мне приходит мысль зарезать тебя... Ты спишь... — и Карл приподнялся на локтях. Сара вздрогнула, увидев его лицо, искаженное мукой.

— Нет, — глухо ответил старший брат и потом прибавил: — я тоже.

— Вот видишь, — воскликнул Карл: — раньше стоял между нами отец. Теперь нет его. — Он помолчал и потом снова воскликнул: — но так нельзя, я ведь люблю тебя, что делать.

На некоторое время наступило молчание. Сара слышала, как бьется ее сердце. В тишине раздался глухой голос Альфреда.

— Я тоже люблю тебя... сделаем так. Спросим ее. Кого она выберет, тот останется здесь... другой уйдет... Она тебя выберет, — прибавил он хрипло.

Сара вдруг вскочила на ноги и воскликнула.

— Никогда, я уйду от вас лучше.

Братья быстро вскочили то же. Они все словно обезумели.

— Возьми его тогда, — сказал Карл, указывая на Альфреда, — только останься.

— Нет, его! Он моложе, — сказал Альфред, и их лица исказились от страха расстаться с нею.

Сара горестно заломила руки,

— Никого, никого, о братья, не ссорьтесь. Не ссорьтесь, милые, я уже выбрала...

Братья отступили от нее.

— Кого? — пылко крикнул Карл.

— Ремесло наше, — тихо ответила Сара: — я для него живу, им живу, кроме него ни о чем не думаю. И могу ли я стать женою, мое тело тогда одрябнет, мои мускулы ослабнут. А потом я стану матерью... нет, нет. Я люблю свое дело, свой хлеб... Слушайте, — заговорила она горячо, восторженно: — останемтесь вместе, будем, как братья. Хотите я остригу волосы и надену мужской костюм и будем работать все трое. А, старик увидит нас и благословит. Ведь мы одинаково любим наше дело, едим один хлеб.

Братья угрюмо молчали.

— Выйди за кого-нибудь из нас, — глухо сказал Альфред: — мы любим тебя.

Сара всплеснула руками, села на землю и горько заплакала.

Зачем она — женщина, зачем существует эта глупая любовь, вот она ссорит двух братьев и выгоняет ее из дому...

Братья умели сильно чувствовать, но не умели говорить. Они молча постояли подле плачущей Сары и пошли к коновязи, где легли на землю и завернулись в свои одела.

IV

Совместная жизнь стала невозможной. Сара поняла это и решилась расстаться с дорогим ей фургоном. Но, несмотря на свою энергию, она не могла сделать этого открыто и оставила его потихоньку, в то время, как пошли снимать помещение в городе под сцену.

Она села в первый отходивший поезд и через 8 часов была в Вене. Там она переменила свое имя и стала Кларою. Боясь встретиться с друзьями, она переменила и работу и занялась только канатом. Успех сопровождал ее всюду; но она тосковала по фургоне, по бледнолицей Эмме и по влюбленным в нее братьям.

Иногда в минуты тоскливого отчаянья ей хотелось с победным криком броситься вниз с каната, с высоты 10 саженей...

Кто может быть один, чья душа не устанет от безмолвного одиночества и не возжаждет любви и участия?.. Порою Кларе казалось, что она сделала ошибку, и тогда она начинала выбирать одного из двух братьев и снова отдавалась отчаянью, потому что оба были ей одинаково милы.

От своего отчаянья она спасалась только канатом. И чего она на нем не делала, до какой безумной отваги не доходили ее упражнения...

Стихали шум и крики, едва она показывалась на крошечной платформе у каната. Смолкала музыка (потому что под такт музыки идти легче) и в мертвой тишине слышались только плеск фонтанов да отдаленный шум города. На высоте 8, 10, 12 саженей она плавно скользила по узкому канату, презирая всякую опасность. Она ходила и прямо и пятясь, и боком. Ходила без баланса, ходила с мешком на голове и, в погоне за страхом выдумывала новые и новые номера, но чувство страха не посещало ее ни разу.

V

Ей было 28 лет, когда она приехала в Россию и юркий импресарио привез ее в Нижний на ярмарку. Клара производила фурор в течение трех недель. Потом ярмарка закрылась; импресарио, оставив Кларе 50 рублей, тайком уехал из города, и Клара осталась одна.

Это была первая неудача в ее артистической карьере; но она не потерялась и тотчас предложила свои услуги в ближайший цирк.

С этого времени она осталась в России. Она быстро выучилась говорить по-русски, освоилась с нравами, и ей полюбился широкий размах русской удали, полюбилась простота и доброта русской души и только в России она стала забывать мало-помалу свою тоску по фургону и двум братьям, свое сиротливое, но гордое одиночество.

Душа ее просыпалась и жаждала любви и жизни.

VI

Это случилось в Саратове. Она остановилась в нем проездом на три дня и согласилась на три представления в знакомом цирке. И здесь, сидя в цирке, она в первый раз увидала Жана Крозе, попросту Ивана Красова, и поразилась им, его ловкостью и смелостью. Молодой, стройный, с черными усиками на бледном лице с наглыми глазами и причёской а ля Капуль, он, действительно, словно играл со смертью, работая на проволоке. Слабо натянутая проволока, как веревочка, через которую прыгают дети, качалась во все стороны.

Жан Крозе без лестницы, прямо с земли, взявшись за проволоку руками, в один миг очутился на ней и пошел, плавно покачиваясь из конца в конец. Словно на ровном полу он бегал по ней, садился, вставал, прыгал и в довершение всего потребовал самовар. И вот, когда на сцену вынесли кипящий самовар на подносе, с чайником и стаканом, произошло самое дерзкое и смелое, что когда-либо видела Клара.

Жан Крозе взял поднос с кипящим самоваром и донес его до середины проволоки, здесь он медленно стал подгибать ноги и вдруг опустился на проволоку, поджав по-турецки под себя ноги. Затем он поставил на свои колени поднос, налил себе стакан чаю, медленно выпил его и, поднявшись вместе с подносом на ноги, снова пошел по проволоке.

Цирк огласился шумными рукоплесканиями. Жан Крозе сдал поднос, спрыгнул на песок и, небрежно поклонившись, ушел с арены. Клара сидела пораженная и восхищенная. Только понимающий дело мог оценить всю отчаянную наглость этой проделки.

Она тотчас прошла за кулисы и подошла к Ивану.

— Вы первый, смелостью которого я поразилась. Благодарю вас, — сказала она, крепко, по-мужски встряхивая ему руку.

— Не на чем, — небрежно усмехаясь, ответил Иван. — Пустая штука.

"И цены себе не знает, — настоящий русский", — подумала Клара.

— Он, мамзель, и не такие штуки выкидывает. Ему все трын-трава, — вмешался в разговор Антон Таиров, наездник.

— Он смелый, — с восторгом сказала Клара, обжигая взглядом Ивана.

— Никакой и смелости нет, — ответил Иван. — Просто перед выходом выпил для куражу. А шею сломать все равно придется. — Он кивнул головою и пошел переодеваться.

— Как выпил? — не поняла Клара.

— Тринкен, — объяснил Таиров, щелкая себя по воротнику.

Клара всплеснула руками.

— И потом на работу? — воскликнула она с неподдельным ужасом.

— А то как же иначе, без этого невозможно.

— Таиров! — крикнул режиссер. Клара задумчиво пошла в свою уборную.

VII

Клара всю ночь думала об Иване Красове, Он поразил ее воображение своею бесшабашною удалью и полным презрением к опасности. Но помимо этого ей нравилось и лицо его, с наглыми глазами.

Женщина не может прожить без любви. Кларе исполнилось уже 30 лет, и сердце ее вдруг потребовало своего права.

И как горда была Клара в своем одиночестве, так порывиста и проста явилась она в своей любви.

Она на репетицию принесла Ивану конфет и угощала его.

— Вы бы коньячку лучше, — сказал Иван. Стоявшие подле засмеялись.

Клара вспыхнула и опустила свои смелые глаза перед наглым взором Ивана.

— Вы придите ко мне. У меня дома есть коньяк, — прошептала она чуть слышно.

— Сегодня? — спросил Иван.

— Да, после представления. — Клара отошла от него и почти пробежала в свою уборную.

Грудь ее порывисто дышала. Ей, казалось, что она совершила что-то страшное, неслыханное. И вдруг в ее памяти словно живые встали Альфред и Карл.

— Но я не могу, — воскликнула она вслух, заламывая руки. — Я все одна... я всегда одна... Все любят.

Она вдруг испуганно вскочила со стула. В ее уборную тихо вошел жонглер Боско и вкрадчиво заговорил:

— М-ль Клара, я слыхал, что вы назначили свидание этому Ваньке...

Клара гордо смерила его взглядом.

— А вам что?

— Я потому... так как... — смутился Боско. — Вы знаете, — заговорил он с жаром, — этот Иван дурной человек, глупый человек... Пьяница... Он вам только горе причинит, поверьте мне. Он и работает-то из-за милости только, а то его выгнать надо. Вчера он попону...

— Вон, — крикнула Клара и так энергично указала на дверь, что жонглер Боско тотчас скрылся.

Клара пошла домой.

Ах, поскорей бы приходил и проходил вечер.

Она пришла в свой номер и стала торопливо приготовлять все для встречи дорогого гостя, а когда приготовила, то каждую минуту взглядывала на часы и прислушивалась к каждому шуму в коридоре.

Лицо ее горело, голова кружилась.

VIII

Жан Крозе стал героем.

Для всех было ясно, что эта "дура" врезалась в него и все завистливо поздравляли его с успехом.

— Мне разве это в первой? — шутливо говорил Крозе, а в душе ликовал и, когда наступил его выход он превзошел себя в безумной смелости.

Его номер кончился под гром рукоплесканий.

Жан соскочил с проволоки и раскланивался.

— Иди, иди, переодевайся скорее, — со смехом поторопил его Таиров, когда он прошел со сцены.

— И то, опоздаю пожалуй, — весело засмеялся Красов и пробежал в уборную.

— И повезло же дураку, — злобно проворчал Боско.

Иван Красов быстро пошел к гостинице "Лондон", где остановилась Клара. Коридорный услужливо подвел к дверям номера и постучался.

— Войдите, — раздался отклик.

Красов отворил дверь и вошел в просторный номер. Он торопливо снял и повесил пальто и тотчас Клара взяла его за руку и взволнованно спросила:

— Отчего так долго?

— Кончил номер и только переоделся, — ответил Красов.

— А я ждала, ждала. Ну садитесь. Вот чай, вот и коньяк, — и она счастливо засмеялась.

Красов сразу понял свою роль и небрежно развалился на диване.

В первый раз он был в такой обстановке. Номер был дорогой и весь пол его покрывал ковер; на дверях и окнах висели тяжелые портьеры, на подзеркальных столах и на камине стояли бронзовые часы и канделябры.

Стол, за которым сидел Красов, был уставлен вином и закусками. Чего же лучше?

Клара сидела против него и, бессознательно улыбаясь, пожирала его глазами,

"Совсем готова", подумал Красов и сказал, указывая на диван:

— Вы бы сюда сели.

Клара быстро пересела и счастливо смеясь сказала:

— Я боялась вам помешать.

— Напротив, очень приятно, — пробормотал Красов и уткнулся в стакан с чаем.

Клара заботливо угощала его. После чая Красов стал пить и закусывать и слегка охмелел. Он обернулся к Кларе, глаза его замаслились и он нагибаясь к ней говорил:

— Я вас очень полюбил. Как увидел, так и полюбил, но не смел. И вдруг вы... Вы для меня, как ангел. Я, можно сказать, свинья, пьяница, а вы ангел. Да. Вы меня человеком можете сделать. — Он вдруг обнял ее и поцеловал. Клара затрепетала, как подстреленная птица. Это был первый поцелуй мужчины и он обжог ее. Она страстно приникла к Красову и отрывисто ответила на его поцелуй.

Яркая луна смотрела в окно. Клара сидела подле Красова, и мечтательно говорила.

— Я свободно 300 рублей зимою заработаю в месяц, да ты столько же. Мы будем откладывать, копить и потом свой цирк откроем. Вот хорошо-то будет. Я крещусь и мы непременно поженимся. А то так гадко. Как я рада, что с тобой встретилась. Ты смелый. Я люблю смелых. Я сама ничего не боюсь.

Клара закинула за голову обнаженные руки и мечтательно смотрела в окно, ярко залитое лунным светом.

В это мгновение ей вдруг представилась долина, залитая таким же светом, фургон, и подле него два брата, готовые зарезать друг друга. Она вздрогнула и в первый раз в жизни почувствовала страх от какого-то невольного предчувствия...

VIII

Клара полюбила Красова всею силою своей долгосдерживаемой любви хотя ей и пришлось горько разочароваться в его качествах.

Ее мечты разлетелись пылью.

Красов оказался ничтожным, дрянным человеком, тунеядцем и пьяницей. Если прежде борьба за жизнь заставляла его браться за работу, что теперь, обеспеченный работою Клары, он неохотно соглашался не только ходить по проволоке, но даже простым клоуном выступать на сцену. Но, покорившись любви своей, отдавши Красову всю свою чистую душу, Клара все же будила в нем энергию, и он, недовольно морщась, не решался совершенно отказаться от работы. Клара поняла теперь этого человека, и ей больно стало за свою разбитую мечту, но она уже не в силах была оторвать от него своего сердца. Иногда, смотря на пьяного Красова, она с тоской вспоминала братьев Тиле и фургон, но все же не могла вырвать из сердца своей первой и последней любви к этому пьянице.

В этой любви ее энергия удвоилась. Она не переставала работать над собою и, глядя на нее, Красов иногда стыдился еще своей лени и поражал ее какой-нибудь выходкой.

— Смотри, — закричала она раз весело Красову, который валялся еще в постели.

— Ну? — ответил лениво Красов.

Посреди комнаты на двух стойках стояла для упражнений ребром поставленная доска. Клара стала на ее ребро, дошла до середины и, слегка подпрыгнув, сделала полный оборот и стала снова на ребро. — Я могу это и на одной ноге, — сказала она с торжеством.

— Тоже, — презрительно ответил Красов. — Ты вот что сделай.

Он спрыгнул с постели, стал на ребро доски, несколько мгновений устанавливался и, вдруг, отсчитав темп, сделал сальто-мортале и снова стал на ребро доски.

Клара вскрикнула в восторге и захлопала в ладоши, — Я сегодня это на проволоке сделаю, хотя упора и нет, — сказал Красов, снова прячась под одеяло.

И он, действительно, вечером проделал эту невероятную вещь.

— Для тебя только, — сказал он, смеясь, Кларе.

Иногда он казался ей героем, но за восторгом быстро следовало разочарование.

После этой смелой выходки Красов запил и, уже вплоть до конца сезона, Клара работала одна.

Но она не роптала, видя хоть редкие ласки от пьяного Красова. А когда ее энергия стала падать Красов снова поразил ее и опять покорил себе ее сердце.

Однажды он вернулся домой сверх обыкновения трезвый и сказал ей, целуя ее.

— Скоро контракту твоему конец, и я хочу, чтобы ты отдохнула, теперь я поработаю.

Клара изумленно взглянула на него. В первый раз она услыхала от него такие слова.

— Где же работать будешь? — спросила она недоверчиво.

— В Варшаве. Свистунов там сад снял и меня пригласил. Буду на проволоке ходить. Сто пятьдесят в месяц жалованья. Вот и отдохнешь.

Клара порывисто обняла его.

— Милый, спасибо тебе, ты меня спас, ты знаешь: я от тебя бежать хотела, — добавила она шепотом.

— Знаю, — ответил Красов. — И стою того, потому я свинья самая настоящая. Ну, а теперь бы водочки и закусить, — окончил он вдруг свое признание и, поцеловав Клару, грузно опустился на диван.

И, еще до обеда, он напился пьян вдребезги и, когда Клара уходила на работу, он спал мертвым сном и оглашал комнату своим храпом.

Но Клара все-таки была счастлива. В ее сердце проснулась надежда, и она с счастливой улыбкой думала о возможности возрождения для своего Ивана...

Она осторожно вошла в комнату, вернувшись домой и, приютившись на краюшке постели, под пьяный храп Ивана промечтала всю ночь до рассвета.

IX

Клара закончила свой контрактовый срок и уехала с Красовым в Варшаву.

— Милушка, — встретил ее Свистунов: — может, и вы поработаете хоть недельку, я по 30 рублей за выход дам?

— Нет, — крикнул Красов: — она, брат, на меня, свинью, довольно работала. Теперь пусть отдохнет.

— У вас же есть канатчица, — сказала, счастливо улыбаясь, Клара: — я читала в афише.

Свистунов горестно махнул рукою.

— Один скандал эта Анжелика, — ответил он: — ходит, как курица по насесту.

— И ей, брат, жевать надо, — заметил Красов.

— Оно так-то так... а все-таки.

— Не пойдет, — решил Красов.

— Милый ты мой, — сказала радостно Клара, когда от них ушел Свистунов. — Да ты, кажется, меня любить начинаешь?

— Я тебя всегда любил и люблю, — ответил Красов. — А теперь сознал, что свинья и на исправление пошел, — он ударил себя в узкую грудь ладонью и горделиво улыбнулся. "Может, и вправду такое счастье", — подумала Клара.

Вечером они были в саду, и Красов начал свою работу. Большой сад был прекрасно иллюминован. Два оркестра играли попеременно, состав труппы был разнообразен, и Клара подумала о том, как хорошо было бы самой вести такое дело.

Красок вышел из буфета и подошел к ней,

— Поди, уже выпил, — сказала она с упреком, — Я же просила тебя не пить перед работой.

— Куражу не будет, — ответил Красов и сказал, беря ее под руку: — пойдем на канатчицу смотреть.

Гуляющие широкой волною двигались к площадке сада. Клара и Красов пошли за толпою.

— Вот так канат, — смеясь, воскликнула Клара. — Да еще и сетка.

— Здесь не позволяют без сетки, — услужливо заметил Свистунов, следивший за ними.

— Тогда повыше бы надо.

— Не смеет, куражу нет, — с презрением сказал антрепренер.

Канат, действительно, был натянут низко, и кроме того, был очень короток.

Клара собиралась сделать еще замечание, когда грянул оркестр, и она увидела лезущую по лестнице столба лиловую фигуру.

Лиловая фигура остановилась на площадке у каната и раскланялась с публикою привычным жестом. Потом она взяла баланс и тихо, осторожно перешла по канату на другую сторону. Там она отдохнула и вернулась назад. Раздались аплодисменты.

— И все? — удивленно спросила Клара.

— Почти, — уныло ответил Свистунов. — Вот проплетется еще, пятясь назад, да потом посередине посидит. Эх, — с восторгом заговорил он: — вы бы вот ей показали, как ходят, здешняя публика дура. Ничего, что половина Европы, совсем видов не видели. А? Поработайте неделюшку, 200 рублей не собака.

— Еще подумаем, познакомьте меня с нею, — сказала Клара. В это время под гром рукоплесканий с лестницы быстро спускалась канатчица.

Свистунов засуетился.

— Пойдемте в уборную к ней, — пригласил он Клару.

— Идемте.

— Ну, а я готовиться пойду, — заявил Красов, бросая окурок скверной сигары.

— Только не пей больше, — просила Клара.

— Ладно уж не хлопочи, — Красов махнул рукою и, сдвинув на затылок шляпу, пошел к летней сцене,

— Ну, вот и познакомьтесь, — сказал Свистунов, бесцеремонно входя вместе с Кларою в уборную Анжелики. Она только что сняла корсаж и майку и была в одном корсете. Увидев Свистунова, она торопливо закрылась платком.

— Небось, не соблазнюсь, — грубо засмеялся Свистунов. — Вот познакомься. Это м-ль Клара. Та самая Клара, знаешь. Ну, я пойду, — сказал он Кларе и вышел из комнаты.

Анжелика покраснела и робко улыбнулась, протягивая Кларе руку.

Худенькая, бледная, с плохо развитою грудью и, вместе с тем, высокая и стройная, как прибрежный тростник, она сразу расположила в свою пользу Клару. Изящное лицо Анжелики с благородными чертами, с белой кожею, сквозь которую просвечивали синеватые жилки, большие, серые, ласковые и робкие глаза, наконец целый каскад рыжеватых, золотых волос пленили более чувственную, более грубую Клару, и она вместо рукопожатия, крепко обняла Анжелику и сказала:

— Мы товарищи с вами. Один хлеб едим.

— О, нет, я такая... неумелая, — краснея ответила Анжелика, Клара сказала:

— Одевайтесь, потом вместе в сад выйдем. Вас как зовут по настоящему?

— Стефания. Стефа. Я полька. А вас?

— Меня Клара. Вы давно ходите?

— О, нет, я случайно, — И она прибавила тихо, — Я одна, у меня никого нет, а есть надо.

Она, конфузясь, переодевалась, и Клара видела ее худые, неразвившиеся плечи, руки, стан, видела дешевое белье, бедное платье, и чувство жалости проникало в ее сердце.

— Сколько он вам платит? — спросила она.

— Пять рублей за выход; в праздники десять, — ответила Анжелика, набрасывая на свои плечи бедную накидку.

— Мерзавец, — резко сказала Клара и возмущенно встала со стула. — Идемте. Они вошли в сад и стали ходить по аллейкам. Нежная и робкая Стефания все более и более пленяла энергичную и пылкую Клару. Ей хотелось сблизиться с нею, помочь ей и она сказала ей задушевным голосом.

— Милая, расскажите мне вашу жизнь, а я вам свою, — прибавила она, взяв ее под руку. Стефания вздрогнула.

— О, моя жизнь, — грустно сказала она: — в ней мало радости. Я была...

В это мгновение к ним подошел полупьяный Красов.

— А вот и вы, — сказал он, загораживая им дорогу, — Клара, познакомь нас.

Стефания приветливо улыбнулась ему.

— Вы тот Жан Крозе. который приехал сегодня? — сказала она.

— Тот, тот. Попросту Иван Красов. Наше вам. — Красов протянул ей руку.

— А я жена его, поспешила сказать Клара,

— А она жена моя. Я теперь работаю, а она отдыхает. А сейчас пойдем и выпьем, вспрыски устроим — и, обращаясь к Кларе, он прибавил: — с тобою хотят наши познакомиться. Пойдем.

Клара гневно сверкнула на него глазами.

— Ты не знаешь, что говоришь. Хотят знакомиться, пусть сюда придут, а не я к ним.

— Ну ты вот всегда так, — произнес обидчиво Красов. — Уйду от тебя. Прощения просим. — он быстро отошел в сторону.

— И иди, сделай милость — крикнула вслед ему Клара. Она вдруг рассердилась. Целый процесс произошел в душе ее. В ту минуту, когда она гордилась Красовым, он сразу показал себя с подлейшей стороны. Увидав его пьяным, она также сразу почувствовала, что ее мечта, была только на мгновение. Пройдет неделя, другая — и снова она станет работать, а он пить и ломаться. И ей стало обидно до боли за пьяного Красова, за себя, за свою мечту. Она снова почувствовала себя одинокой, несчастной и вдруг быстро, прерывающимся голосом, она стала жаловаться Стефании, на свою горькую долю.

— Тяжела жизнь с этим человеком, слабый, бесхарактерный пьяница. В нем нет даже совести. Почти все время он только пьет, а она работает; работает для того, чтобы он в компании с пьяницами пропивал ее заработок. Сколько раз она хотела его бросить, но ее глупое сердце привязалось к нему. Недавно, вчера, она мечтала, что он исправился и станет честно жить и работать. И вот он уже пьян, завтра будет еще хуже, а через неделю она полезет на канат, чтобы работать...

Они сидели в темной аллее. Впереди по ярко освещенной площадке ходили люди, смеясь и болтая; гремела музыка.

— Они все такие, — глухо прошептала Стефания и нежно взяла за руку Клару.

Клара вдруг обняла ее и заплакала,

— А, они уже целуются, — воскликнул радостно Свистунов, подкравшись к ним.

— Пойдёмте ужинать, барыня. Иди и ты, Анжелика, — сказал он. Клара резко поднялась со скамьи.

— Нет, благодарю, я домой, — ответила она и быстро отвела Стефанию в сторону:

— Я домой пойду, — сказала она торопливо — а вы придите ко мне завтра, днем. Мы одни будем. Придете? — и она крепко сжала руку Стефании.

— Приду, — ответила та.

Клара оставила ее и подала руку Свистунову.

— Я домой пойду, а вы посмотрите за Иваном, чтобы он уже не очень.

— Будьте покойны, предела не перейдем. — И Свистунов галантно поцеловал ее руку.

X

Стефания и Клара сидели, держась за руки, на диване в номерке, занятом Кларою. Самовар давно заглох, медный кофейник остыл, на столе стояли не допитые чашки. Стефания и Клара сидели молча, каждая погруженная в свои думы, и словно боялись нарушить наступившее молчание.

Стефания только что окончила бледную повесть своей жизни.

Дочь лакея и прачки, она была запуганной, робкой кухонной девчонкой, когда встретилась с акробатом Семеном Лидовым. Ока ушла к нему и стала его рабою. Две недели он любил и ласкал ее, а там стал бить ее и издеваться над нею. В пьяном виде он бил ее до полусмерти, в дни безденежья он попрекал ее куском хлеба и однажды выгнал зимою на улицу, приказав достать денег... Она все терпела. Желая помогать ему, она захотела чему-нибудь выучиться, и он стал учить ее ходить по проволоке и по канату. Этих страшных уроков она не забудет во всю жизнь. Он купил камыш и расщепил его об ее ноги в первые два урока. Потом он купил еще и еще; она даже не помнит сколько тростей он измочалил об ее тело. Оно было все в рубцах и подтеках,

Клара слушала ее с изумлением.

Чего терпела она, отчего не ушла?

Господи, да куда уйти-то. Разве можно из акробаток попасть в прислуги? Можно выйти только на улицу, пока молода...

В этом быту терпят все женщины. Впрочем женщины везде терпят...

Наконец, Бог сжалился над нею и освободил ее от Лидова. С ним приключился удар, потом паралич. Он теперь, сумасшедший, сидит в Вильно в больнице св. Иакова, и она свободна...

На глазах Клары дрожали слезы, лицо ее пылало негодованием. Ах, подлецы, подлецы. Что они делают с женщинами, отдающими им и свое тело, и свою душу, и свою молодую жизнь...

Она вдруг крепко сжала руку Стефании,

— Хочешь, мы никогда с тобою не расстанемся, а?

Стефания недоверчиво посмотрела на нее.

— Будем всегда, всегда вместе, — продолжала порывисто Клара. — Я буду тебе старшей сестрой, ты младшей. Хочешь?

Стефания робко улыбнулась, не смея верить в такое счастье. Клара в волнении вскочила с дивана и стала ходить по комнате.

О, это будет отлично. Они вдвоем составят компанию. Она выучит Стефанию ходить по канату, как сама, и они будут работать вместе. Они назовутся сестрами. Теперь мода на американцев. Они станут американками. Их фамилии будут Броун. Хорошо? Она так и останется Кларою, а Стефания...

Клара остановилась перед нею и весело сказала:

— А ты будешь Эльзою.

— Что с тобою? — спросила она испуганно.

Стефания лежала ничком на диване и рыдала.

— Да что с тобою? О чем ты? — нетерпеливо и тревожно повторила Клара. Стефания подняла к ней свое заплаканное лицо и улыбнулась.

— Я слишком рада. Это так... хорошо, — сказала она.

Клара наклонилась и крепко поцеловала ее.

— Это я сегодня ночью придумала, а сейчас решила...

Таким-то образом и появились в мире артисток "неустрашимые канатоходчицы, американки, сестры, Клара и Эльзе Броун".

XI

Иван Красов вернулся с репетиции, как всегда полупьяный и, увидя с порога комнаты целующихся женщин, воскликнул:

— Лучше меня целуйте, черт дери.

Клара встала ему навстречу и оживленная, с горящими глазами, тотчас посвятила его в свой план.

— И если ты будешь умным и перестанешь пить — окончила она; — ты всегда в одном месте с нами работать будешь, и мы большие деньги заработаем.

Иван Красов сел в кресло, вытянул ноги и с хохотом сказал:

— На манер петуха буду. Идет.

— Не говори глупостей, — крикнула, сверкнув глазами Клара. — Я с тобой серьезно.

— А мне-то что? — ответил Красов. Я — с большим удовольствием.

Он встал, шаркнул и, протянув руку Стефании, сказал с шутовским вывертом:

— Очаровательной компаньонке. Наше вам с кисточкой.

Стефания подала ему руку.

— Дурак, — сказала презрительно Клара; потом она обернулась к Стефании и сказала ей тоном приказания.

— Сегодня ты в последний раз у Свистунова. Завтра начну тебя учить, а там Иван кончит и поедем.

Стефания покорно кивнула головою.

— Милушка вы моя, — с испугом сказал Кларе Свистунов, когда узнал об ее решении: — что же это вы со мной-то делаете? Зачем артистки лишаете?

— А вам не стыдно ей такие деньги платить?

Свистунов смутился.

— Да ведь как же она и работает. Разве это работа. Ну, да уж ради вас я ей жалованье положу. Пусть! — и Свистунов с видом решимости махнул рукою.

— Нет, — ответила Клара: — это время она учиться будет. Так Стефания?

Стоявшая подле Стефания послушно кивнула.

— Это не по-товарищески, — воскликнул Свистунов.

— Хорошо — сказала весело Клара: — чтобы вас не обидеть, я у вас ходить буду.

— Милушка, Кларочка, вот удружили, вот спасибо. — Свистунов даже запрыгал от радости и свобода Стефании была обеспечена.

Клара горячо принялась за ее обучение. Днем, в саду, когда никого из публики не было в нем, она заставляла ее ходить по земле и учиться держать баланс.

Потом у себя в номере она установила доску и продолжала учить Стефанию.

— Не поднимай ноги, — говорила она: — Скользи. Да не

бойся. Гляди перед собою. Так. Не держи ногу прямо, согни ее в колене, наклонись сама. Да немного, слегка.

Стефания слушалась ее охотно, не боясь внезапного удара камышом, и с каждым днем поступь ее делалась свободнее и тверже.

— Да ты храбрец, — в восторге говорила Клара. — А я то думала, что ты трусиха.

Однажды вечером она сказала ей:

— Завтра мы сделаем первую пробу.

— Какую?

— Я пронесу тебя на плечах. Это легко. Утром сделаем одну репетицию и все.

Стефания побледнела, но покорно согласилась.

На другой день этот номер в саду Свистунова произвел фурор. Женщины махали платками, мужчины кричали и хлопали, дети визжали от восторга.

На восемь сажень от земли, по канату быстро двигалась Клара, а у нее на плечах, скрестив на груди руки, недвижно, как изваяние, сидела Стефания. Они обе были прекрасны. Клара в черном трико, черном бархатном корсаже, с черными распущенными волосами. Стефания в ярко желтом корсаже, с своими рыжими волнистыми волосами; двигались словно по воздуху, освещенные красноватым отблеском заката, и очарованному воображению казалось, что это движутся темная ночь, со своею блестящею звездою.

— Ты можешь все делать, — придя домой сказала Клара Стефании. Стефания радостно улыбнулась. Там, на канате, сидя у Клары на плечах, она думала, что поседеет от страха; теперь она уверовала в Клару и по ее слову пошла бы в огонь.

XII

Иван Красов распустился совершенно. Его энергии хватило, действительно всего на две недели, Клара, увлеченная Стефанией, почти не замечала его, и он уходил с утра как бы на репетицию и возвращался к обеду уже пьяным. В пьяном виде он становился все наглее и наглее и теперь ко всему вдруг увлекся робкой Стефанией и стал приставать к ней, ругая Клару.

— Ведьма старая — говорил он: — она жизнь мою заела.

Словно полиция при мне, а я что? Я свои деньги имею. Не хуже ее дело знаю.

— Знаешь, что я скажу тебе, — говорил он в другой раз, смотря на Стефанию горящими глазами: — бросим ее и уедем. Черт с нею. Мы с тобой так работать станем, на диво.

Стефания бледнела и испуганно отходила от Красова, а тот делался все назойливее,

Все свободное время он употреблял на преследование ее и, разжигаемый водкой и страстью, оставил работу. Клара ходила теперь по канату через день.

Однажды Клара вернулась усталая с вечерней работы. Красов уже лежал в постели. Она подошла к нему и грубым толчком разбудила его. Глаза ее сверкали.

— Слушай, — сказала она. — Свистунов дал мне всего 50 руб. Он говорит, что остальное ты пропил. Правда?

— А если и правда? — нагло ответил Красов.

— Тогда пошел вон, — вне себя закричала Клара. — Завтра же пошел вон, мне не надо тебя. Негодяй.

— И уйду, и не ори, пожалуйста, — отвечал Красов и, повертываясь на другой бок, подумал: "врешь, сама за мной побежишь".

Клара легла на диван и всю ночь провела без сна.

Господи, она ли его не любила, и за что все это? Горькие слезы жгли лицо ее и щеки.

На другой день она ласково обняла Красова и умоляющим голосом сказала:

— Когда ты исправишься?

— Никогда, верно, — грубо ответил Иван.

Понятно они не разъехались. Для Ивана это было слишком невыгодно, для Клары слишком тяжело; — но с этого дня Иван понял свою неотразимую силу и уже перестал сдерживаться.

— Ежели я ее брошу да уйду, — говорил он своим приятелям, сидя в буфете: — так она за мною сто верст проползет. Вот что, милые, потому что она как кошка в меня влюбилась.

— Ведьма старая, — хохотали кругом приятели.

— Истинная ведьма, — подхватывал Красов и, возвращаясь домой, начинал глумиться над Кларою.

— Ну, вот и опять пьян, — говорит он вызывающе. — Чего глазища выпучила. Думаешь испугался? Как же, жидовка старая. Вот подожди, сыщу молодую, только меня и видела.

— Негодяй, — тихо сквозь зубы говорила Клара, а потом бессонною ночью опять боролась и мучилась, желая уйти от Ивана и не имея на то воли.

— Оставь его, уйди, — просила Стефания. — Тебя полюбит хороший человек. Свет велик.

— Ах, меня любили хорошие люди, — с мрачной усмешкой отвечала Клара и потом прибавляла: — может за них я и несу эту муку.

— Совсем негодяй ты, — говорил Ивану Свистунов, — выгонит тебя Клара и сдохнешь под забором, пьяница омерзительная.

Иван нагло усмехался и отвечал подмигивая:

— Это меня-то выгонит? Ну, это оставь, друг.

Тем не менее к концу сезона он смирился. Однажды, проснувшись, он сознал всю невыгоду своего положения и, подойдя к Кларе, сказал:

— Прости меня. Не я буяню, а вино во мне. Я люблю тебя, Клара.

И довольно было этих слов, чтобы лицо Клары вдруг просветлело, и она с рыданием кинулась ему на шею.

— Чего ты, чего? Я ведь вправду, — бормотал смущенный Иван.

— Измучил меня ты, — сквозь слезы прошептала Клара...

— Теперь все по-новому, — радостно сказала Клара Стефании, когда они свиделись.

— Дай Бог, — ответила Стефания.

А в тот же вечер Иван, застав ее одну в коридоре гостиницы, обнял и поцеловал.

— Я тебя люблю, а не ту ведьму, — сказал он. Стефания гневно вырвалась от него и ответила:

— Я скажу ей, если еще раз посмеешь.

— Так она и поверит — засмеялся Иван.

XIII

— Ну, вот, Стефания наш сезон и начался, — сказала весело Клара. Завтра Едем. Смотри. — И она показала огромную афишу одного богатого цирка, где Клара и Эльза Броун были изображены ходящими по канату.

— И нашего красавца устроили, — добавила Клара.

Иван радостно поцеловал ее и сказал:

— Золото ты у меня, Клара, — после чего стал энергично помогать укладывать вещи и костюмы.

Сестры Броун появились на сцене и имели несомненный успех. Содержатели цирков наперерыв делали им предложения, и они весело переезжали из города в город, сопровождаемые беспутным Красовым.

Противоположности сходятся, и Стефания с Кларою искренно полюбили друг друга. Никогда между ними не возникало недоразумений, потому что Стефания стремилась устранить от Клары всякую мелкую работу и окружить ее всяким удобством, Клара же с своей стороны опекала Стефанию, как старшая сестра.

Единственным облаком на их горизонте являлся все тот же Иван Красов. Сытый, самодовольный, он, раздраженный сопротивлением, загорелся страстью к Стефании и преследовал ее все настойчивее и упорней.

Она трепетала в ужасе, что Клара заметит ее поведение, и весь гнев ее обрушится тогда на нее, а в то же время она не решалась открыться Кларе.

— Будешь моею, — шептал Иван с пылающим страстью лицом. — Не уйдешь.

И раздраженный неудачею грубо отгонял Клару.

Клара отстранялась от него с побледневшим лицом и не говорила после этого с ним по неделям и более. Но он и не замечал ее гнева.

Иногда при Кларе Стефании становилось жутко, когда, она вдруг подмечала на себе горящий взор Красова. Ей казалось, что даже перенося этот взор она делает преступление против Клары...

Они переехали в Москву.

Красов запил и бродил из трактира в трактир, не показываясь дома целых три дня. Клара была как безумная, думая что потеряла навсегда его. Но через три дня он объявился. Лицо его было мрачно и хмуро. Глаза горели какою-то решимостью.

— Ваня? Где ты скрывался? — воскликнула Клара, бросаясь ему навстречу.

— Где был, там теперь нет, — ответил Красов и прошел прямо к постели. Клара робко села подле него.

— Если бы знал как я мучилась. Я не спала ночей. У меня ослабли ноги и я теперь бросила носить на плечах Стефанию. Боялась!

— Она боялась?

— Я! Она мне верит... а тебя все не было. Теперь пришел и хотя бы поцеловал меня.

Клара заплакала.

— Глупости! — сказал Иван, — вернешься из цирка — поцелую.

Лицо Клары просветлело.

— Милый мой, люблю я тебя! — сказала она кротко и потом прибавила. — Не пошла бы и в цирк, если бы не Стефания.

Иван насторожился.

— А что она?

— Захворала. Лежит. А то бы она за меня сходила.

— А теперь ты. Один черт!.. Ну, я сплю, — он повернулся к стене и поправил подушку. Часы пробили 6. Клара встала и начала собираться.

Иван лежал и, замирая от волнения, ждал минуты, когда уйдет Клара.

Наконец, она собралась, тихо поцеловала Ивана и вышла. В ту же минуту он уже сидел на постели.

Подлая мысль гвоздем засела в его голове и не давала ему покоя.

Он просидел минут десять; потом тихо встал и вышел в коридор гостиницы.

Стефания дремала, лежа на диване, когда вдруг перед нею очутился Иван Красов. Она слабо вскрикнула и хотела подняться, но он обнял ее и прижал к ее лицу свои пылающие губы. Она пробовала защищаться, но обезумевший Красов был неизмеримо сильнее ее.

Когда Клара вернулась, Иван встретил ее приветливо, ласково, и так горячо поцеловал ее, что у нее закружилась голова.

XIV

Разве могла робкая Стефания рассказать Кларе о том, что с нею случилось?..

Клара в испуге хотела послать за доктором, когда увидела бледное, осунувшееся лицо своей подруги, но та через силу улыбнулась и тихо ответила ей.

— Ничего! Я не спала всю ночь. У меня головная боль! — и поспешила уткнуть свое лицо в подушку.

С этого дня для нее началась невероятная жизнь, полная муки и унижения.

Робкую, обессиленную, Иван пугал ее Кларою и продолжал

насильно требовать от нее ласки. В то же время он сделался снисходительнее к Кларе, и та расцветала от его поцелуев.

В своем счастье она только иногда замечала поразительную бледность Стефании и тогда говорила ей:

— Ты больна, Стефа, тебе надо лечиться.

— О, нет! Я хочу быть подле тебя, всегда с тобою, — отвечала Стефания и с мольбою глядела на Клару.

— Да разве я гоню тебя, глупая?

И Клара опять забывала о Стефании.

А Иван с наглым цинизмом смеялся над обеими женщинами и, пьяный, обеспеченный, всегда довольный, командовал ими обеими.

Он уже вовсе бросил работать и играл теперь роль их секретаря, ничего не делая и распоряжаясь всем за них.

С начала лета, он без их ведома заключил условие с антрепренером одного петербургского загородного сада на весь летний сезон и только тогда, когда нужно было подписывать контракт, сказал им об этом.

— Но я хотела ехать в Лондон! — сказала Клара.

— Лапушка ты моя! Что Лондон? Лондон далеко, — ответил, целуя ее, Красов, и она с улыбкой подписала контракт.

Петербургская публика давно не видала таких артистов, и управляющий садом радостно потирал руки и поил Красова, смотря на сестер Броун.

Они по праву приобрели себе название неустрашимых.

В двенадцати саженях над землею они также свободно ходили по канату, как по земле. Стефания, под руководством Клары, давно уже приобрела свободу движений, и они носили друг друга на плечах, сходились на середине каната и менялись местами, переступали одна через другую и, казалось, хождение их с балансом или без него не составляло для них никакой разницы.

Но что еще более подкупало садовую публику в их пользу — это их красота в ярком блеске взаимного контраста.

Смуглая, плотная, с ярко горящими глазами и пунцовыми губами, Клара, становилась еще эффектнее рядом с нежной, стройной Стефанией, на бледном лице которой чуть мерцали большие, серые глаза. Ко всему Клара нарочно выбирала соответствующие костюмы. То она являлась в ярко-красном трико, одевая Стефанию в бледно-розовое, то надевала на себя все черное, тогда как Стефания была в золотистом шелке — и их костюмы еще более оттеняли их эффектную красоту.

Иван Красов самодовольно смеялся, глядя на них, и с

чувством достоинства гулял по саду, к вечеру непременно напиваясь пьян.

Он совершенно поработил их обеих, и в то время, как Стефания, из чувства страха, отдавалась ему с гадливой брезгливостью, Клара порывисто страстно принимала его ласки.

Теперь Клара была весела и счастлива, а Стефания все ниже и ниже опускала свою голову, сознавая всю глубину своего падения.

Клара чувствовала в себе необычайный прилив сил, а Стефания худела и бледнела, сгорая стыдом и тоскою.

Особенно тяжело ей было оставаться в комнате втроем.

Клара весело болтала и смеялась. Иван давно усвоил себе привычку небрежно слушать ее болтовню, а Стефания сидела молча, изредка вздрагивая и бледнея или же почти лишаясь сознания, когда Иван вдруг в своем наглом цинизме наступал ногою на ее ногу и украдкой следил за ее волнением. В эти минуты страсть его распалялась, и глаза вспыхивали желанием; Клара, встречаясь с его глазами улыбалась еще счастливее, а Стефания, не выдержав, вдруг вскакивала и убегала к себе, где, уткнувшись лицом в подушку, глухо рыдала.

— Я не понимаю тебя. Ты верно больна или что-нибудь от меня скрываешь? — сказала однажды Клара, пораженная поведением своей подруги. Стефания сделала попытку улыбнуться и сказала:

— Нет, тебе только кажется. Я здорова и мне нечего скрывать от тебя.

— И отлично! — ответила Клара: — нам везет с тобою и было бы глупо ссориться. Знаешь, дирекция предложила нам бенефис.

Стефания кивнула головой.

— И я, — оживляясь продолжала Клара, — придумала такой номер, такой номер! — Все изумятся. Мы с тобой завтра начнем его готовить,

Стефания опять кивнула головою. Чем труднее тем лучше. Упасть и убиться...

XV

Клара выпросила у администрации пустой сарай и они

начали готовиться к бенефису. Они приходили часов в десять утра и работали в сарае до двенадцати.

— И чем вы нас удивить хотите? — спрашивал их с льстивой улыбкой управляющий садом.

— Подождите! Увидите, — весело отвечала Клара и хранила секрет даже от Ивана.

— Действительно, становится занимательно! — беседовал управляющий с директором.

— Да, почтенный, золото приобрели, а кто? Все я! — отвечал директор, толстый, пузатый господин с красным лицом и вытаращенными глазами.

Завтра бенефис, Стефа, — сказала Клара, собираясь идти в сад. Вернемся домой раньше.

Стефания оделась и ждала ее.

— Ты не боишься? — спросила ее Клара по дороге.

— Ах, мне все равно! — вырвалось невольно у Стефании.

Клара удивленно посмотрела на нее и вдруг рассмеялась.

— Знаешь, что, Стефа? Тебе полюбить кого-нибудь надо! Вот что! — сказала она с торжеством.

Стефания вздрогнула и еще ниже опустила голову.

Когда они окончили свой выход и уже собирались уходить, управляющий задержал Клару. Стефания вышла вперед.

Клара кончила объяснения с управляющим и пошла искать Стефанию. Праздная толпа гуляющих толкалась по аллеям в ожидании зрелища. Клара быстро двигалась, ища глазами подругу и не видя ее нигде. Она обошла весь сад и вернулась в театр.

Вдруг, проходя по коридору мимо одной уборной, Клара услышала звуки знакомых голосов. Она остановилась у дощатой двери уборной и замерла в ужасе.

Говорили Иван Красов и Стефания.

— Ах, нет, нет! — воскликнула она.

— Верно! — подтвердил он. — Ну, ее к черту, старую ведьму. Деньги за бенефис получу и я прямо на поезд. Ты будешь уже там. Через 3 дня мы будем, у чертей с квасом, а ее оставят отрабатывать контракт. Так-то!

В ответ на это раздался не то стон, не то плач.

— Надоело мне все это! — заявил он снова.

— Клара, шатаясь, отошла от двери и опрометью бросилась домой. Она не помнила, как она очутилась одна в своем номере. Она взглянула на себя в зеркало, и сама испугалась своего лица. Смертельная боль пронзила ей сердце, смертельная ненависть давила ее.

Она едва успела войти к себе и вдруг остановилась, как

вкопанная. По коридору послышались легкие шаги Стефании. Клара метнулась к двери и ее первое желание было войти к ней и задушить ее своими руками, но она остановила эту мысль.

Другая, более ужасная мысль мелькнула в ее голове, и она отошла от двери.

XVI

Это была ужасная ночь... в комнатах стоял бледный полусвет, в открытое окно вливался душный раскаленный воздух, и Клара металась по комнате, не находя себе места. Иногда она ложилась и словно дремала, но тотчас вскакивала и снова начинала метаться. Мысли вихрем кружились в ее голове. Оскорблены и любовь, и дружба! И кем? Пьяным негодяем и подлой девчонкой, которую она взяла чуть не с улицы и которую полюбила, как сестру... Жажда мести жгла ее грудь, и в то же время мысли беспорядочно проносились в ее голове...

Вот Иван Красов с наглой улыбкой, с подлыми ласками. Чего она не перенесла от него?!.

Она подняла его полуголодного. Он бросил всякую работу и только пил на ее деньги. Она не требовала ничего кроме любви, а он смеялся над нею за ее спиною и целовал теми же губами другую...

"Старая ведьма", "жидовка"! О, подлые люди!.. И с кем?.. И она то притворялась кроткою овцою, она то бледнела, дрожала и скромно склоняла свою голову... Негодница, дрянь, обязанная ей всем, всем!..

То-то она и уговаривала бросить Ивана... теперь все ясно... а она дура, перед ней плакала, изливая всю боль измученного сердца... О, подлость!.. Но они поплатятся. Сердца всех содрогнутся от ее мести!..

Она металась в дикой злобе по комнате, пока солнце не озарило землю, и по коридору не раздались шаги прислуги.

Тогда, изнеможенная, она упала на диван, но голова ее продолжала работать над планом мести.

Первая жертва она, разлучница, а там — что будет! Этот гад все равно издохнет без нее где-нибудь под забором...

А ее — вон! Вон: и себя!..

Она очнулась от стука в дверь.

— Кто там? — спросила она через силу.

— Отвори. Это я. — Она узнала голос Ивана.

— Я лежу и не хочу встать. Что надо?

— Иду смотреть за работой. Канат спустить?

— Нет! — быстро и резко ответила она. — Оставить как было, на двенадцати, а сетку ниже, — прибавила она и снова опустилась на диван. Иван ушел, но почти тотчас послышался другой стук и голос Стефании.

Клара со стоном заломила руки. Неимоверных усилий стоило ей сдержать свой гневный порыв.

— Клара, иди пить чай и пойдем на репетицию.

— Я чаю пить не буду и на репетицию не пойду. Иди одна.

— Но как же?..

— Оставь меня! Я не здорова. Я выйду только в сад.

— Клара, впусти меня! Может, я помогу тебе, — в голосе Стефания послышалась тревога. "Испугалась", с усмешкой подумала Клара и, делая голос ласковым, сказала:

— Не бойся, милая. Я просто не выспалась и хочу спать. Иди.

Стефания отошла от двери. Клара опять впала в забытье.

План мести созрел в ее голове и она словно успокоилась.

Наступил вечер. Тихие сумерки опустились на землю.

— Клара! — снова постучалась в дверь Стефания. — Пора идти!

Клара быстро вскочила на ноги и открыла дверь.

— Я в минуту.

Стефания вошла в комнату.

Она не могла в полусвете различить выражения лица Клары и простодушно говорила:

— Ты не выходила? Я не хотела тебя будить и взяла костюмы без примерки. Они очень эффектны.

— Мы наденем обе все черное! — сказала отрывисто Клара и прибавила: — Ну, я готова,

— Черное? — с недоумением повторила Стефания, — Словно траур.

Клара быстро вышла из дверей.

— Иди, что ли! — вскрикнула она.

Стефания торопливо вышла из комнаты.

Они молча пошли по улице.

Клара закутала лицо в платок и, мучая себя, думала: "словно траур! А ты бы, милая, хотела вся в золоте со своим любовником укатить. Укатишь, не хлопочи!" и она вслух рассмеялась...

XVII

Вход в сад был весь иллюминован разноцветными электрическими лампочками и флагами. Экипажи то и дело подъезжали к нему с обеих сторон. У кассы толпился народ и берущие билеты с озабоченным видом спрашивали у швейцара,

— Броун еще не ходили?

— Никак нет-с. Они в последнем отделении.

— Говорят, будет что-то невероятное, — передавал один офицер другому: — управляющий рассказывал.

"Увидите"! — с злой усмешкой подумала Клара, пробираясь к уборной. Сад был полон, и все были в ожидании выхода Броун. Весть о невероятном номере облетела всех.

Клара вошла в уборную и повернула контактор. Уборная осветилась электрическим светом. Стефания вошла следом за нею.

Они заперли двери и стали одеваться.

— Так черное? — спросила Стефания.

— Черное, все черное! — резко ответила Клара и замолчала.

Стефания стала распускать и расчесывать свои волосы.

— Я с тобою ничего не боюсь, — сказала она. — Но сегодня мне что то страшно. Словно над нами беда.

— Глупости! — обрезала ее Клара.

— Я знаю... Я не верю этому, но боюсь. Словно за моею спиною стоит этот Лидов... и еще сумасшедший... Он меня в припадке зарезать хотел! — прибавила Стефания.

Клара уже оделась и накинула на себя тальму, спрятав под нею складной нож.

— Ну, торопись. Я пойду посмотрю, все ли в порядке, — она вышла из уборной. Осторожно, как вор, она пробралась по темным аллеям на площадку, над которой были протянуты канат и сетка.

Регуляторы еще не светились, а кругом было темно. Она медленно обошла сетку и надрезала ножом все веревки, натягивающие ее. Одна веревка лопнула и со свистом взметнулась по воздуху. Сетка сразу осела. Легкий удар в середину, и она оборвется на всех скрепах.

Клара бросила нож в кусты и вышла на аллею.

— А, именинница! — радостно подскочил к ней управляющий. — Ручку вашу! — он поцеловал ее руку и заговорил.

— Народу-то, народу! Вот это праздник! Рубликов 600 чистоганом в карман положите.

— Я хотела сказать вам. Завтра деньги отдайте мне на руки, слышите?

— Ха, ха, ха, целей будут.

— То-то целей! — угрюмо сказала Клара и прибавила: — а ему ни в каком случае.

— Отменно хорошо, — сказал управляющий. — Иван Федорович, положим, у меня уже четвертную вытянул, ну да и все.

К ним подошел директор.

— Ручку, именинница! — сказал и он. — Ну, чем же вы удивите нас?

— Упадем обе, — ответила Клара.

— Ха, ха, ха! — расхохотался директор — Это было бы удивительно. Какие же вы тогда артистки.

Клара закусила губу. В это время на аллее показалась Стефания.

— Ждут нашего номера, — сказала Клара. — Засветите фонари и звоните. Музыки не надо, только туш. Идем, Эльза.

По саду задребезжал призывный звонок. Толпа хлынула к площадке, которая вдруг осветилась светом огромных регуляторов. По перекладинам столба к канату быстро поднимались две сестры, одетые в черные трико. Они поднялись на площадку, музыка грянула туш, и тысячная толпа, подняв головы кверху, так закричала и захлопала, что заглушила на время оркестр. Сестры раскланялись.

— Что за странная идея нарядиться в свой бенефис во все черное! — заметила дама своему кавалеру.

— Красивые формы, — тоном знатока объяснил он.

Этот траурный костюм обратил внимание всех, Директор припомнил слова Клары и нахмурился, сообщив свои мысли управляющему. Тот нашел у буфета Ивана и повел его к директору.

— А я почем знаю? Блажит! — ответил Иван. — Для шику, верно. Когда я работал на проволоке...

Директор повернулся к нему спиною и отошел.

А тем временем сестры медленно отвязывали балансы и натирали ноги.

Музыка смолкла, и они пошли друг за другом.

Они проделали все свои номера и каждый раз, когда они возвращались на площадку, музыка играла туш, а восторженные зрители заглушали его своими криками.

Когда последние крики смолкли, Клара взяла свой баланс и быстро перебежала на другой конец каната.

Там на балкончике она начала отвязывать какие-то предметы. Эльза с другой стороны хлопотала тоже.

— Скажите, пожалуйста, она берет с собою стул, — воскликнула дама.

— И бутылку, — засмеялся ее кавалер.

— Сядет и пить будет, Очинно просто, — заметил равнодушно купец.

— Да-с, это можно сказать не то, что в ресторане, — вставил другой.

Гвардейский полковник объяснял своей даме, смотря в бинокль.

— Старшая берет стол и стул, а у младшей стул, бутылка и стакан. Вероятно, правда, пить будут! Удивительная смелость!

— Тсс! — раздалось в толпе и наступило гробовое молчание.

Сестры взяли балансы и пошли на встречу друг другу. У Эльзы за спиною болтался стул и хлопал ее по ногам, у Клары также сзади висел стул, а спереди — небольшой белый стол.

Они сошлись на середине каната и, действительно, Клара поставила стол и села на стул, положив на колени баланс. Стефания сделала то же, потом она вынула бутылку, стакан и налила в них вино.

Белый стол и стулья и их черные силуэты ярко вырисовывались на бледном фоне вечернего неба.

— Браво! — гулким стоном раздалось снизу, но сестры продолжали сидеть недвижно.

Стефания уже наверху почувствовала возбужденное состояние Клары и теперь, взглянув на ее лицо, содрогнулась.

Глаза Клары горели безумным огнем; лицо исказили судороги, и она хрипло сказала:

— Стефа, я решила опрокинуться вниз вместе со стульями и с тобою!.. Канат вздрогнул. Стефания посмотрела и расширенными от ужаса глазами смотрела на Клару.

— Ты — подлая тварь! — глухо сказала Клара. — Вы вдвоем обманывали меня и смеялись. Смейся теперь!.. Я хотела тебя опрокинуть просто, но потом решилась сказать. Готовься!..

Она подняла баланс, чтобы его бросить.

Дар слова вернулся Стефании.

— Я не боюсь, — прошептала она. — Но я не одна теперь...

Клара опустила баланс. Лицо ее побледнело.

— Давно?

— Три месяца.

— И ты ходила?..

— Как же я могла бросить — едва слышно отвечала Стефания. — Потом, после, я хотела умереть.

— О, будьте вы прокляты! — воскликнула Клара и порывисто встала. Измученная толпа уже кричала снизу: "довольно" и неистово хлопала. Вдруг раздался крик ужаса. От резкого движения Клары стол откинулся от ее шеи и упал вниз вместе со стулом. В тот же миг с громким треском оборвалась сетка и упала на землю.

Стефания и Клара уж входили каждая на свою площадку.

Взойдя на площадку, Стефания упала на стул, как подкошенная.

Клара стояла на другой стороне и, скрестив руки, думала мучительную думу.

Да она не могла так предательски убить Стефанию, да еще с ребенком. Что же делать теперь? Безумная мысль осветила ее усталую голову. "Пойду без баланса с закрытыми глазами. Если дойду — прощу, не дойду — смерть". Она надеялась на смерть и, скрестив на груди руки, быстро стала на канат.

Новый крик ужаса вырвался снизу и снова наступила мертвая тишина. Вверху, скрестив на груди руки, скользила Клара по канату. Нога становилась по привычке твердо и прямо, стан изгибался по привычке, и она остановилась подле Стефании. Та в истерических слезах упала ей в ноги.

— Домой, домой! Дома, — говорила Клара и стала быстро спускаться вниз. Восторженные крики не смолкали, нервные женщины плакали.

— Ну уж и напугали вы нас! — с ласковым укором сказал директор.

— Уж так, уж так, — лепетал управляющий. Столпившаяся группа наперерыв жала руки сестрам.

Вдруг сквозь толпу протискался пьяный Красов и сказал:

— Ты что это вздумала, а?

Клара вспыхнула и размахнулась.

— Подлец! — сказала она, и сильная пощечина качнула Красова в сторону.

— Стефания домой! — крикнула она и, не заходя в уборную, пошла из сада. Стефания шла сзади, словно приговоренная на смерть.

XVIII

Они пришли домой и пришли каждая в свою комнату.

Клара сбросила тальму и осталась в костюме.

Что же делать? Сердце ее жаждало отмщения, правды.

Она вдруг выбежала из дверей.

Стефания, обессиленная, лежала в кресле. Клара подошла к ней и, грубо дернув ее за руку сказала:

— Говори все, как было.

Стефания поднялась с кресла и упала ей в ноги,

— О, прости! Не я, я не хотела, я молила.

— Все, все! — повторяла исступленно Клара, и Стефания заговорила торопливо и сбивчиво.

Ах, она знает всю глубину своей подлости, но что она могла сделать...

Она рассказала первое посещение Ивана, его угрозы, свои мучения и стыд. Все, день за днем, прерывающимся, дрожащим голосом...

Она знает, что недостойна быть подле Клары, подле милой сестры; она соберет в узел свои вещи и уйдет. Куда? Все равно.

— Ты любишь его? — сурово спросила Клара.

— Что? — воскликнула Стефания, и в ее крике было столько неподдельного отвращения и ужаса, что Клара вздрогнула.

— Негодяй! — прошептала она и вышла из комнаты.

Она вбежала к себе и заметалась снова. Виноват он, он один!..

Она упала в постель и застонала. Пережитые волнения ослабили ее силы.

Она осталась лежать.

И вдруг в тишине летней ночи ей припомнился фургон, в котором она провела свое детство с Тиль.

Просторное поле, звездное небо, догорающий костер... старик сидит и говорит ей о святости призвания, ради которого надо отдать жизнь, душу... И она отдала их.

Она вспомнила двух братьев, как они любили ее и с одним из них она была бы счастлива... а она отреклась от них и бежала. Ради кого, чего? Ради этого подлого человека и этих мук?.. Усталое сердце ее просило отдыха и участия. Ей хотелось плакать.

Она собралась с силами и снова прошла в комнату Стефании.

Стефания не ложилась. Она стояла на коленях и с судорожными рыданиями молилась, обратив лицо на восток.

— Стефа, — тихо окликнула ее Клара.

Стефания обернулась и, не в силах встать, села на пол.

— Стефа, — сказала снова Клара, неровным шагом подходя к ней, опускаясь подле нее на колени. — Забудем ссору. Будем опять, как сестры. Я... мы... одни. Никого нет. Так вот... Родится он, и мы будем ему две матери!..

Подымающееся солнце, словно заревом пожара, золотило полнеба; нежные розовые лучи загоревшейся зари брызнули на землю, ударили в окно гостиницы и осветили своим сиянием двух обнявшихся и рыдающих женщин, одинаково сиротливых, горьких и обездоленных с любовью и лаской.

ГАЕР

Крошечная Нина была больна, совсем больна. Доктор объявил, что сегодня вечером с ней должен быть кризис и при этом так покачал головою, что лица отца и матери вдруг побледнели и приняли растерянное, испуганное выражение.

Нина лежала в своей постельке недвижно, как трупик, и только тяжелое, со свистом вылетавшее дыхание показывало, что в ней теплится искра жизни.

В комнате было полутемно. Наступил ненастный вечер, и слабый свет ночника едва освещал две скорбные фигуры, склонившиеся над детской постелью. За окном шумела вьюга; где-то у соседей звучал рояль и в полутемной комнате словно не вечерний мрак, а тоска, унылая тоска злого предчувствия сгустилась во всех углах, повисла в воздухе и, казалось, шуршит своими невидимыми крыльями.

За стеной пробило шесть часов. Молодая женщина вздрогнула и выпрямилась.

— Милый, — сказала она мужу ласковым шепотом, — тебе пора!

Он еще ниже склонился над кроваткою где страдала крошечная Нина. Молодая женщина тронула его за плечо.

— Милый, пора! Хуже, если они пришлют за тобой!

Мужчина с благоговейной любовью поцеловал горящее личико ребенка и выпрямился. Его красивое, мужественное лицо было грустно до боли. Он провел по нем рукою, вздохнул и сказал:

— Да, Клара, пора! Твоя правда: хуже, если они пришлют за мною. Изверги! — прибавил он с горечью, — я умолял их, я говорил про Нину. Разве я так нужен? — Кулаки его гневно сжались.

Клара положила ему на плечо руку.

— Сегодня ведь у него бенефис. Тебя любят и выставили, как приманку.

— У всех должно быть сердце. Они были отцами...

— У толпы нет сердца, — сказала тихо Клара.

Он молча собрался. В ручной сак он положил костюм, туфли, платок; потом оделся и снова подошел к кроватке.

— Иди! — желая окончить муку, торопила его Клара. Он еще раз поцеловал свою дочку, единственное сокровище его на земле, и потом обернулся к Кларе.

— Так помни! — сказал он, — я буду ждать.

Она кивнула ему

— Если она очнется, сейчас же... Если нет, если... — голос его дрогнул, — беги тоже, а то у меня сил ждать не будет!

Она снова кивнула. Он надел шапку и в дверях сказал:

— Здесь близко. Смотри же!..

Ненастная мгла окружила его, едва он вышел на улицу. Резкий ветер с силою бросал ему в лицо холодный мокрый снег, залеплял им глаза, уши и рвал на нем пальто, стараясь расстегнуть полы. Но он не замечал непогоды. Он весь был погружен в тревогу о дочери, а потом думал о людях с каменными сердцами.

Он был гимнаст и служил в цирке.

Им дорожили, его имя собирало публику, и директор цирка даже льстил ему, но когда он сказал, что его дочь больна, что ему трудно работать, чувствуя тревогу в сердце, этот директор тотчас указал ему на контракт. Он не согласен, чтобы от болезни трехлетней Нины у него упали сборы.

— Я для вас на все пойду, Антон Павлович, но этого не могу. Что с нами будет? Публика привыкла удивляться смелости сеньора Гравелотти и я не в праве, да-с — не вправе отказать ей в этом!

Гравелотти возмутился и не пошел, но в тот же вечер за ним пришел пристав, и директор сказал:

— Ей Богу, что за охота нам ссориться? Ведь я имею право, и сказал, что не поступлюсь им.

О, он был совершенно прав. С какой стати ему терять рубли из-за болезни какой-то девчонки! Это даже странно: ну заболей сам, а то дочь!

Директор возмущался, беседуя на эту тему с приставом, я пристав сочувственно вздергивал плечами.

— Помилуйте, там жена заболеет, а там сын, а артист не ходи, а директор, ему плати да терпи убытки! Где тут смысл? Где правда?

И пристав подтверждал, что нет тут ни смысла, ни правды. Антон Павлович, по афише сеньор Гравелотти, вошел в цирк уже в разгаре представления. Он прямо по коридору прошел в конюшню, оттуда в бутафорскую и к себе в уборную. Цирк был полон. До него доносился крик, зрителей и рукоплескания.

Едва он вошел в уборную, как следом за ним влетел директор.

— А дорогой мой, пришли! — заговорил он весело, — очень рад, очень рад. А я уж посылать за вами хотел. Ну, что ваша дочка?

— Умирает, — глухо ответил Гравелотти и отвернулся. Директор смутился.

— Вам выходить, — сказал он просительным тоном, — вы уж оправьтесь. Сейчас Анжелика, потом Карл с собакой, а потом... Ну, до свиданья, дорогой! — и он убежал.

Антон Павлович стал медленно одеваться. Он натянул трико, надел майку, потом корсаж, подтянул пояс, обулся и, засунув за пояс платок, пошел вниз.

Все уже знали об его горе и сочувственно сторонились, стараясь не обеспокоить его ничем. Даже конюхи отодвигали лошадей, когда он переходил конюшню.

Он прислонился к стене и с тупою покорностью ждал, когда директор, он же и режиссер, укажет ему выход. До него снова донесся рев толпы и он горько усмехнулся. Вот люди, которые пришли развлечься за свой целковый, а ты умирая должен веселить их. Им нет дела до твоих страданий.

Из-за занавеса прибежал пудель, за ним в балахоне клоуна выбежал Карл. За занавесой хлопали и кричали "браво". Карл с собакою убежал и снова вернулся.

На арену побежали служители. На время воцарилась тишина. Гравелотти стоял и думал, что там идут приготовления к его номеру, спускают трапеции, укрепляют турник, а у него, дома... Холодный пот облил его тело и он на миг потерял сознание...

— Вам выходить, — очнулся он от голоса директора. — Смелее, дорогой, куражу больше! Ну!

Привычным шагом Гравелотти направился к занавесу, привычным прыжком выбежал на арену и сделал традиционный приветственный жест,

Вокруг, сверху до низу, виднелись лица, лица и лица в воздухе недвижно висели трапеции. Арена была залита огнями, гремела музыка.

Все как и всегда. Когда-то раньше эта вся обстановка бодрила его, как звук горна кавалерийскую лошадь, теперь же на все это он смотрел бесчувственным взором.

И опять, привычным жестом он ухватился за канат и медленно поднялся к трапеции. Он сел на нее, вынул платок, вытер руки и привычным движением раскачался. Под ним, вокруг виднелись лица, тысячи глаз были устремлены на него.

Все как всегда. Прежде работая он напрягал все силы, чтобы заслужить одобрение этого зверя, толпы; теперь ему было все равно, и равнодушно, как автомат, он качался над бездною... Смерть или жизнь?.. Клара придет и принесет ему то или другое. Бледный труп или Нина, его Нина, лепечущая, тянущая ручонки, смотрящая на него своими чистыми как небо глазами...

И в то время, как эти мысли вихрем проносились в его голове, он качался над ареною, перелетал с трапеции на трапецию, вертелся на них колесом...

Потом он снова сел и вытер руки. Толпа кричала и хлопала. Ему наверх подали стул. Он приготовился к самому трудному номеру и вдруг... увидал Клару.

Она тоже встретила его взор и подняв голову с радостным лицом замахала платком.

Он в ответ вскрикнул так, что толпа вся наэлектризовалась. И он не обманул ее ожидания. Никогда еще он не был так решителен, смел и отчетлив в каждом своем движении. Зрители замирали от ужаса и потом разражались неистовыми криками восторга. И раз пять вызывали его потом, когда он уже спустился на арену.

Он выбежал из-за занавесы и весело кланялся и, ему казалось, что все знают об его счастье и поздравляют его и при этой мысли ему близка и дорога была эта кричащая толпа.

Наконец он освободился и бросился в уборную. Там, на скамье он увидел Клару. Она рыдала, колотясь головою в стену.

— Клара, рыбка моя! — воскликнул он, обнимая жену, — чего же теперь плакать. Радоваться надо, смеяться; побежим к ней!

Клара отшатнулась и посмотрела на него безумным взором. Он задрожал.

Клара зашевелила губами и снова зарыдала.

— Умерла, умерла наша крошка. Нет ее!

— Врешь! — закричал он неистово и упал без чувств...

* * *

Когда Нину опустили в могилку и они остались одни у свежей насыпи, он сказал Кларе, как бы просыпаясь от тяжелого сна:

— Ах, да! Я и забыл. Скажи, зачем ты меня тогда обманула?

— Я боялась, что ты сорвешься и убьешься о землю... тихо ответила она.

ЛИЯ

(Повесть последних дней)

I

Поручик запаса Борисов только что пообедал, когда денщик подал ему приказ.

Борисов развернул лист тонкой бумаги с бледным гектографическим оттиском, прочитать бумагу и недовольно поморщился. Батальон, в котором числилась его рота, должен был немедленно выступить из города и занять форт номер четвертый, расположенный где-то по окружности города.

Вместо послеобеденного сна Борисов надел шинель, поверх её боевое снаряжение, отдал необходимый распоряжения денщику и вышел из дома, сперва к батальонному командиру, потом в свою роту.

Толстый, с красным лицом и бровями в виде запятых, капитан Мухин встретил его уже одетый по-походному.

— Когда выступать, Иван Сергеевич?

— Как это, батенька, "когда"? — удивился капитан, поправляя на толстом животе ременный пояс. — Сейчас, сию минуту. Я думаю, первая рота уже вышла.

— А мне надо задержаться в городе, — сказал Борисов.

Борисов смущенно улыбнулся.

— Надо окончить пломбировку зуба. Не окончу — пропаду.

— Ну, это можно. Доверьте роту своему офицеру, Крякину, что ли, — окончите пломбировку и догоняйте нас. Только торопитесь.

Борисов поспешно пошел в роту. Там уже все было приготовлено к выступлению. Он обратился к прапорщику запаса:

— Петр Алексеевич, я попрошу вас повести роту, потому что мне надо бежать к зубному врачу. Я догоню вас по дороге.

— Нет ничего проще, — ответил весело Крякин, сверкнув ослепительно белыми зубами и расправляя богатырские плечи.

— Так я пошел...

— С Богом!..

Борисов кивнул Крякину и направился к зубному врачу,

зайдя по дороге в табачный магазин, чтобы купить себе папирос.

Зубной врач, Исаак Лазаревич Червончик, огромный, жирный еврей, с плешивой головою, черной бородою, с толстыми, короткими пальцами, с толстым, носом и толстыми красными губами, усадил Борисова в кресло и стал копаться в его зубе, в то же время говоря без умолку:

— Другие евреи многие бежали из города, а я остаюсь и совсем спокоен. Чего, скажите, пожалуйста, мне могут сделать немцы? Ну, я буду лечить их зубы, как и вам — и все! Если я буду бежать, я буду совсем разорен. Разве я могу все это свезти на себе?..

Он махнул короткой, толстой рукой вокруг себя и снова нагнулся к зубу, захватив на пинцет пломбу.

— А без своего кабинета, что я таково? Пхе. Я вовсе не дурак. Жены у меня нет, детей тоже. Вы торопитесь? Ну, ну! Я закончу ваш зуб очень скоро. Потерпите немного. На форт? Они так и рвутся, чтобы войти к нам. Только я знаю, что это дудки. Сам Великий Князь, дай ему Бог здоровье, сказал: "это дудки"... Сидите, пожалуйста, спокойно. Я скоро... И чего мне бояться? Они, говорят, дерутся, как сумасшедшие, потому что пьяные, а лучше нашего солдата во всем мире нет. Ой-ой, какие молодцы эти солдаты! А казаки? Разве где-нибудь есть, как наши казаки? Я вас спрашиваю: где вы видали таких? Нигде!.. Вы торопитесь? Ну, я в одну минуту. Такой пломбы даже в Варшаве нету. Чемодан попадет, так ее не испортить. Ха-ха-ха!.. Когда это война окончится, будь она неладна, я непременно в Варшаву уеду. Вы торопитесь? Ну, теперь совсем кончено... Еще немножки и все будет очень хорошо и ни от какого ветра у вас зуб не будет болеть. Если вы будете в окопе по пояс в воде, по колена в снеге, и тогда у вас зуб болеть не будет. Это я вам верно говорю. Да-да! Спросите, кто не знает Червончика. Какие паны у меня зубы лечат. Пан Бржезовский ко мне из Варшавы приезжал. Вот какой Червончик.

Борисов сидел с раскрытым ртом, слушал непрерывную болтовню Червончика, и у него начала разбаливаться голова. Наконец, Червончик выпрямился, щелкнул пальцами и начал убирать свои инструменты.

— Все! Теперь совсем готово и вы сто раз будете говорить: "Спасибо господину Червончику". О-о! Я непременно уеду в Варшаву. Здесь что? Пхе! Одного паскудства. Сколько надо? Ну, давайте шесть рублей. Это совсем задаром. В Петрограде с вас брали бы и десять, и двенадцать, а я только шесть.

Борисов заплатил шесть рублей за что обыкновенно он

платил три рубля, пожал толстую руку Червончика, оделся и вышел.

II

Зима подходила к концу. В воздухе уже чувствовалось веянье весны, и почерневший снег лежал рыхлыми массами, непрочно скрепленный слабыми морозами. Дул резкий ветер и гнал по небу тёмные, тяжёлые тучи.

Борисов увидел жалкого извозчика, сел в ободранные сани и приказал везти его до городской черты.

— Чи до вигона, чи до заводов? — спросил извозчик.

— По дороге к форту номер четвертый.

— Ну, тогда до вигона, — и извозчик погнал свою клячу, неистово махая кнутом, вскрикивая и качаясь на козлах.

— Куда мне теперь идти? — спросил Борисов, сходя с саней на краю снежной поляны.

— А вот и дорога, — указал извозчик кнутовищем, — все прямо и прямо.

— Далеко?

— Версты три.

Борисов, держа в руке коробку с папиросами, перешел снежную поляну и вышел на дорогу.

Он шел бодро-свободным шагом по крепко укатанной снежной дороге, справа и слева которой по обочинам росли огромные дубы и грабы с толстыми ветвями, покрытыми снегом. Дорога лежала прямая и ровная. Борисов шел уже добрый час и, наконец, остановился. Он прошел не три-четыре версты, а все шесть и не видел ничего похожего на форт.

— Эй! — закричал он, увидев впереди себя крестьянина в белом зипуне и мохнатой шапке, который быстро шел, опираясь на длинную палку.

Крестьянин остановился и обернулся.

— Скажи, любезный, скоро ли будет форт номер четвертый?

— Четвертый? Тут не будет такого. Вам надо вот туда идти... — И он показал ему палкой совсем в другую сторону.

Борисов с досадою покачал головою.

— Куда же идти, если там и дороги не видно?

— А тут тропочка. Как тропочку пройдете, и дорога будет, по дороге прямо, прямо и форт! А тут ничего нет. Если двенадцать верст идти, то будет форт, только не четвертый, а восьмой.

Крестьянин зашагал дальше, мерно взмахивая палкой. Борисов свернул с большой дороги, перескочил канаву и пошел узкой, извилистой тропой, в сторону. Он уже потерял надежду нагнать свою роту и хотел только прийти до наступления ночи в форт. А вечер уже приближался. Темнеть начинало все быстрее и быстрее, и Борисов уж с трудом разбирал дорогу; огромные лохматые, черные тучи совсем нависли над землею и, вдруг, густыми хлопьями стал падать снег, мягкий, полуталый, какой обыкновенно падает в последние зимние дни. Дорога стала труднее.

Борисов скользил и спотыкался, попадая ногою в колеи; шашка мешала свободному шагу, и коробка с папиросами казалась тяжелой. Снег падал сплошною, холодною массою. Немая тишина стояла кругом. Непроглядная тьма окружила Борисова. Он уже шел, не разбирая дороги, и вдруг упал, провалившись в яму. Коробка с папиросами отлетела в сторону. Борисов поднялся, оправился и медленно двинулся опять по дороге, проклиная в душе болтовню Червончика, который задержал его на добрый час. Идти становилось все труднее. Борисов достал из кармана электрический фонарь, и яркий луч прорезал ночную мглу и осветил падающие хлопья снега. Борисов загасил фонарь и вынул шашку, чтобы концом её ощупывать дорогу.

Крестьянин сказал, что он должен выйти на трактовую дорогу. Значит, надо только все прямо, и Борисов, ободряя себя, медленно подвигался, скользя, спотыкаясь, время от времени освещая фонарем дорогу и опираясь на обнаженную шашку.

Вдруг в немой тишине до него совершенно ясно донесся топот копыт, едва уловимый звон оружия и голоса. Кто-то выругался, кто-то закашлял. Борисов сразу вспомнил, что только несколько дней назад, за линию фортов прорвался эскадрон германских улан. Часть их была убита, часть взята в плен, некоторые успели уйти, а некоторые остались и блуждали вокруг города, стараясь выбраться из форта. Казаки ловили их каждый день и забирали в плен.

Борисову стало жутко.

Он крепче сжал в руке обнаженную шашку, отошел к краю дороги и припал на колена. Конский топот стал слышнее, ясно послышался немецкий говор, и Борисову показалось, что он видит сквозь пелену снежной завесы фигуры всадников. Совсем близко заржал конь, железные ножны зазвенели, ударившись о стремя, грубый голос произнес по-немецки проклятье... Темные силуэты утонули во мгле и исчезли. Снова наступила мертвая тишина.

Борисов поднялся и двинулся в путь. Теперь он шел уже без всякой надежды выбраться; шел, потому что стоять на одном месте не было никакого смысла.

Дорога становилась все труднее. Рытвины и ямы, засыпанные снегом, походили на капканы. Борисов то и дело проваливался в сугробы. Мокрый снег залепил ему лицо и делал дорогу скользкой. Борисов поскользнулся, упал, и, когда поднимался, за что-то зацепил рукавом шинели. Он протянул руку и тотчас быстро отдернул ее. Рука наткнулась на острые шипы проволочного заграждения.

Теперь уже не было никакого сомнения, что он заблудился окончательно. Надо было выбраться хотя из сети заграждений, и Борисов, поднявшись на ноги, засветил свой фонарь.

Со всех сторон торчали колья, и по всем направлениям тянулась в 3-4 ряда колючая проволока. Казалось удивительным, как можно было забраться в такую глубину этой сплошной изгороди.

Борисов уже не гасил фонаря, и яркие серебряные лучи его, прорезая полночную завесу падающего снега, освещали куски дороги и черные полосы колючих заграждений. Борисов стал осторожно пробираться, идя извилистою тропою и уже совсем не думая о направлении.

Утомленный и возбужденный, он, наконец, прошел последнюю линию и вышел на узкую дорогу. Снег перестал падать и лежал вокруг то белой пеленою, то сугробами, — словно огромный саван, под которым лежали тела и в один ряд, и наваленные грудами.

Батарея в фонаре иссякла, и свет вдруг погас, но небо очистилось от туч, и Борисов скоро освоился с темнотой. Он медленно двинулся по дороге, вдоль, с одной стороны которой тянулась изгородь из колючей проволоки, а с другой — широкая канава с низкими кустами, теперь занесенными снегом.

Вдруг какая-то тень метнулась через дорогу и скрылась в канаве.

Борисов тотчас остановился. Быть может, это притаившийся враг.

Он переложил шашку в левую руку, вынул револьвер и осторожно двинулся к тому месту, где скрылась мелькнувшая фигура. Нервы напряглись, слух обострился. Ему послышался легкий шорох и тихий вздох.

— Кто там? выходи! — крикнул Борисов, поднимая револьвер.

Кругом царила мертвая тишина. Борисову стало жутко.

Притаившийся враг всегда страшнее, чем десять нападающих открыто. Явная опасность вселяет мужество, скрытая — парализует волю.

— Выходи, а то буду стрелять! — снова крикнул Борисов, и глухой выстрел прорезал тишину ночи.

— Ну, пожалуйста, не стреляйте! — вдруг раздался дрожащий голос, и из канавы вылез человек. — Это я.

— Кто ты? — спросил Борисов, опуская револьвер и чувствуя в душе живую радость. По дрожащему голосу и характерному акценту, он сразу узнал перепуганного еврея.

— Ц? Толька Хаим Струнка, — ответил дрожащий голос.

Борисов в темноте смутно увидал согнувшуюся фигуру подошедшего к нему еврея. Он не мог разглядеть его лица, но увидел невысокую фигуру в ватном пальто и меховой шапке, торчащую бороду и узкие поднятые плечи.

— Как ты сюда попал?

— Ну? а как попали вы? — ответил, видимо, уже оправившийся от страха, еврей.

— Я заблудился. Мне нужно пройти на форт номер четвертый.

— На форт номер четверты-ый? — сказал еврей. — Пхе! это совсем не здесь.

— А где здесь? куда отсюда можно выйти?

— А вы же у города. Я шел домой и вижу огонь. Сверкнет здесь, сверкнет там. Я совсем перепугался и спрятался в канаву.

— Ты говоришь, я у города. Проводи меня в город. Я озяб, устал и голоден.

— Пойдемте, пожалуйста, — сказал еврей. — Тут совсем близко. Вы можете у меня и согреться, и немного покушать...

Борисов был рад, что окончились блуждания, и он может провести ночь у еврея.

— Веди, — сказал он.

Еврей тотчас повернулся и быстро пошел по дороге. Борисов шел следом за ним.

— Куда же ты ходил? — спросил он еврея.

— А тут мой Мойша стоит с солдатами в форте у номер восьмой. Я был у него, а потом пошел себе до дома. А вот и город! — Еврей остановился и указал рукою вперед.

Борисов разглядел слабо мерцающие огоньки.

— Сейчас и дома будем! Прошу пана! — Еврей прибавил шаг; они, увязая в сугробах снега, перешли дорогу и подошли к крошечному домику, с тремя крошечными окнами и крошечным крыльцом, занесенным снегом. Еврей постучал в окошко и закричал:

— Ну! Лия! это я, отвори...

III

В окошко мелькнул свет. За дверью послышался нежный девичий голос:

— Ты, отец?

— Я, Лия, отвори...

Дверь открылась. В просвете открытой двери Борисов увидал девушку. Свет от керосиновой лампы падал на её лицо, и Борисов успел разглядеть тонкие, строгие черты, большие, черные глаза, вьющиеся черные волосы. Тонкая, стройная девушка стояла в дверях, держа в одной руке жестяную лампу, а другой запахивая на груди платок. Лицо её вдруг приняло испуганное выражение, и взгляд с тревогою остановился на Борисове.

— Ну, это господин офицер, — сказал еврей, входя в тесные сени. — Они заблудились, и я их привел к нам.

Лицо девушки стало спокойно. Она отодвинулась. Борисов вошел в сени следом за евреем и молча поклонился девушке.

— Запри дверь, — сказала Лия еврею и, повернувшись, пошла в комнату.

— Идите за ней; я буду запирать двери.

Борисов сбил с сапог снег и вошел в тесную, низкую комнату. На него пахнуло затхлым душным воздухом бедного еврейского жилья. В смешанном запахе слышался запах чеснока, хлеба, кожаного товара, чего-то кислого и коптящей керосиновой лампы. За печкой у стены стояла широкая кровать с грязным ситцевым одеялом и грудою подушек в красных наволочках; напротив стояли сосновый стол, табурет, скамья и несколько стульев, в углу на стене висел маленький шкаф; у окна стоял низкий табурет с кожаным сиденьем, и подле него на полу валялись сапожный товар, молоток и колодки.

Лия, завернувшись в платок, сидела на скамье, прислонясь спиною к стене, и широко раскрытыми глазами смотрела на Борисова. Он поклонился ей еще раз и сказал:

— Я, вероятно, пропал бы, если бы не ваш отец.

— Они заблудились, — подтвердил еврей, входя за Борисовым и снимая шапку и пальто, — а я их встретил, Лия. Ты, может быть, найдешь что-нибудь нам покушать?

— У нас есть рыба и хлеб, — ответила Лия.

— Ну, дай рыбу и хлеба, а я буду делать самовар и заварю чай. У нас есть чай?

— Есть. Сахару есть десять кусков.

— Ну, ну! Это завсем будет хорошо. Садитесь, пожалуйста. Я буду ставить самовар. Зараз! а она вас займет. Она у меня в гимназии училась; должна была кончить, а теперь...

Борисов уже снял свое снаряжение, шинель и сел подле стола на табурет.

При свете лампы он разглядел Хаима Струнку. Струнка был небольшого роста с маленькой рыжей бородою и жидкими рыжими волосами на голове. Маленький острый нос его словно нюхал воздух; маленькие черные глаза, быстро бегали, словно тараканы.

Он кивнул рыжей головою и прошел назад в сени, сказав:

— Буду самовар ставить.

Борисов закурил папиросу и обратился к девушке:

— Вас только двое и есть?

— Нет, нас много, — ответила Лия.

— Ой, много! — отозвался из сеней Струнка, жена и маленького Ривка уехали. Я отправил их у Вильна. Там у меня брат есть, а сам тут остался с Лией. Она не хотела меня бросить, о-о-о! — словно простонал он из сеней, а Лия сидела неподвижно и смотрела широко открытыми глазами на Борисова.

— А чем занимается ваш отец?

— Он сапожник.

— Так маленькая починка, — опять откликнулся Струнка. — Немного починял сапоги, немного паял и лудил, делал маленького гендель и жили... и к чему этого война?

Лия сидела молча. Разговор оборвался. Лампа тускло светила и мигающим светом освещала грязные стены, груды подушек на постели и недвижно сидящую Лию.

— Ну, делай чай! — сказал Струнка, внося в комнату и ставя на жестяной стол самовар.

Лия поднялась, подошла к висящему шкафу и достала из него рыбу, хлеб и посуду.

— Кушайте, пожалуйста, — сказал Струнка, садясь у другого конца стола на стул. — Лия, налей чай.

Лия молча встала, налила две кружки чаю, пододвинула

одну к Борисову, другую отцу, отошла к своему месту и опять села, завернувшись в платок.

— Ох, ох! — вздохнул Струнка, придвигая к себе кружку чая и встряхивая головой. — Эта война, будь она не ладна, таково несчастье, которое посылает Господь только на испытание людям. Что теперь будет, что теперь будет?.. Для всех разорение.

— Всем худо, — сказал Борисов.

— Всем худо, а нам хуже всех, — услышал он вдруг нежный заглушённый голос.

Он оглянулся на девушку и увидал, как вспыхнули её глаза и как она крепче завернулась в платок, нервно передернув плечами.

— Почему? — машинально спросил он, уже предчувствуя ответ.

— О, правда, правда, — сказал. Струнка, отодвигая кружку. — А почему? Потому что мы евреи...

Он глубоко вздохнул, потом поднял свою маленькую голову, причем нос его словно воткнулся в воздух, и заговорил торопливо, мигая воспаленными веками.

— Вот послушайте, пожалуйста. У меня теперь сын Мойша, и Лейзер, и Аарон, и совсем небольшой Лейба, которому было всего только семнадцать лет. Ну? И Мойша солдат и стоит у форта номер восьмой. Лейзер тоже солдат, и я завсем не знаю, где он. Может быть, под Краковым или Перемышля. Аарон тоже солдат, и его убили, как только началась война, а теперь мой младший Лейба... Что сделал Лейба? Шел мой Лейба, — и в голосе Струнки послышались слезы. — Ну, и ничего себе — шел. И вдруг идут немцы, и они схватили его и говорили ему: "веди нас". Ну, он завсем испугался и пошел с ними, а тут нападали казаки, и немцы убежали, а моего Лейбу взяли и говорят: "Ты шпион". Ну, а какой он шпион? Что будет делать маленький еврейский мальчик, если его будут захватывать солдаты, махать над ним саблями, ставить ему у самого лица пистолет и кричать: "убью!"? Говорите, пожалуйста, что он мог сделать? И тогда его схватывают и говорят: "ты шпион". А потом приедут казаки и скажут: "ну, Струнка, веди нас на фольварк Маевского", и я поведу их, а нападут немцы, схватят меня и будут говорить: "ты шпион". Где жс правда?

— Что же Лейба? — спросил дрогнувшим голосом Борисов.

— Ну, что же,— грустно махнул рукой Струнка, — его взяли, потом отправили в Варшаву и что с ним — я совсем не знаю. Может, его уже повесили... Да, да...

До слуха Борисова донеслось легкое всхлипыванье. Он оглянулся. Лия наклонила голову, и её плечи вздрагивали.

— Отчего вы отсюда не уедете? — сказал Борисов.

— Уехать? — Струнка покачал головою. — Мы не уедем, я им всем говорил: уезжайте, пожалуйста, а я останусь, здесь мой Мойша, я хожу к нему, я его видаю. Спасибо господину командиру, он меня не гонит, и я Мойше приношу кушать и для господина командира делаю всякие услуги. Ну, а когда Мойше погонят дальше, или, если не дай Бог, Мойше убьют, то я вместе с моей Лией тоже уеду, а теперь не могу. Все у меня тут: вот я от моего тателя имел этот домик и жил тут, и работал, и тут стояла наша корова, и тут моя Ривка имела свой огород, и здесь я работал. Тут родились и Мойше, и Лейзер, и Аарон, и Лейба, и Лия, и Ривка. Все! И я не могу. Я вот тут, — голос у Струнки задрожать, он стал трясти головой и махать руками: — знаю каждый кусочек. Тут, у окна, сидел мой тателя; на этой кровати мамеля и тателя лежали и умирали оба, а потом лежали и я и Ривка; я тут бегал завсем маленький, и что вы хотите, чтобы я все это бросил и сказал: "пропадай все"? И мне это так тяжело, тяжело. А тут Аарон помер, Лейба нет, Мойше бьется здесь с немцами, а Лейзер там где-то; може жив, може помер... Ой, какое паскудство эта война... И скажите мне, пожалуйста, — вдруг сказал он, — почему когда у меня четыре сына, и я сам завсем слабый, почему мне не оставили хотя бы одного, а всех взяли на война, и все бьются, а мне говорят: паршивый жид! Ну, разве так можно?

Борисов смущенно опустил голову.

— Потому что нет на земле правды, — дрогнувшим голосом сказала Лия.

Борисов промолчал.

— Ой, Лия, Лия, — воскликнул жалобным голосом Струнка, — и я тебе говорю — уезжай пожалуйста, не оставайся со мной, утешь свою мамеле. Что будет, если ты тоже будешь здесь пропадать?.. А я потом поеду за вами, и кончится война и мы придем опять сюда. Уезжай, Лия...

— Нет, нет, тателе, не проси меня об этом, — ответила Лия.

В её голосе послышалась нежность любящей дочери и твердость решительной девушки. Струнка закачал головою и сказал:

— О, беда, беда! А что вы думаете, война скоро кончится?

— Разве я могу сказать, — ответил Борисов. — Мы здесь только сражаемся и ничего не знаем.

— Ох, — вздохнул Струнка, — теперь, говорят, нас всех

будут выселять оттуда, где война. Ну, и чтой то будет, скажите на милость? — воскликнул он и взмахнул руками.

— Все погибнем, — сказала Лия глухим голосом.

— Ну, ну, — ободряющим тоном сказал Борисов. — Зачем так мрачно; напротив, когда кончится эта проклятая война, всем будет хорошо. Все люди будут братья; поверьте, не будет ни поляков, ни евреев, ни татарина, все станем одно. Да и теперь у всех один враг. Значит, мы все друзья и братья.

— Да, это вы говорите сейчас, — проговорила Лия, поднимая голову и смотря на Борисова горящими глазами. — Но когда все кончится, тогда вы заговорите совсем другое. Мы это знаем, испытали, — и она горько усмехнулась.

Борисов не нашелся что ответить, покачал головой и сказал с слабой улыбкой:

— Какая вы, Лия, горячая. Сразу вспыхнули, как порох.

— Есть от чего, — сказала Лия и вдруг замолчала, опять завернувшись в платок и прислонясь к стене.

— Ну, хозяин, — проговорил Борисов. — Если вы мне покажете какой-нибудь угол, я лягу. Я очень устал.

— Ну, и зачем угол, — сказал Струнка, вскакивая со стула, — вы будете ложиться на нашу постель, вот и будет хорошо.

— Но как же... кто у вас всегда здесь лежит?

— Всегда спит Лия, ну, а теперь она пойдёт в комнату и будет там, а вы здесь...

— Мне неловко.

— Пожалуйста, — сказала Лия, вставая. — Там тоже стоит постель.

И, сказав это, она кивнула головой и вышла.

— Покойной ночи, — успел сказать Борисов уходящей Лии. — А вы где же ляжете?

— Я?.. ну, и что такое я?.. Я вот буду ложиться тут и будет очень хорошо, — и Струнка торопливо положил на скамейку подушку, взял свое теплое пальто и тоже кинул его на скамью.

Борисову не раз приходилось в походной жизни стеснять хозяев, и он, сбросив с себя сапоги, снял ременный пояс и, прикрыв подушку носовым платком, лег на еврейскую постель. Едва он лег, как тотчас все закружилось вокруг него, и он сразу погрузился в тяжелый, крепкий сон.

Была глухая полночь, когда Борисов проснулся и вскочил с постели. Он с содроганием почувствовал на своём лице отвратительных насекомых, резкий запах их поразил его обоняние, а зуд в теле показывал, что они не теряли своего времени. Он чиркнул спичку, осветил подушку, с омерзением отошел от кровати и сел на стуле подле стола.

— Ну, и что таково? — спросил вдруг проснувшийся Струнка.

— Не спится, — ответил Борисов.

— Я понимаю, — сказал Струнка. — От них мы никогда не можем избавляться; надо прямо сжигать весь дом.

Борисов ничего не ответил. Струнка поворочался на скамейке, и скоро в темноте раздалось его легкое похрапывание. Борисов вытянул ноги, положил голову на сложенный руки и стал дремать. Совершенная тьма окружала его. За окном поднялась снова непогода, гудел ветер, и в стекла ударял мокрый снег. Борисов дремал и в полудреме ему представлялась Лия с бледным лицом и прекрасными глазами. Он слушал её прерывающийся голос, любовался ею и жалел ее. Потом ему слышались отдаленные звуки выстрелов, трескотня пулемета, жалобные крики Струнки: "Вот у меня четыре сына, и всех их взяли. Двое, может быть, живы, а один убит наверное". — "Кончится война, и будет общий мир, все будут братья и все будут счастливы", — говорил кому-то Борисов и проснулся.

Тьма поредела, и бледные сумерки пробивались сквозь маленькие окна. Струнка поднялся и тер руками заспанное лицо.

— И вы тут и спали? — спросил он Борисова.

— Да, здесь отлично, — ответил Борисов, с трудом поднимая отяжелевшую голову и выпрямляясь на стуле. — Где бы ополоснуть лицо? — спросил он.

— Сейчас! — Струнка засуетился. — Идите, пожалуйста, сюда.

Борисов прошел за ним в сени и над грязной лоханкой стал умываться из ковша, в который Струнка зачерпнул воды. Он освежил лицо, вытерся носовым платком и вернулся в комнату.

— А где ваша дочь?

— Ну, она себе спит... Молодая, — ответил Струнка.

Лицо его осветилось улыбкой.

— Вы бы ее все-таки отослали к матери, — сказал Борисов.

Струнка только поднял плечи.

— Что я сделаю? Я ей говорю, а она свое: "я от тебя не уеду". Ну, потом мы с нею вернемся вместе. Как только Мойше куда-нибудь пошлют, так мы и уйдем.

— Ну, — сказал Борисов, закуривая папиросу. — Теперь, может быть, вы мне укажете дорогу?

— Ну, и пожалуйста, с полным удовольствием, — сказал Струнка. — Может быть, вы хотите выпить чаю?

— Нет, — ответил Борисов, — Надо торопиться, я должен был быть там вчера вечером. Пойдемте, если вам не трудно.

— Почему трудно... Сделайте ваше одолжение.

Он тотчас стал надевать пальто. Борисов надел шинель, опоясался и, осторожно положив на стол два рубля, сказал Струнке:

— Ну, я готов, пойдемте.

Он подошел к двери, сунул в нее голову и нежным, ласковым голосом сказал:

— Лия, я пойду проводить господина офицера; ты запри дверь; через два-три часа я буду дома; ты приготовь что-нибудь кушать... У тебя есть гроши?

— Двадцать копеек, — ответила Лия. — Ты иди, я все сделаю.

— Ну, ну, благослови тебя Бог! — сказал Струнка и обратился к Борисову: — Пойдемте.

Борисов громко сказал;

— До свидания, Лия.

И вышел следом за Стрункой.

IV

Круглое лицо денщика Сурова расплылось в сплошную улыбку, когда он увидел Борисова.

— Ваше благородие! объявились! — воскликнул он, забывая отдать даже честь, — а мы уже думали, что вы немцев сустретили! Совсем я душою упал. Говорят, они здесь плутают.

Борисов дружески улыбнулся.

— Поживем еще, Суров!.. Заблудился я, — сказал он. — Ну, а где наше жилье?

— Тут, пожалуйте. И очень даже хорошо устроились.

Денщик побежал вперед и провел Борисова в занятое для него и младшего офицера помещение. В теплом каземате для него и Крякина была отведена большая, светлая комната. Справа и слева у стен стояли койки; впереди под окошком большой сосновый стол, два стула и два табурета составляли меблировку. Крякин, одетый в боевос снаряжение, собирался выйти, когда увидел Борисова и вскрикнул от радости:

— Очень приятно, что вы вернулись. Мы думали, что вы к немцам попали, — повторил он слова денщика и крепко пожал руку Борисова.

Борисов повторил, что он заблудился.

— Ну, а здесь не произошло ничего особенного? — спросил он.

— Ничего, решительно. Устроились великолепно. Кроме нас, здесь отличный народ собрался. Артиллеристы, кавалерия, казаки. Будем жить припеваючи. Офицерское собрание; всего вдоволь.

Крякин широко улыбнулся; он считался весельчаком и скучал без общества.

— Вы куда собрались? — спросил его Борисов.

— Проверить посты и заглянуть в роту.

— Отлично... А я пойду к нашему батальонному.

— А оттуда идите в офицерское собрание, там позавтракаем.

— Суров, приготовишь мне постель. Не спал всю ночь, — сказал Борисов и вышел следом за Крякиным.

Они вышли на тесную площадку, и Крякин объяснил дорогу.

— Пойдете все прямо, мимо батарей, а потом направо; там увидите беленький домик. В нем канцелярия и там же живет наш Иван Сергеевич. Он вам объяснит, где собрание. Ну я пошел.

Крякин оставил Борисова, и тот пошел по указанному направлению.

Мухин сидел в канцелярии и сосал толстую папиросу. Красное, круглое лицо его оживилось, едва он увидел Борисова, и, кивая круглой, коротко-остриженной головою, он сказал сиплым голосом:

— Вернулись, батенька... Неужто столько времени зуб пломбировали?

— Никак нет, — ответил Борисов. — Сбился с дороги и блуждал.

— Как это блуждали? Садитесь, батенька, и расскажите.

Борисов пожал руку Мухина, сел и коротко рассказал происшествие ночи.

— И отлично могли к этим немцам в лапы попасть, — сказал, дымя папиросою, Мухин. — В плен бы они вас не взяли, потому что сами они, как крысы, в западне, а пакость бы с вами сделали: глаза, что ли, выкололи бы, уши отрезали, все могли.

Борисов даже вздрогнул.

— А как это на дороге жид очутился? — спросил Мухин.

— Возвращался от сына, — ответил Борисов, — сын его — солдат. Сейчас в каком-то форту. К нему и ходил.

— От сына?.. — Мухин покачал головой. — Все они тут

между фортов по дорогам шныряют, кто от сына, кто от племянника. Подозрительный народ.

— Что вы говорите, Иван Сергеевич, — с укором произнес Борисов. — Ведь, они здешние жители; поневоле ходить приходится.

— Ну, да... поневоле. Не верю я им. — Мухин сердито шевельнул усами, скрутил новую папиросу и, уже улыбаясь, сказал: — А этих немцев, которые здесь заблудились, что ни день, наши приводят по два, по четыре, а намедни — шесть зараз. Нахалы, а как захватят — трусливее зайцев. Сейчас начинают прощенья просить. Им там наговорили, что мы мучаем пленных, а как только его покормят, сунут в рот папиросы, так он своих ругать начинает. Подлый народ.

— Опасности пока нет? — спросил Борисов.

— Шут их знает... Сейчас притихли, но, кажись, готовят нападение. Посылали разведчиков. Говорят, тащат тяжёлые орудия. Ну, значит, как по-писанному: сперва ураганный огонь на добрые сутки, а там атака. Ну, да мы их тут встретим! Видали форт?

— Нет, я только пришел...

— Здоровая штучка, скажу вам. Бетон да железо. Батареи на славу. Ну, и народ есть. Пусть сунутся! — капитан засмеялся и встал, подтягивая широкий ремень на своем животе.

— Вот что, — сказал он, — пойдемте-ка в собрание завтракать.

В собрании было шумно и весело, словно не накануне боя, а во время маневров. Большая, светлая комната, с отдельными столиками вдоль стен и большим, длинным столом посредине комнаты, была полна офицерами. Борисов быстро познакомился со всеми. Крякин вернулся из роты, сел за столик вместе с Борисовым, потребовал отбивную котлету и стал жадно есть, говоря:

— Все обстоит благополучно. Сейчас пришли разведчики и рассказывают, что появился конный отряд. От нас послали сотню казаков. Интересно, какие новости они привезут.

— Непременно к вечеру будет пальба, — сказал артиллерист с длинным носом и седыми усами.

— Почему вы думаете?

— Много признаков. Говорят, тащат тяжёлые орудия... Ну, да и у нас есть им на закуску, — усмехнулся он.

— Стрельба по квадратам, — отозвался юный поручик с другого конца комнаты.

Борисов позавтракал и встал.

— Куда? — спросил Крякин.

— Устал; пойду высплюсь.

Борисов вышел. Он перешел единственную улицу и, пройдя по узкому каменному коридору, вошел в свою комнату. Денщик уже приготовил ему постель. Борисов разделся, с наслаждением вытянулся и завернулся в теплое одеяло. Веки его отяжелели, и он заснул почти тотчас. Он проснулся от яркого света.

— Ну, и здорово спали! — раздался голос Крякина, — и обед, и ужин проспали. Два раза вас будил. Что делать будете?

Борисов засмеялся:

— Выпью чаю и опять спать буду.

— Отлично, — сказал Крякин, — а я письмо напишу и тоже на боковую.

Он зажег свечку, сел к столу и начал писать.

Борисов закурил папиросу и позвал денщика:

— Давай нам чаю!

Суров вышел и снова вернулся с двумя кружками крепкого чаю и большим куском ситного. Борисов выпил один стакан и стал пить второй, когда Крякин встал от стола и сел на постель, держа в руке кружку чая.

— Ну, написал письмо брату. Месяц собирался.

Он отхлебнул из кружки, поставил ее на табурет и стал раздеваться.

— Как капитан встретил? ворчал?

— Нет, — ответил Борисов. — Только, когда я стал рассказывать ему про свою встречу, то он, кажется, заподозрил моего еврея в шпионстве.

— Еврей! — сказал Крякин. — Еврей всегда в подозрении. А что за встреча?

Борисов подробно рассказал о своих скитаниях и проведенной у Струнки ночи.

— Меня он растрогал, — окончил рассказ Борисов. — Подумайте, четверо сыновей: одного убили, а другого, самого младшего, может быть, уже повесили.

— Ну, что же, — равнодушно сказал Крякин. — Где их там разберешь. Я могу вас уверить, что где евреи, там и шпионы. Кто нам доставляет сведения? а?

— Что за вопрос? — ответил Борисов. — Нам они служат, как своим, а служба немцам — измена. Посмотрели бы вы на этого несчастного, и у вас не повернулся бы язык на такую клевету. И сколько раз я собирался не разговаривать с вами!

Крякин засмеялся: — Забавный вы! в вас есть что-то более чем сентиментальное. Вы хотели бы воевать без крови. Нет-с, война есть война! а что касается еврея, то он великолепно продаст нас за 30 серебряников.

— Вы не смеете этого говорить! — воскликнул Борисов.

— И очень смею, — ответил Крякин, — и говорю об этом с полным убеждением. Как ваш еврей ночью прошел наши проволочные заграждения? Что он там делал?

— Я вам уже сказал, что он возвращался от сына.

— Так... А я скажу, что это требует проверки.

Борисов замолчал.

Крякин лег в постель и продолжал говорить:

— Доказано уже, что евреи руководят немецкой стрельбой, подают сигналы, сообщают всякое наше передвижение. Скажите, пожалуйста, откуда немцы тотчас узнают, что такой-то полк пришел туда-то, такой-то батальон передвинулся в такое-то место. Объясните мне, пожалуйста, как это вышло, что, когда наш батальон занял фольварк Зианчек, так нас тотчас стали осыпать снарядами.

— Хорошо организована разведочная служба, — ответил Борисов.

— Очень даже хорошо, — усмехнулся Крякин, — все еврейское население на службе.

— Перестаньте, — резко остановил его Борисов. — Вы не хотите понять, что вы говорите. Хороша их служба, если эти немцы их разоряют, бьют, вешают. Кто больше евреев пострадал в эту войну? а вы еще говорите такую клевету.

— Как угодно. Будем молчать, — холодно ответил Крякин, и они замолчали.

Их сдружила боевая жизнь, но они были совершенно различны, как по своим взглядам, так и по своей жизни до войны.

V

На другой день Борисов принял роту. Вечером он с Крякиным вернулся из собрания, где поужинал и прочитал приказ и уже собирался ложиться спать, когда в комнату вошел фельдфебель и сказал:

— Наши захватили двух немцев и шпиона.

— Еврея? — быстро спросил Крякин.

— Так точно, жид, — ответил фельдфебель.

— Ну, вот вам! — с торжеством воскликнул Крякин.

Борисов досадливо отмахнулся и обратился к фельдфебелю:

— Почему шпиона?

— Так что он с немцами был и жид.

— Проведи в казарму; я сейчас.

Борисов надел шашку и прошел в казарму, куда под конвоем четырех солдат привели двух немцев и еврея. Борисов сел к столу и подозвал немцев. Это были два рослых, крепких солдата в уланской форме. У одного лицо было разбито и окровавлено, у другого была окровавлена рука, и он поддерживал ее здоровой рукою.

— Кто взял? — спросил Борисов.

— Так что мы, — ответили двое солдат, выдвигаясь вперед.

— Как их взяли?

— А тут, у леса стояли и подле них этот жид значит, и промеж себя что-то говорили, и жид все рукою указывал; мы, это, подкрались и их взяли. Этого Осипов прикладом ударил, а этого я штыком, — и солдат указал сперва на немца с разбитым лицом, а потом на немца с пораненной рукой.

— А еврей где?

— Тут… — солдаты отодвинулись.

Раздался жалкий крик. Борисов поднял голову и вздрогнул: два солдата держали Хаима Струнку. Рыжие волосы его выбились из-под шапки, борода тряслась от волнения, и он моргал воспаленными глазами.

— Ваше высокородие! — закричал он пронзительным голосом. — Ваше высокородие! и я завсем не виноват; я шел домой от сына, они мне встретились и спросили дорогу, а я говорил, что ничего не знаю, а в это время меня схватили. Что я такого делал, скажите мне для Бога? Почему я и шпион? Ваше высокородие! — закричал он и рванулся вперед. — Вы же меня знаете, вы же у меня были ночью. Чи я, разве, шпион? Говорите, пожалуйста.

Он в отчаянии протянул руки, и голос его оборвался.

Солдаты окружили стол, за которым сидел Борисов, пленников и еврея безмолвной толпою. Пламя нагоревших свечей колебалось и странная, причудливые тени качались на стене и загибались на потолке.

Борисов смущенно отвернулся. Сердце его сжалось тоской.

— Уведите его, — сказал он.

Еврей забился в руках солдат и закричал пронзительным голосом:

— Ну, пожалуйста, отпустите меня! Лия, дочка моя…

Солдаты уволокли его, и голос его замер.

Борисов обратился к немцам и заговорил с ними на немецком языке. Солдат с разбитой головою угрюмо молчал и на все вопросы только качал головою, а солдат с раненой рукою объяснил, что они принадлежат к эскадрону, проскочившему за линию фортов. Их лошади были убиты, и они трое суток блуждали и прятались без еды и сна. Случайно набрели на еврея и хотели расспросить у него дорогу, когда на них напали и захватили.

Борисов с тяжелым чувством вернулся к себе.

Крякин лежал в постели и тотчас спросил:

— Ну, что?

— Вообразите, тот самый еврей, который приютил меня.

— Нашли бумаги?

— Пустое. Они его встретили и спросили дорогу, а в это время наши патрульные их захватили. Немцы трое суток не спали, не ели; еврей почти умер от страха.

— Знаем мы эту дорогу! — сказал Крякин. — Рассказывал все подробно, а те бы вернулись и по начальству донесли.

— Перестаньте, Крякин, — с горечью, устало сказал Борисов. — Теперь не теоретически разговор, а страшная действительность.

— Обыденное дело, — равнодушно проговорил Крякин.

Борисов не ответил ему.

Он молча разделся, молча лег и тотчас загасил свечу.

— Лия, дочка моя!..

Этот вопль звучал в ушах Борисова, и ему представлялась крошечная, грязная комната; желтое пламя коптящей лампы и бледная девушка, недвижно сидящая у стола и кутающая зябкие плечи в рваный платок.

Сидит и ждет отца, чутко и пугливо прислушиваясь к каждому шороху и, быть может, сердце её тоскливо ноет от предчувствия беды. Мать и сестра далеко, братья на войне и один уже сложил голову, младший, быть может, уже повешен и — теперь отец.

Борисов почувствовал, как нервный клубок подкатывается к его горлу. Он поспешно нашарил в темноте портсигар, спички и закурил папиросу.

— Лия, дочка моя!..

Это вопль не Хаима Струнки, а цлого народа.

Не хватало этой страшной клеветы, чтобы совсем добить их и выбросить из семьи, из родины, — и вот она обрушилась на их головы, как снежная лавина.

Да, из семьи, из родины, — потому что здесь они родились,

росли, умирали; потому что эта девушка Лия учится здесь, думала жить и работать здесь, среди своих, близких... И рушится все...

Борисов не мог заснуть всю ночь. Едва его охватывала дремота, как перед ним загорались черные глаза на бледном лице, и слышался полный горечи голос Лии.

— Всем худо, а нам хуже всех!

Вздрагивал, пробуждался, погружался в дремоту и тотчас звучал раздирающий сердце вопль: — Лия, дочка моя!..

Он поднялся рано утром, совсем разбитый бессонной ночью, и пошел к батальонному с докладом. Капитан выслушал его, добродушно склонив голову на плечо и, дымя папиросою, сказал:

— Пленных отправить коменданту, в крепость, а жида повесить.

Борисов вздрогнул, как ужаленный. Лицо его выразило смятенье.

— Повесить? Иван Сергеевич, побойтесь Бога!

— А что же, батенька, если шпион...

— Да какой же он шпион?- при обыске ничего не нашли. Живет здесь безвыездно. Встретил двух немцев и — шпион.

Капитан вздохнул, покачал головою и выпустил струю дыма.

— Такая, батенька, здесь каша, что не разберешь, где шпион, где не шпион. Разговаривал с немцами, а почем вы знаете, о чем они говорили. Он им чёрт знает, что мог рассказать: сколько людей, пушек, расположение батарей. Все...

— Он бы к немцам ушел, а не стал бы говорить солдатам, которые в ловушке сидят. Чёрт знает кому. И какая ему польза? Жалкий оборванный нищий!..

— Те, те, те... Это уже философия и психология. Да что вам в нем!..

— Это тот самый Струнка, у которого я провел ночь.

— Ну, чёрт с ним! — сказал решительно капитан. — Пошлите его с рапортом и протоколом допроса в крепость к коменданту.

— Но, ведь, там его повесят! — воскликнул Борисов.

— Судить будут! — строго сказал капитан и встал. — Ну, а как ваша рота? заболеваний нет? всем довольны?

Борисов понял, что разговор окончен.

В полдень после занятий все офицеры сошлись в собрании.

Командир второй роты, Свирбеев, с рыжими усами и рябым лицом подошел к Борисову и сказал:

— Вашим солдатам, кажется, удалось захватить немцев и шпиона?..

Борисов нахмурился.

— Да! все еще тех ловим. Двое потеряли лошадей и блуждали. Мои часовые их захватили, а попутно прихватили и еврея.

— Ну, да! если шпион, так уж всегда еврей.

— Позвольте, я не сказал шпиона, — недовольно заметил Борисов.

Если еврей, так и шпион, — сказал Свирбеев и засмеялся.

— Вот, я говорю тоже! — сиплым голосом заметил Мухин.

— Здорово! — отозвался подошедший Крякин, — а что до моего командира, то он всегда за жида! — и Крякин засмеялся.

— Не могу обвинить человека за его национальность, — ответил холодно Борисов. — Как сказать, что он шпион, потому что еврей.

— Да, это уж очень решительно, господа, — проговорил молодой поручик с энергичным смуглым лицом. — Нельзя так огулом обвинять все еврейство в предательстве. Масса попадают невинно, масса шпионов поневоле. Я сам был очевидцем такого случая.

— Как так? — спросил Мухин.

— Очень просто. Наехали немцы на хату; выхватили девчонку, посадили на лошадь и велели указать дорогу на фольварк, в котором был наш эскадрон. Она даже не понимала, что служит проводником немцам, и указывала им дорогу.

— И что вы с ней сделали?

— Понятно, отпустил...

Борисов посмотрел на драгуна с благодарностью, а Мухин покачал головою. Крякин отошел к столику и позвал Борисова.

— Пока что, будем завтракать.

Разговор перешел на предстоящую ночь, в которую ожидали нападения. Начальник гарнизона отдал распоряжение, и все были в напряженном состоянии.

VI

Борисов провел весь день в роте, пообедал и пошел к себе. У входа в каземат его ждал Суров и таинственно сказал ему:

— Ваше благородие, тут жидовка одна вас спрашивает.

— Какая жидовка? откуда и как попала?

— Сама прибежала, — зашептал денщик. — Уж как просит!

Борисов недовольно нахмурился.

— Здесь не место посторонним. Надо было гнать.

Он прошел в комнату. Крякин остался в роте старшим по караулу.

— Прикажете привести?

— Веди, — сказал Борисов.

Суров вышел, и почти тотчас в комнату быстро вошла девушка, завернутая с головою в платок. Она скинула платок, и Борисов вздрогнул, сразу узнав Лию.

— Господин офицер! ваше благородие! — заговорила она взволнованно. — Солдаты взяли моего отца; правда, что его обвиняют в шпионстве? скажите мне.

— Он говорил с немецкими солдатами, — ответил Борисов.

Лия всплеснула руками, отчего платок упал на пол. Короткое гимназическое платье с черным передником, узкие плечи, неразвившаяся грудь — и лицо страдающей женщины с глазами, полными отчаянья, поразили Борисова своим контрастом.

— Но, ведь, это еще не обвинение? Он не может быть шпионом! — воскликнула Лия.

— Я знаю, — ответил смущенно Борисов, поднимая с полу её платок.

Лия с недоумением смотрела па него.

— Сядьте, — сказал Борисов, подвигая стул и бросая её платок на постель. — Его отправят в крепость и там решат дело.

— Как Лейбу! — простонала Лия, — как он может быть шпионом?! мы и так только дрожим за свою жизнь.

— Да, лучше бы, если бы вас здесь не было, — сказал Борисов.

— Мы не могли уехать, — ответила Лия, опустив голову. — Мойше у отца любимый сын. Он просил быть с ним, и отец все время ходил к Мойше и там плакал. А я... я не хотела оставить его одного, и вот мы остались... Господин офицер, вы его можете отпустить со мною?

Борисов грустно покачал головой.

— Не могу, Лия, — сказал он. — Это не в моей власти.

— Не в вашей! — воскликнула Лия. — А в чьей, кого мне просить? Отца значит повесят, как Лейбу?

— Успокойтесь, — сказал Борисов, — просить никого не надо. Там его допросят и наверное отпустят. А вам здесь быть нельзя... Вы должны тотчас идти, — он нежно взял её холодную руку.

— А отец?

— Отец останется здесь. Завтра мы его пошлем в город.

Лия резко отняла свою руку и вскочила. Глаза её засверкали, щеки покрылись ярким румянцем.

— Его повесят! — воскликнула она, — ой, как это несправедливо, и только за то, что он еврей! О, бедный, обиженный Богом, проклятый, всеми ненавидимый мой народ! Как мы несчастны! Разве наша вина в том, что мы везде, как чужие, что нас гонят, преследуют, презирают только потому, что мы жиды... Жиды!.. А кто сейчас больше нас вынес?.. кто сейчас не имеет пристанища, у кого отнят последний кусок хлеба? Мы, одни мы. А разве наши братья, отцы, мужья сейчас не бьются в рядах ваших войск? Почему же нам нет пощады, почему у нас сына берут на войну, а его отца вешают, как шпиона, только по одному подозрению?! Где правда? У кого искать ее; есть ли люди или вы все так же жестоки, как звери, и вместо сердца у вас камень? Что делать? Что мне делать?.. Она кричала, как безумная, а потом вдруг бессильно опустилась на стул, сложила на столе руки, уронила на них голову и зарыдала, всхлипывая и причитая, как беспомощный ребенок. Худенькие плечи её вздрагивали и голова ударялась о стол.

Борисов растерялся.

— Лия, милая Лия, успокойтесь... Правда есть на земле, и его отпустят... Лия, перестаньте плакать...

Он протянул руку к бутылке с водою, налил в кружку и старался поднять голову Лии, чтобы напоить ее. Заплаканное лицо её сморщилось и было жалко, зубы стучали о край кружки, она протяжно стонала: о... о-о, и снова плакала.

— Что я скажу маме?.. куда пойду я?.. что будет со мною?.. тата, тата...

Борисов сел на постель и бессильно сжал голову руками. Мысли вихрем проносились в мозгу и жгли его; в сердце боролись разнородные чувства. Он чувствовал, что правда на стороне Лии, что жестоко по одному подозрению обвинить человека и, быть может, предать его позорной казни, и в то же время мысль о внушенном дисциплиною долге не покидала его. Где истинный долг, в чем правда?

Он вдруг встал и положил руку на вздрагивающее плечо Лии.

— Лия, — сказал он решительным голосом. — Я отпущу вашего отца. Только уведите его прочь, совсем прочь отсюда.

Лия быстро повернулась к нему, схватила руку Борисова и прижала к ней свое мокрое лицо, не говоря ни слова, продолжая вздрагивать от рыданий.

— Довольно. Перестаньте. Оденьте платок и пойдемте, — сказал Борисов, отдергивая руку. — Ну, смелей, ободритесь, все будет хорошо, — прибавил он, стараясь казаться веселым.

Лия поспешно завернулась в платок, Борисов вышел и сказал Сурову:

— Проводи ее за линию и подожди с нею там у колодца...

— Слушаю-с, — ответил денщик.

Лия рванулась к Борисову.

— Вы не нарочно, не обманете?.. нет?

Борисов почувствовал, что для него нет отступления. Разве мыслима такая подлость...

— Я сказал, — ответил он Лии строго, и быстрыми шагами пошел к каземату, где была его рота.

Фельдфебель вытянулся перед ним и доложил:

— Все по роте обстоит благополучно. Все наготове.

— Отлично, — сказал Борисов. — Поди и приведи ко мне захваченного жида.

— Слушаю-с, — ответил фельдфебель и, повернувшись, вышел из казармы.

Борисов с нетерпением ходил взад и вперед по гулкому каменному полу. В казарме стоял смутный говор; солдаты были одеты для похода и готовились к бою.

Фельдфебель вернулся, ведя за собою дрожащего Хаима Струнку. Он шел съёжившись, шатаясь, и, казалось, потерял способность соображать и чувствовать. Глаза его бессмысленно блуждали по сторонам. Борисов взглянул на него и вздрогнул: в этом взгляде он прочел тупую покорность овцы под занесенным над её головою топором.

— Идем, — нарочно грубым голосом сказал ему Борисов.

Фельдфебель с удивлением взглянул на него.

— Я беру его на свою поруку, — сказал Борисов.

— Слушаю-с.

Фельдфебель вытянулся, а Борисов взял Струнку и пошел с ним из казармы.

Струнка шел, заплетаясь ногами, не зная куда и, быть может, думая, что его ведут на казнь. Борисова охватила острая жалость. Он вывел его из казармы и, ведя по траншее, сказал:

— Я, Хаим, отпускаю тебя на волю; только уезжай отсюда тотчас же.

Струнка, казалось, не понял его слов и съёжился еще больше.

Они прошли по темному проходу, вышли на дорогу и оказались за линией форта. У колодца Борисов увидал смутные силуэты. Он подошел ближе. Лия рванулась вперед, бросилась к отцу и с криком обвила его шею руками.

— Лия, дочка моя, — пробормотал Струнка.

— Идите! — проговорил Борисов. — Помните же и уезжайте тотчас.

— Как нам благодарить вас? — проговорила Лия.

Борисов грубо оттолкнул ее и торопливо пошел к своему каземату. Придя в комнату, он увидел Сурова. Лицо денщика улыбалось и глаза благодарно смотрели на Борисова.

— Теперь спать, — сказал Борисов, но в то же мгновенье он услышал протяжный гул летящего снаряда и следом за этим раздался оглушительный взрыв, — Началось! — крикнул он и быстро выбежал из комнаты.

Ночная тьма исчезла; лучи прожекторов освещали все окрестности ярко, как днем, в воздухе стоял сплошной гул, звон, треск и гром. Казалось, колебалась земля и трескались своды неба. Внутри Борисова все содрогалось от. грохота взрывов. Он добежал до казарм. Фельдфебель выводил солдат, и все спешно шли в окопы. Борисов перебежал с ротою открытую площадку за линией форта и там залег в окопы. В стороне расположилась пулеметная команда. Выстрелы слились в беспрерывные громы и, казалось, вся земля была охвачена огнем и пламенем. Начался кровавый бой. Беспрерывный ураганный огонь извергал тучу снарядов, и они вспахивали землю; черные массы наступавшего неприятеля сменялись одна другою; трещали пулеметы, гремели батареи; покрывалась трупами земля и на миг все смолкало. А потом снова ураганный огонь и снова атака, треск пулеметов, взрывы шрапнелей, смерть и ад...

До самого утра длился жестокий бой.

В логовище Борисова спустился Мухин.

— Ну, как, батенька, у вас? — спросил он, куря толстую папиросу.

— Трое убитых, восемь раненых. — ответил Борисов.

Мухин перекрестился.

— В 6-ой роте девять убитых.

Он тяжело засопел и улыбнулся.

— А отбились на славу! Здорово всыпали им! Всю дорогу уложили трупами. — Он помолчал, потом сказал: — а к ночи надо опять ждать атаки.

— Ничего, встретим, — ответил Борисов и, вдруг, принимая официальный тон, сказал: — Должен доложить вам, что я выпустил на волю захваченного вчера еврея.

— Как, что? — спросил Мухин, вынимая изо рта папиросу.

— Отпустил еврея, — ответил Борисов.

— Почему? — спросил Мухин.

— Я боялся, что его осудят и повесят, а он совершенно невинен и глубоко несчастен.

Мухин помолчал, потом покачал головою и сказал:

— Неосторожно, батенька, неосторожно... А впрочем, — прибавил он, — теперь не до него. Может, и, правда, не шпион.

— Я ручаюсь за него.

— Ну, и пусть его... Пищу подали?

— Сейчас приехали с кухней.

— Ну, я пойду дальше, — сказал Мухин. — Эту ночь вы снова проведете в окопах, а там вас сменят.

VII

Наступили дни беспрерывных жестоких боев. Под натиском громадных сил наши войска должны были оставить форты крепости и город, но потом подоспело подкрепление, и наши войска дружным натиском погнали врагов назад. Смятенные немцы бежали, бросая оружие, оставляя повозки и пушки. Их гнали, не давая времени оправиться. Борисов со своей ротой должен был перейти город и занять окопы в смену пятой роте. Он поспешно вел свою роту через знакомые улицы, теперь разорённые, опустошённые, по сторонам которых дымились развалины недавно жилых домов. Было пасмурно, сеял мелкий дождь и от этого как-то особенно тяжело пахли дымящиеся развалины. Борисов шел впереди роты с Крякиным и молча смотрел по сторонам. Они уже вышли из города, когда Борисов приостановился и вскрикнул, указывая в сторону.

— Смотрите, смотрите!

У маленького обгоревшего домика на перекладине крыльца висел труп старика еврея. Руки его болтались, голова бессильно свесилась на грудь, рот был страшно открыт. Борисов подошел ближе и вдруг с криком опустился на землю. Под ногами повешенного лежала девушка; голова её была запрокинута, растрепанные волосы были втоптаны в грязь, лицо и руки были покрыты кровью и разорванные одежды обнажали тело.

Борисов узнал Струнку и его дочь.

— Лия, Лия! — воскликнул он, бережно стараясь поднять труп девушки.

Голова её бессильно запрокинулась. Борисов с ужасом отшатнулся, и труп снова упал на землю, обнажая на горле страшную рану. Борисов встал и обратил бледное лицо к Крякину.

— Вот эти шпионы! — сказал он жестким голосом. — Видите? Его повесили немцы. Вот дом, в котором родился его отец и помер, в котором этот несчастный тоже родился, рос, женился и растил сыновей, которые сейчас бьются в наших рядах. Его сожгли немцы. Вот его дочь; они ее изнасиловали и зарезали... Правда, похожи на предателей?

Крякин смущенно отвернулся. Подбежавшие солдаты осторожно сняли труп повешенного, подняли Лию и внесли в полусожженный дом. Борисов вошел следом за ними, посмотрел на два обезображенных трупа и нежно поцеловал Лию в обескровленное лицо. Потом он вышел и снова обратился к Крякину:

— Нет, Крякин, этого больше не должно быть. Наша пролитая кровь смешалась с этой невинной кровью; в этом бедствии мы ведь братья. Нет ни поляка, ни еврея. Надо стыдиться чувства ненависти к ним. Все мы братья. Бедная Лия также пострадала за родину; её братья также служат ей, как служим мы. Ну, идем!..

Он поспешно подошел к остановившейся роте и сказал:

— Надо наверстывать время. Вперед! Беглым шагом!

И он побежал, увлекая за собою роту, чтобы занять скорее окопы; а когда пришло время и его рота сошлась в ручном бою с немцами, Борисов словно обезумел от ярости и его шашка мелькала в воздухе, нанося беспощадные удары. Перед ним все время стоял неотступно образ Лии.

Вот она сидит на скамье, прислонясь к стене, кутаясь в платок, и с горечью говорит:

— Всем худо, а нам хуже всех...

Вот она у неге в комнате, с пылающим лицом, защищает свой несчастный народ, а после бессильно плачет. И вот она там, у сгоревшей избы, поруганная, истерзанная, зарезанная...

Смерть без пощады...

И Борисов, увлекая примером свою роту, обращал немцев в беспорядочное бегство.

* * *

Это было. Это совсем недавнее прошлое, но сейчас оно кажется далеким, словно свершилось в старые века. Так нелеп и страшен пережитый сон. Война кровью спаяла всех, и теперь все мы братья, и то, что было, то прошло невозвратно и не повторится. Вот почему этот рассказ я назвал повестью "последних дней".

ТАЙНА

Наконец, он очнулся, открыл глаза и, услышав радостный возглас жены, слабо улыбнулся.

Он лежал в постели; прямо перед ним стояла его жена, подле нее дети, а в ногах, в кресле, сидел его друг доктор.

— Очнулся! Жив! — взволнованно проговорила жена и опустилась у его изголовья на колени, нежно рукою касаясь его лба.

Дети потянулись к нему; доктор пересел на край постели, взял его бессильно лежащую руку и, считая пульс, говорил ему, жене и детям ворчливым голосом:

— Жив и очнулся! Завтра здоров будет, но теперь ему необходимо спокойствие. Лежи, пожалуйста, смирно! Не говори! Пульс еще совсем слабый. Дети, поцелуйте тихонько и — марш! Пора и спать. Ишь, одиннадцатый час!.. А вы, барыня моя, вот что, сварите нам яйцо, жидко-жидко, вылейте в стакан, влейте ложку, столовую ложку, мадеры и давайте сюда! А потом тоже спать. Двое суток! А? Он-то дрых себе, а вы...

Жена счастливо улыбнулась, отчего бледное лицо ее словно озарилось, и встала.

— Ну, дети, целуйте папу и спать!

Сын и дочь осторожно, любезно поцеловали отца, который повернул к ним лицо, жена поцеловала его в лоб, и они вышли.

Он хотел заговорить, но доктор опять остановил его.

— Ни слова! Завтра тебе полный доклад, а теперь, — покой и молчанье! Выпьешь эту смесь и старайся заснуть. Завтра лежи до обеда, потом можешь подняться. Вечером я приду. Теперь до свиданья! — Он опустил его руку на одеяло, встал, дружески кивнул ему и вышел.

Он остался один и утомленно закрыл глаза.

Что с ним было?..

В уме проносились обрывки каких-то воспоминаний, клочки нелепых снов.

— Ты не спишь? — услышал он шепот, открыл глаза и увидел жену. Она стояла со стаканом в руке.

— Вот пей! — сказала она, — постой, я напою тебя.

— Не надо, — слабо проговорил он, — я сам!

И, сделав усилие, он приподнялся и освободил правую руку из-под одеяла.

Что это?

Он разжал руку и с омерзением отбросил зажатый в руке лоскут грязной тряпки.

— Что это?

Жена, нагнувшись, тронула ногой лоскут и с возмущением сказала:

— Что за гадость! Это, вероятно, Луша, убирая постель... Ну, пей!

Он слабой рукой взял стакан и жадно выпил содержимое, потом, обессиленный, откинулся на подушки.

Жена убрала стакан, села на край постели, склонилась к нему и тихо заговорила.

— Ах, как ты напугал нас всех! Третьего дня ты заснул после обеда и спал до сих пор! Мы из кабинета перенесли тебя сюда. Сначала я подумала, что ты... нет, нет, это так ужасно... пришел Иван Петрович и успокоил меня... Как было страшно. Ты лежал совсем, совсем неподвижный. Я прислушивалась и все-таки не слыхала твоего дыхания. Нет! Так работать нельзя! Ты сойдешь с ума или умрешь! Не хочу, не хочу, не хочу! — она прижалась к его плечу и заплакала.

Вино вернуло ему силы. Он смог обнять ее голову и гладил ее волосы, но ее слезы еще не волновали его.

Все настойчивее и настойчивее у него являлось желание схватить обрывки вихрем крутившихся в его голове воспоминаний, связать их в цельное и восстановить какую-то картину. Что-то омерзительное, грязное... что?..

Жена плакала на его плече, потом вдруг заснула, истомленная волнением и бессонницей.

В комнате стало мертвенно тихо; только слышалось ровное дыхание спящей да торопливое тиканье бронзовых часов, что стояли на комоде.

Свет лампы, прикрытой темным абажуром, ярко освещал пол, сидения стульев и дивана, а выше — все было погружено в полутьму...

Он продолжал напряженно вспоминать. Рука, обнимающая голову жены, затекла. Он приподнялся, чтобы освободить ее, и вдруг взгляд его упал на пол, посреди которого серым комком лежала выброшенная им тряпка.

Мысли опять закружились в его голове... Нет, эту тряпку оставила не Луша. Эту тряпку... Нет, он вспомнит, он все вспомнит!..

Жена проснулась, полусонная перешла к дивану, упала на него и тотчас опять заснула.

Он лежал, и голова его уже пылала от мучительного напряжения... Потом перед его глазами стал расстилаться туман, мысли, словно клочки дыма в воздухе, редели, бледнели и исчезали одна за другою; мелькнула пьяная, растерзанная женщина, послышался чей-то сиплый смех... все смешалось, и он заснул крепким сном выздоравливающего человека уже без всяких видений. Ровное дыхание его слилось с тиканием часов и дыханием жены...

* * *

Рабочая лампа ярко освещала письменный стол, оставляя кабинет в полутьме.

Он и доктор сидели на диване, подле них стоял столик с бутылкой мадеры и стаканами.

Доктор говорил:

— Это было похоже на летаргический сон. Пульс почти не нащупывался. И потом двое суток с половиной! Это уже не сон... Вообще, жизнь твоя безобразна. Нельзя, друг мой, безнаказанно работать 18 часов в сутки, лишая себя всякого развлечения и даже сносного отдыха. В рай с сапогами все равно не влезешь, а "в тот ларчик, где ни встать, ни сесть" — сделайте милость. И что это за ходячая, вернее сидячая, добродетель? Безобразие это, неестественно. Ходи в театр, играй, черт возьми, в карты, волочись! Ведь не аскет же ты. Жена женой!.. — доктор допил вино и наполнил стакан снова. — Я не считаю себя ни негодным, ни безнравственным; работаю, слава Богу! Две больницы на руках, да пациенты, но ни в чем себе не отказываю...

— Меня ничто не привлекает, — ответил он, — моя работа, жена и дети. А потом... — он приостановился и сказал, понижая голос, — никому другому, но тебе, как доктору и другу, я скажу. Я давно хотел сказать. Ты не смейся только. Будь серьезен.

Доктор почувствовал в его словах затаенную боль и, отставив стакан, молча кивнул головою.

— Есть афоризм, — заговорил он тихо, — что король, видящий себя каждую ночь во сне сапожником, и сапожник, видящий себя королем, равняются в своих долях... Со мной вроде этого. Давно уже... я вижу почти всегда одни и те же омерзительные сны... — он даже вздрогнул. — Я вижу себя каким-то пьяным забулдыгой, хулиганом; в скверных кабаках, грязных притонах; с женщинами пьяными, распутными, оборванными, грязными... и я с ними — и мне хорошо... Когда я просыпаюсь и вспоминаю отрывки этих снов, мне страшно подойти к детям. Кажется, я оскверню их. И это всегда, всегда...

— Сны! — усмехнувшись сказал доктор. — Вот твой аскетизм и сказывается! "Смиряй себя молитвой и постом"... Скверно только, что такие отвратительные женщины.

— Вот ты и смеешься, а это мое страданье! Слушай, эти сны так реальны, что я узнаю потом все места. Однажды я шел по Лиговке и вдруг увидел вышедшую из трактира пьяную девку. Она была растрепана, в красном платке, с папиросой в посиневших губах. Я взглянул на нее и чуть не сошел с ума. Я обнимал ее ночью, во сне... да, да!.. Я пришел на работу сам не свой...

— Тьфу! — сказал брезгливо доктор. — Но это объяснимо. Ты ходишь там каждый день, видел ее, может, десять, может, двадцать раз. И в твоих снах она могла фигурировать. Ясно? Не спорю, поганый сон.

Он придвинулся к доктору и заговорил совсем тихо. Доктор взглянул на его побледневшее лицо и нахмурился. Он говорил:

— А теперь вот. Я почти все вспомнил. Я был в каком-то вертепе. Был хулиганом, котом. Со мной была сквернейшая женщина. Да... пили, вышли на улицу... она заманила в глубину грязного двора какого-то господина... я набросился на него... грязный двор, полуразрушенное здание, куча ломаного кирпича... Я загнал его на эту кучу и отнял у него деньги... Потом опять вертеп... Я с какой-то женщиной... бил ее, она меня... — он задрожал и замолк.

Доктор почувствовал себя неловко.

— Какие отвратительные сны!.. Погано!.. Но во сне и не такое иной раз привидится. Я не знаю, чего ты смущаешься. Понятно, такой сон не расскажешь, особенно в дамском обществе.

— А если это не сны...

Доктор даже отшатнулся.

— Что? Ты хочешь сказать, что ты...

— Нет! Я прихожу в содрогание при одном воспоминании о них, но они так реальны...

— Сны поражают реальностью...

— И еще... теперь... я нашел в постели у себя тряпку, — он вынул платок и вытер лицо, — грязную тряпку и выбросил ее... а потом... почувствовал запах... это — лоскут ее рубашки! В драке! Он остался у меня...

Доктор выпил вино и стукнул по столу стаканом.

— Ну, это уж чушь! Ты лежал все время пластом и от тебя не отходили ни на шаг... Он такой же пакостный, как и все твои сны.

— А лоскут?

— Вероятно, тряпку для пыли забыла прислуга, убирая комнату. Вот она и попала тебе под руку.

— Это говорит и жена...

— Не то ваша Фифишка занесла. Она всякую дрань таскает. У Коли в постели кость нашли.

Вино было допито. Доктор посмотрел на часы и встал.

— Два часа! Пора и по домам. Вот что, дорогой, — заговорил доктор, кладя руку на плечо друга, — это все переутомление, сны эти! Надо отдохнуть и полечиться. Сходи к Рыбалкину. Вместе съездим!.. А пока отдохни. Завтра еще посиди дома. Позаняться, если уже есть зуд такой, немного можешь! Я зайду на неделе. До свиданья!

Они поцеловались. Доктор прошел в переднюю и, натягивая пальто, одновременно всовывая ноги в калоши, говорил:

— Главное, отдохнуть и развлечься, а от снов беды нет. Кабак, тюрьма, виселица. Лишь бы не наяву...

Он оделся, взял зонтик, дружески простился и вышел, затворив за собою дверь.

Французский замок щелкнул.

Он вернулся в кабинет, зажег свечку и погасил лампу, взял книгу и с зажженной свечкой прошел в спальню.

Жена крепко спала, подложив под щеку сложенные руки.

Он осторожно прошел в детскую и поцеловал детей, потом вернулся в спальню, разделся, лег и долго читал. Наконец, загасил огонь и, думая о работе, которую надо исполнить завтрашний день, тихо заснул.

* * *

Работы, за время его короткой болезни, накопилось. Она вся срочная и протекает через его руки ровным потоком, но, если сделать перерыв, она задерживается, нагромождается и обращается в лавину, готовую раздавить своей массой.

Не ждет никто: ни наборщики, ни машины, ни издатель, ни подписчики. И работа движется, как бесконечный ремень на маховом колесе машины.

Ему это нравилось. Сознание, что все часы отданы работе, мирило его с жизнью. Он сидел у себя за столом в кабинете и думал, что жизнь его полезна и ближним, и близким...

Стол его теперь был завален и рукописями, и корректурными оттисками, и сверстанными листами. В кухне сидел рассыльный из типографии.

Он закончил часть работы и отпустил рассыльного, потом напился вечернего чаю и опять пошел в кабинет.

— Ты бы отдохнул. На сегодня довольно, — сказала жена.

— Там отдохнем, — шутливо ответил он и прибавил: — я уже совсем окреп, а работы вон сколько! Сброшу ее и отдохну.

Дети простились с ним и пошли спать.

Жена принесла ему обычный ужин и ушла тоже, сказав ему:

— Не сиди долго!

В квартире наступила тишина ночи, та тишина, которую он так любил, среди которой ему работалось всегда легко и свободно.

Он отложил перо, откинулся к спинке кресла и задумался.

Со стен на него смотрели лица его друзей и товарищей: и те, с которыми он начал свою работу, и те, которые благословили его, и те, которых он благословил. Сверху ласково и любовно глядело на него вдохновенное лицо Диккенса; в углу чернела дорогая гравюра Распятого Христа.

Он любил свой кабинет и свое в нем уединение.

Все мятежное, скверное оставлял он за его порогом.

Вдруг какие-то тени замелькали перед его глазами, послышались хриплые голоса. Что это?..

Он хотел приподняться, но стены его кабинета раздвинулись, слякотная осенняя непогода охватила его сыростью, его качнуло, и он словно куда-то поплыл. Руки его бессильно опустились, голова запрокинулась, он закрыл глаза.

* * *

Назойливый осенний дождь сеял мельчайшею пылью, липкая грязь тонким слоем покрывала панели и месивом лежала на мостовой, резкий ветер, вырываясь из-за угла, срывал с мужчин шляпы, а женщинам обвивал юбки вокруг ног и мешал им идти.

Яркий свет электрических фонарей не мог рассеять мглы повисшей над Знаменской площадью. Со всех сторон катились экипажи: извозчичий фаэтон, щегольская коляска, громыхающие телеги, кареты из гостиниц, почтовые фургоны; от лошадей клубами подымался пар, сливаясь с сеющим дождем в туманную мглу; копыта и резиновые шины колес во все стороны разбрасывали грязь, пешеходы сталкивались, скользили по грязи, торопливо пробегали под лошадиными мордами... Хлюпанье грязи под лошадиными копытами, крики кучеров и извозчиков, резкие отрывистые звонки трамваев и рев мчащегося мотора сливались в оглушительный гул и рев.

Петька-Гвоздь перешел площадь, мелькнул мимо освещенного ларька и погрузился в серую мглу Лиговского бульвара, мимо которого шумным потоком проносилась жизнь площади.

Ноги скользили по расплывающейся глинистой грязи бульвара, но Петька в своих высоких с подборами сапогах ступал уверенно и твердо. И плотная фигура его, одетая в рыжую, верблюжьей шерсти куртку, и наглое красивое лицо, с курчавыми волосами, прикрытыми небрежно сдвинутой на затылок клеенчатой фуражкой, изобличали уверенность и твердость.

На бульваре в этот момент было пусто и глухо, но дальше, пройдя Пушкинский переулок и туда, до Разъезжей, в серых сумерках на редких скамейках обрисовывались фигуры, и взад и вперед скользили тени мужчин и женщин.

С правой стороны бульвара, за освещенными окнами трактира, слышался гром органа, а слева, из подвального этажа дешевой закусочной, неслось хриплое пение граммофона. Двери трактира и закусочной то и дело растворялись, и среди клубов пара, вырывающихся из них, показывалась фигура солдата, мастерового или растерзанной полупьяной женщины, которая тотчас скрывалась или за дверью, или в туманной мгле улицы. Дальше тянулся глухой забор с узкой калиткой, над которой, скрипя петлями, качался большой фонарь с надписью красными буквами: "Семейные бани". Время от времени калитка отворялась, и в нее проскальзывали фигуры мужчин и женщин. Иногда предательски качнувшийся фонарь освещал гимназическую фуражку, блестящий цилиндр, фуражку с кокардой и рядом простоволосую женскую голову и рваный платок, накинутый на плечи.

А дальше опять — трактир, портерная, закусочная и в туманных сумерках на бульваре вспыхивающие, как волчьи глаза, огоньки курящихся папирос, мужчины с наглыми лицами, одетые в куртки, блузы, рваные пальто; женщины с отекшими лицами, хриплыми голосами, и между ними — робко проходящий развратник или ищущий дешевой любви солдат, мастеровой, мелкий лавочник. В темноте время от времени раздавались хриплый смех, резкий крик, хлесткая брань.

Петька-Гвоздь шел по бульвару, засунув руки в карманы, как вдруг почувствовал, что его толкнули в плечо и услышал оклик:

— Ты, Петька? Постой!

Он остановился и улыбнулся. Подле него стояла Фенька охтинская. На голове ее был байковый платок, одета она была в зеленую кофту поверх красной юбки. Слегка припухшее, с синяком на щеке, лицо ее было еще красиво.

— Постой! — повторила она, удерживая Петьку.

— Чего стоять? За постой деньги платят. Идем, угощу! У меня два колеса болтаются!

— Бить тебя хотят, — держа Петьку за руку, сказала Фенька. — Понял?

— Пссс... кто такие? — презрительно спросил Петька.

— Все! Всему зачинщик Ванька-Слесарь, а тут и мой Васька, да Комар...

— Ишь! Это за что же?..

— Забыл! Ах, мерзавец! — ткнув его в плечо, оживляясь, сказала Фенька. — С Машкой курносой пил, а ее хахалю ни копья не осталось.

— Ежели она угощала! — ухмыльнулся Петька.

— А теперь ты плати!.. Опять Комар за Катьку в обиде... Ты с ней ночь ночевал... а Васька прямо сказал мне, что меня зарежет, а мне плевать, — окончила она с презрением.

— И мне тоже! Идем, что ли! — беспечно сказал Петька.

— Мне што, — ответила Фенька, — за тебя боюсь! Хоть ты, подлец, и бил меня тогда...

— Не путайся с Васькой, — он обнял ее и повел по бульвару. Она прижалась к нему.

— Теперь, хоть зарежь меня, к нему не пойду. Выкуси!.. А тогда ты мне всю рубашку порвал. Чинила, чинила...

— Не кусайся... Ну, ладно! Иди пока что. Я водки возьму!

Она остановилась у дверей закусочной, а Петька подошел к сбитенщику и купил у него полбутылки.

— Идем!

— Ай, Петька-Гвоздь! — вскрикнула курносая Машка, увидя входившего в закусочную Петьку.

— Самолично! Наше вам! — но Машка быстро отвернулась от него к своим собеседникам, видимо проученная.

— Садись тут, Фенька! Малый, пару чая, да поджарку сварганы! Живо! — командовал он, опускаясь на стул и кидая на стол фуражку.

— Ишь, командир какой! — проговорил сидящий с Машкой рыжий, маленький Комар.

— Оставь! — окрикнул его Ванька, — пущай душу тешит!

Петька взглянул на них и усмехнулся.

— Мразь! — громко сказал он Феньке, которая вдруг побледнела и откинулась к спинке стула. — Что ты? — и он оглянулся.

Из другой комнаты вышел долговязый парень в пиджаке поверх фуфайки. Он шел прямо к Феньке и встряхивал лохматой головой.

— Пожалте-с! — произнес половой, с грохотом опуская на стол поднос с чайником и шипящую сковородку.

В это время Васька подошел к столу вплотную и хрипло проговорил:

— Я тебе что сказал, стерва! Опять клочки захотела. Иди прочь! — и он протянул к Феньке волосатую руку...

Петька резко отвел его руку и сказал:

— Ее оставь! Со мной говори. Я ей приказал с тобой не путаться, понял? Фенька, пей!

Васька несколько мгновений стоял, тараща на него злые глаза, потом разразился.

— Ты? Мне? Ее?.. Мазурик! Сволочь... Да я тебя раскровяню всего, я ей...

— Попробуй!..

— А то нет?

— Слышь, он, как Еруслан, всех осилит, — отозвался от своего стола Комар, — как того чиновника. Тогда. На дворе!

— А леща? — хрипло выкрикнул Ванька.

— Свой есть! — усмехнулся Петька и опустил руку к сапогу.

— Ну, ты! — прошипел Васька, стукнув кулаком по столу, — помни!

— Иди! — сказал Петька, — а может выпить хочешь?

— Я тебе выпью! Мер-за-вец!!.

— За твое здоровье, — Петька опрокинул чашку в рот. Васька отошел к столу, где сидели Комар и Ванька. Головы сблизились, и они начали шептаться.

Петька принялся за еду. Граммофон хрипло стонал "вот мчится трой-ка у-дал-л-лая...", Фенька нагнулась через стол и шептала:

— Брось есть и убежим. Здесь ходить нельзя больше. Уйдем на остров или к финляндке. Там и господа бывают. А тут убьют. Ей Богу! Брось есть...

— Оставь! Ешь сама лучше!..

— Убьют. Ванька да Васька ишь какие черти, — шептала она испуганно.

— Шкуру берегут тоже, — усмехнулся Петька, — ешь!..

Граммофон хрипел, двери хлопали, впуская и выпуская посетителей, в низких душных комнатах сизым туманом стоял крепкий табачный дым, со всех сторон раздавались громкие голоса, смех, вскрики, ругательства и сливались с звоном посуды и шарканьем ног.

Петька загорячился от выпитой водки, съеденной поджарки и присутствия Феньки. Лицо его разгорелось, глаза замаслились и, сжимая под столом колено Феньки, он говорил ей:

— Идем спать. Пора!

— Куда пойдем-то? — вспыхнувши спросила Фенька.

— В баню. Нынче Матвей дежурит. Сам звал.

— Убежишь, как тогда...

— Разве я убегал?

— А то как же! Бил, бил, потом и нет. Где ты пропадал?

— А шут знает... так...

— Катька сказывает, ты у того чиновника-то тысячу взял!

Петька усмехнулся.

— Девять рублей, да кошелек рваный. Вот и все! Ну, идем!..

Фенька опасливо оглянулась. Стол, за которым сидели Машка, Комар и Ванька с Васькой, был занят другими.

Она с облегчением вздохнула.

— Ушли!

— Небось, — ответил Петька, — стерегут! Ты вот что. Иди одна, и прямо в баню. А я спустя. Иди что ли!..

Фенька встала, завернула голову платком и двинулась к дверям.

Петька расплатился, бросил на чай половому пятак и сказал:

— Я через кухню!

— А иди! — ответил половой и прибавил: — счастливо!

Петька прошел через угарную, вонючую кухню и выбрался на грязный двор.

Ветер рванул и бросил ему в лицо брызги холодного дождя.

Он опустил руку за голенище, попробовал, свободно ли ходит в ножнах шведский нож и тихо двинулся к воротам.

Выйдя на улицу, он зорко оглянулся и пошел через дорогу прямо к баням.

Но едва он вступил на бульвар, как на него, молча и грозно, надвинулись все трое. Он тотчас остановился и, едва Васька поднял руку, нанес ему удар под подбородок; в то же мгновение хватил Ваньку в живот и метнулся в сторону, но ему под ноги попался Комар, и они оба упали в жидкую грязь. Комар больно ударился рукою о валявшийся на дороге кирпич и, вскочив на ноги, инстинктивно ухватил его.

Васька с товарищем навалились на Петьку.

— Бей его!

В ту же минуту Васька почувствовал, как в его плечо вонзился нож и быстро отскочил с криком:

— Режут!

— Он с ножом мерзавец! — раздался злобный крик Комара.

— Так на ж тебе! — и он со всей силы ударил Петьку кирпичом в голову.

Петька, словно на пружине, разом вскочил на ноги и бросился бежать, но сделав несколько шагов взметнул руками и тяжело опустился наземь...

* * *

Из кабинета раздался пронзительный вопль. Дети в испуге проснулись и заплакали. Няня и Луша бросились в кабинет и, растерянные, остановились на пороге.

Это закричала барыня. В одной сорочке она стояла подле мужа, тело которого бессильно свешивалось через ручку кресла. Она встряхивала его руку и бессмысленно кричала:

— Очнись, очнись, очнись!

— Дети за доктором! — сказала няня, и Луша опрометью побежала на кухню...

* * *

Возвращаясь с кладбища, доктор говорил своему собеседнику:

— Умер, несомненно, надорвавшись. Но что для меня непостижимая тайна — это проломленный череп! До сих пор не могу понять! Самоубийство невозможно... знаете, словно камнем или молотком. Убийство? Нелепо, хотя следствие ведется. Нечаянно? Я осмотрел все углы стола и, наконец, он умер в кресле... Совершенно непостижимая тайна!..

— Их много, доктор, — сказал ему собеседник, — тайн этих. И в жизни их, пожалуй, больше, чем в смерти.

ТЯЖЕЛЫЙ ХЛЕБ

I

Наступил сквернейший осенний вечер, когда наши злополучные странники подъехали к уездному городишку, от которого ждали поживы.

Все время с неба сыпался мелкий частый дождь, перемешанный со снегом, и дул холодный ветер. Когда он налетал внезапным шквалом, то словно из ведра выплескивал на бедных путников массу ледяной воды и обдавал их таким холодом, что от него дрожала даже несчастная кляча, с трудом волочившая телегу по грязи.

Ольга совершенно закоченела и ее холодные руки уже не грели тела замерзшей кошки, равно как и оно не могло согреть холодных рук Ольга. Михаил Сусликов, сидевший рядом с нею на доске, положенной в виде скамьи на края телеги, тоже не мог согреть ее объятиями своих насквозь промокших рукавов и лязгал от холода зубами не хуже голодного волка.

Что же касается Антона, приютившегося на дне телеги у их ног, то он совершенно превратился в намокшую губку, несмотря на то, что прикрылся двумя флагами и даже, в отчаянии, обручами, обмотанными красным сукном.

— Вот он и город! — заявил мужичонка, балансируя на тонкой жерди передка телеги и опираясь, словно кавалерист в стремена, растопыренными ногами в жидкие оглобли.

— Куда ехать-то?

— К постоялому! — ответил Сусликов: — где он?

— Подхлестни лошадь-то! — взмолился Антон.

— Дойдет! — успокоил его мужичонка и зачмокал губами. Лошадь снова зашлепала по грязи, с трудом волоча телегу. Справа и слева среди непроглядной тьмы мелькнули бледные огоньки, раздался охрипший собачий лай и телега въехала в город.

Прошлепав добрых десять минут по грязи, лошаденка, наконец, дотащилась до постоялого двора, приветливо выставившего, наподобие маяка, фонарь, который в непроглядной темноте ненастной ночи казался висящей в воздухе звездою, и только жалобный визг его ржавой петли о ржавый шест разрушал эту иллюзию.

Михаил Сусликов быстро соскочил с телеги и забарабанил в ворота. Через минуту из калитки вышел сгорбленный старик.

— Помещение нам, да самоварчик! — торопливо заявил Сусликов.

— А кто такие будете? — кутаясь в зипун, спросил старик.

— Артисты, представления давать! — нетерпеливо ответил Сусликов. Его ответ произвел на старика магическое действие. Он моментально бросился назад в калитку, захлопнул ее и стал криком ругаться:

— Шаромыжники! Впусти их? Вон — от ворот, не то собак спущу! Дьяволы! Тальянцы куцые!..

Сусликов побледнел и грустно взглянул на телегу.

— Поедем дальше! — молящим голосом произнесла Ольга.

Сусликов молча уселся на прежнее место, а тем временем старик надрывался за калиткою от крика.

— Я вас, оглашенные! — Узнаете собачьи зубы! Арапка, Вертун! — звал он откуда-то собак.

— Не любит! — заметил мужичонка, перебирая веревки, заменявшие вожжи; — потому, что артист, что жулик — все единственно!

— Вези, братец, к следующему! — ласково сказал Сусликов.

— Этто можно! Только все один толк: по шее! Н-нну! — крикнул он на лошадь.

— И невдомек мне этто, — рассуждал он по дороге: — теперя что я с вами сделаю, а? Теперя и меня из-за вас не пустят. Черти, право, черти...

А холодный осенний ветер все свирепее обдавал их брызгами ледяного дождя и с яростным воем метался вокруг них.

Телега снова остановилась у фонаря.

Высокий с глупой рожею парень распахнул ворота, и Сусликов облегченно вздохнул.

— Самоварчик! — сказал он, входя в просторную горницу: — да отведи, тетка, комнату!

— Сейчас, кормилец! — ласково ответила толстая баба и взялась было уже за огромный самовар, как на пороге показались: Антон с красными обручами в руках и Ольга с кошкою. Баба вдруг встрепенулась.

— Никак — фокусники будете? — спросила она, ставя самовар на место.

У Сусликова дрогнуло сердце.

— Фокусники, тетка! — сказал он и прибавил: — пусти, Христа ради! Мы тебе зла не сделаем! Смотри, какая погода!

Но баба не слушала его и, вся красная от досады, кричала:

— Вон! Сей секунд вон! Степка! Паршивец! Нешто не видел ты, что за народ? Гони их в зашей!

Высокий парень вбежал в горницу. Ольга заплакала. Сусликов торопливо повернулся к сеням.

Мужик покорно влез снова на передок телеги.

— Ишь, ведь, горемычные, словно псы какие? Везде в зашей! Вот горе-то! — говорил он и в голосе его уже слышалось сочувствие.

Ольга плакала. Ей казалось, что внутри ее все сотрясается от мучительного холода. Михаил Сусликов с тоскою думал: прогонят или нет? А Антон в мрачном отчаянии старался спрятать мокрые флаги под пальто и предлагал выбросит кошку.

— Последний, значит! Тпруу... — остановил возница лошаденку у третьего фонаря.

— Стучи! — сказал он Михаилу Сусликову: — Аверьян крут, а все же...

Сусликов дрожащей рукою стукнул в окошко. Окошко растворилось и в нем показалось суровое лицо, обрамленное седыми волосами.

— Кто будете?

— Пусти, дедушка, замерзли! Дай комнату и самовар! — взмолился Сусликов.

— Кто будете? Из каких? — сурово повторил старик.

Сусликов похолодел.

— Артисты, фокусники!

— Тальянцы, басурмане?

— Православные, дедушка, ей Богу!

— С фокусами? — спрашивал старик, грозно глядя на Сусликова.

— Известно, артисты...

— Глаза отводить умеешь?

— Не умею! Ей Богу! Мы так больше...

— Пожди! — сказал старик и отошел от окна. Сусликов замер в тоскливом ожидании, Старик вернулся.

— Православный, говоришь?

— Православный!

— А ну перекрестись.

Сусликов спал шапку и торопливо стал креститься, приговаривая:

— Пресвятая Троица, помилуй нас! Господи, очисти грехи наши! свят, свят, свят! Отче наш, иже еси на...

— Ладно! — перебил его старик: — сколько вас?

— Трое, да мужик вот!

— Тварь есть?

— Кошка!

— Пожди! — сказал старик в отошел снова, на этот раз захлопнув окошко.

— Пустит, пустит! — радостно сказал Сусликов, подходя к телеге. Ворота со скрипом распахнулись. Мужичонка задергал веревками и телега закачалась. Сусликов шел рядом.

У входа в избу стоял старик, а подле него здоровенный парень. У обоих в руках были толстые палки и, кроме того, парень держал за ошейник огромного пса, который рычал и скалил зубы.

— Забирайте вещи и прямо наверх! — распорядился старик.

Сусликов, Ольга и Антон торопливо взяли свои вещи и пошли мимо хозяев наверх по узенькой скрипучей лестнице. Старик показал им крошечную каморку в мезонине и ушел, проговорив:

— А самовар сейчас!

В крошечной каморке стояли: широкая лавка, два табурета и сосновый стол, на котором горела жестяная лампа с разбитым стеклом. Сусликов радостно вздохнул. Он торопливо устроил на лавке постель для Ольги, которая тотчас и легла на нее.

Минут через десять здоровенный парень внес самовар и грязную посуду. Сусликов занялся чаем. Ольга в полузабытье лежала на лавке, дрожа от лихорадочного озноба, Антон развязывал чемодан и доставал оттуда сухое белье, а кошка приткнулась на лавке к ногам Ольги и спала мертвым сном.

II

Ночью с Ольгою сделался бред. Она лежала, разметавшись на лавке и, слабо отмахиваясь рукою, жалобно просила, чтобы от нее отогнали большую собаку; потом она вскрикивала и снова начинала стонать и плакать. Время от времени она раскрывала глаза и просила пить.

Когда Михаил Сусликов подавал ей питье, ему казалось, что с Ольгою сделалась горячка.

Он разбудил Антона, улегшегося на полу, зажег лампу и стал согревать водку, чтобы натереть ею Ольгу.

В дверь крепко стукнули.

— Если вы, как оглашенные, — прости Господи, — всю ночь возиться будете сейчас выгоню! — раздался сердитый голос старика.

Они замерли в страхе. В тишине громко заскрипели ступени лестницы, потом хлопнула дверь и все стихло,

Они сняли сапоги и молча, едва дыша, двигались и суетились, словно мыши.

Ольга, наконец, перестала бредить. В комнату закрался уже мутный свет серого осеннего утра. Внизу захлопали дверью и послышались голоса. Шум перешел на двор, заскрипели ворота.

Ольга крепко спала; Антон улегся на полу и захрапел; кошка, сбитая Ольгой, перешла к Антону, приткнулась головой к его лицу и снова заснула.

Сусликов разостлал на полу мокрое пальто и лег, чтобы отдохнуть; но тяжелые мысли тучей поднимались в его голове и мешали ему заснуть.

Надо непременно позвать доктора. Это — рубль. Вероятно, лекарства нужно. Надо мужичонке, который их вез, отдать два рубля; у него же всех денег четыре рубля, которые он сэкономил дорогою.

Хорошо, если Кусков сказал правду и здесь будет нажива, а если соврал?..

У Сусликова прошли мурашки по телу.

В их жизни все случается. Бывает, что один другому нарочно наврет, чтобы подвести, а потом посмеяться. Положим, Кусков приятель. Сусликов не раз выручал его из беды... а, впрочем, кто знает!..

Сусликову стадо страшно. Он быстро встал и заглянул в окно. Городишко уже проснулся. В серой мгле ненастного утра, по густой грязи широкой улицы, проходили деревенские женщины и бабы; растрепанная девчонка гнала через улицу свинью; тощая клячонка тащила бочку, едва выволакивая ее из грязи. Серенькие домики, неровным рядом протянувшиеся вдоль улицы, раскрыли ставни и дымили трубами.

Сусликов осторожно отворил дверь, спустился с лестницы и вошел хозяйскую горницу.

Это была общая комната постоялого двора.

У огромной русской печи рядком стояло шесть самоваров, покрытых зеленой грязью, и тут же подле них сидел рослый парень, поджав свои длинные ноги. Наполняя комнату треском, в огромной печи ярко горел целый костер. У края стола, видимо, хозяйка в большой квашне замешивала тесто, а на другом концом стола сидели старик-хозяин с мужичонкой и пили чай.

— Чай да сахар! — бодро сказал Сусликов, переступая порог горницы: — мир честной компании!

Никто не ответил на его приветствие; старик недружелюбно посмотрел на него и спросил:

— Чего ночью возились?

— Жена заболела! Шутка ли по такой погоде двадцать пять верст проехали!

— И то еще меня встретили, — вставил мужичонка: — не то ходом пришлось бы!

— Откудова? — спросил старик.

— Со станции! — ответил тот, взмахивая рукою: — я, значит, здеся Селиванову на станцию сундук возил, акцизному...

— Знаю! — кивнул головою старик: — для чего же приехали? — спросил он снова.

Сусликов сел на лавку и нерешительно ответил:

— Хочу здесь представления давать! С недельку поживем — да и дальше!

— Это у нас-то?

— Ты не говори, Аверьян, — вмешалась хозяйка: — у нас не хуже, чем у других! Тоже, и господа есть; опять, купечество! — говоря это, она вытащила из квашни руки и сбрасывала с растопыренных пальцев тесто, словно стряхала в квашню и господ, и купечество. Ее слова ободрили Сусликова. Он встал.

— А скажите мне, как тут доктора сыскать? Есть он здесь?

— Доктор-то? Доктор есть! — ответила хозяйка: — сейчас из ворот как выйдешь и — налево; третий дом; такой зеленый, с балкончиком; тут и доктор! А на што тебе?

— Говорил я, жена больна!..

Сусликов рассчитался с мужичонком и поспешно вышел из горницы.

Пройдя по двору, он оглянулся и с изумлением увидал позади себя рослого парня с палкою.

— Тебе чего?

— А, ничего, так, значит, приказано! — ответил парень и глупо ухмыльнулся. Доведя Сусликова до ворот, он пошел опять в избу.

— Ишь, ведь, тоже хворает! — с недоумением произнесла хозяйка, когда Сусликов вышел.

— А другой-то тальянец дома?

— Спит! — ответил парень и, присев на лавку, стал обуваться.

III

Семен Антонович Харитонов был рожден с натурою антрепренера и артиста, — но судьба сделала из него медика, а потом устроила ему место земского уездного врача. Все же большую часть времени Семен Антонович отдавал своему истинному призванию. Среди уездной интеллигенции он устраивал концерты и спектакли, успел основать подобие клуба, прослыл весельчаком, танцором, анекдотистом и везде, где показывалась его юркая, маленькая фигура с квадратной головой, втиснутой в плечи, тотчас слышался его резкий пронзительный голос и визгливый смех.

Сусликова он приветствовал с восторженною радостью.

— Душечка, фокусник! — воскликнул он, когда узнал о профессии Сусликова: — милушка, акробат! Да я тебе такие сборы дам!.. Пойдем, пойдем!..

Его восторженный голос звенел, скрипел и свистел. Он ввел Сусликова в столовую.

— Садись чай пять! — хлопотал он: — Фроська! Подай водку и закусить!.. Да мы тут тебя! Да я тут! Ведь здесь от скуки околеешь! Грязь, дождь! Милушка ты мой! Что же ты умеешь?..

Сусликов не ожидал такого приема и немножко сбился.

— Все умеем: эквилибр знаем, огонь ем, шпаги глотаем, партер, воздушную гимнастику, кошка есть дрессированная, фокусы, анти-спирит... Доктор! — вдруг спохватился он: — я за вами: у меня жена заболела.

В это время в комнату вошла рослая баба с веселым лицом, изрытым оспою. Она внесла поднос с бутылкою водки и банкою килек. Харитонов засуетился.

— Сюда, сюда! — поманил он ее: — вот так! Теперь выпьем! Так эквилибр знаешь? Люблю! Ну, за успех! Пей!.. — он налил рюмки, чокнулся и опрокинул свою в рот. — По второй закусывать! Ну! Чеки-чок! Чеки-чок! — он чокнулся я выпил вторую. Его лицо сияло счастьем. Сусликов исправно пил, жевал скверные кильки и думал: "хороший человек! Кусков правду сказал: поживимся", потом он вспоминал про больную Ольгу и начинал звать доктора, но доктор перебивал его увлеченный своею артистическою натурою:

— Афишу вместе составим! Репетицию сделаем. Я тебе залу клубную — даром! За-жа-ри-вай!! Ну, еще по рюмочке! А что ты сейчас можешь? Покажи!

Сусликов встал, сбросил пальто, засучил рукава и, взяв со

стола две вилки и нож, начал играть ими. Они плавно друг за другом поднимались на воздух и ловко падали в его руки. Слышался только равномерный лязг железа.

— Ай, ловко! Ай, молодец! — вскрикивал доктор: — а, ну-ка я?

Нож и вилка плавно упали в руку Сусликова и он передал их доктору. Доктор попробовал их бросить. Нож со звоном полетел на пол, а вилка, падая, уколола ему руку.

— Э, черт, да это трудно! — удивился он, высасывая кровь из царапины.

Сусликов опять вспомнил про Ольгу. Она лежит и стонет; скотина Антон, наверное, храпит и не слышит.

— Пошли бы со мною, господин доктор, у меня жена больна!

— А? Что с нею?

— Простудилась. Ночью жар, бредила!

— Ах ты, щучья голова! — встрепенулся доктор: — да что ж ты раньше-то не сказал! Идем, идем! Я вот сюртук надену. Афроська! — закричал он.

Афросинья внесла сюртук.

— А она что же умеет? — спросил доктор, стараясь застегнуть воротник, отчего лицо его налилось кровью.

— Все умеет. Шпаги глотает! — ответил Сусликов и подумал: "ничего не заплачу ему".

— Шпаги глотает! Интересно, интересно! Ну, пойдем! Ты где?

— На постоялом. У Аверьяна.

— У Аверьяна. Хороший мужик! Шельма только. Я лечил его бабу, а он хоть бы что... Ну идем. Афроська, дверь! — закричал он и вышел с Сусликовым на улицу.

IV

Но поручению Аверьяна рослый парень, Никита, поджидал у ворот с палкою в руке возвращение Сусликова, но, увидев, идущего с ним доктора, спрятал палку за спину и хотел улизнуть в ворота.

— Стой, стой, каналья! — закричал на него доктор: — ты чего бежишь, за хозяина совестно? Скажи ты ему, что ежели не пришлет мне за лечение, — умирать будет, — не приду! Я только для бедных даром!

Никита молча скользнул в дверь избы.

— А ты не плати мне, — сказал доктор Сусликову, поднимаясь по лестнице: — теперь денег, чай, нет?

— Весь издержался, — сказал Сусликов.

— Ну вот, я уж потом за все разы из твоего сбора вычту! Сюда что ли?

— Сюда, сюда, — сказал Сусликов. Он распахнул дверь и пропустил вперед доктора.

Антон разбуженный шумом, сел на полу, протирая припухшие глаза. Увидев доктора, он вскочил, завернулся в свою подстилку и молча отошел в сторону. Черная кошка прыгнула в угол. Ольга повернула свое побледневшее, осунувшееся лицо к двери и слабо простонала. Маленькая каморка в миг огласилась крикливым голосом доктора.

— А вот и больная! Шпагоглотательница! Ха-ха-ха! Ну что с тобой? Простудилась, да?

Он подошел к Ольге, взял табурет и сел подле нее.

— Ну, давай пульс. Покажи язык. Так! Голова болит?

Ольга слабо простонала в ответ. Доктор придвинулся ближе.

— Ну, вы теперь уберитесь, — обратился он к Антону и Сусликову: — на двор, что ли.

Антон быстро захватил свой костюм и скрылся за дверью. Сусликов нерешительно прошел за ним. Они остановились тут же, подле двери, на площадке лестницы.

Антон сбросил с себя ковер и стал одеваться. Одеваясь, он дрожал и стучал зубами от холода. Сусликов сел на верхнюю ступеньку лестницы, и терзался тоскливым предчувствием беды. Неясный шум, раздававшийся за дверью, пугал его и заставлял вздрагивать каждую минуту; оттуда слышался голос Ольги, треск лавки, шуршание; потом раздавался резкий голос доктора, слабый голос больной — и вдруг наступала тишина. В такие мгновения Сусликову казалось, что Ольга умерла. Его сердце замирало и он холодел от страха.

Наконец дверь отворилась и из щели высунулась четырехугольная голова доктора.

— Ну, вот и все! — сказал он. Сусликов вскочил на ноги.

— Что с нею? — спросил он, входя в комнату. Антон крадучись прошел за ним.

— Простудилась и ничего больше.

— Не опасно?

— Шпаги, говоришь, глотает и то ничего, я это пустяк! — ответил доктор и засмеялся своим визгливым смехом.

Сусликов с тревогою посмотрел на Ольгу и осторожно сел

подле нее. Ей видимо было лучше. Она ласково улыбнулась и сделала попытку подвинуться, чтобы дать ему больше места. Антон уселся в угол и замер в смущении; кошка прыгнула к нему на колени и свернулась комочком.

V

Один доктор чувствовал себя превосходно. Он уселся верхом на табурете посреди комнаты, закурил папиросу и стал с жадным любопытством расспрашивать Сусликова: откуда они, что делали раньше, где были и как сошлись. Сусликов отвечал неохотно. Этот доктор только отнимал у него дорогое время; но он — человек надобный и Сусликов поневоле говорил с ним, стараясь быть любезным.

Где были? Вернее, где не были! Были они и в Петербурге, и в Москве, ездили по Волге, бывали на всех ярмарках, изъездили Литву и Царство Польское. Везде были, всего натерпелись. Вот и теперь в городе N служили в цирке у жида Хаими Буцеля. Дела шли скверно. Жид всем задолжал и задал дерка от них. Впору было умирать с голоду, да вот, слава Богу, припомнили про это местечко. Теперь, что будет?

— Вся и надежда, что на вас, доктор, — окончил заискивающим голосом Сусликов; — вы и Ольгу полечите и нам дайте кусок хлеба заработать!

Доктор почувствовал себя польщенным. Лицо его просияло.

— Уж вы будьте покойны. Залу даром дам в клубе! Афишу вместе составим! Билеты сам развезу. Три, четыре, пять сборов сделаем! Уж будьте покойны! — От его резкого голоса Ольга почувствовала нестерпимую головную боль и застонала, но ее бледные губы продолжали улыбаться. Антон улыбнулся в своем углу, а Сусликов словно ожил.

— Теперь ты только у исправника разрешение достань и — баста! — окончил весело доктор.

— Я и то хотел, сегодня же.

— Да, вот теперь враз и пойдем. Я домой: твоей Ольге лекарства сделаю, а ты к нему пойдешь, назад — ко мне зайди и лекарство возьмешь, и о деле потолкуем!

Сусликов встал.

— Иди, Антон, самовар устрой, пока без меня! Да еды добудь; я скоро.

— А что он умеет? — спросил доктор, кивнув на Антона. Антон съежился и покраснел.

— Каучук!

— Это что же?

Антон успел оправиться и ответил сам.

— С детства кости изломаны и могу гнуться во все стороны. В некоторых местах змеей зовусь, опять, человек пружина. Извольте посмотреть! — с этими словами Антон сбросил кошку, встал и подошел к доктору.

— Извольте положить руку! — предложил он ему.

Доктор с любопытством положил руку ему на бедро. Антон двинул два раза ногою. Под рукою доктора щелкнуло, и он почувствовал, как вертлуг вышел из своего гнезда и потом снова занял прежнее место.

Тем временем Сусликов наклонился к Ольге и тихо говорил ей:

— Ты поправься только, а я уж один поработаю, за всех поработаю!..

Ольга слабо улыбалась ему. Хороший он, добрый!

— Видели? — хвастливо сказал Антон.

— Удивительно! — воскликнул доктор: — ну, я для вас постараюсь! Идем теперь!

Сусликов поцеловал Ольгу в лоб и двинулся к двери.

— До свиданья! — приветливо кивал доктор: — я зайду еще! Сегодня зайду, может!

Доктор и Сусликов снова вышли на улицу. Доктор говорил без умолку.

— Теперь исправник непременно дома. Он живо позволит. Сам, собака, соскучился. Паспорта в порядке? Да? Ну и отлично. От него ко мне зайди! Я дам лекарства. О ней не думай. Лихорадка — и все. Поваляется и здорова!..

Он дошел до своего домика, показал Сусликову дорогу к исправнику и, кивнув ему головою, вошел на крылечко.

Сусликов быстро зашагал по грязной улице к дому исправника. Через десять минут он входил в открытую дверь присутствия. В темных сенях сидел сторож. В следующей комнате за длинным столом, обтянутым черною клеенкою, в мечтательной позе сидел низенького роста молодой человек с лохматою огромною головою. При входе Сусликова он повернул к нему свое лицо, напоминавшее зачумленную овцу, и уныло спросил:

— Чего?

— Господина исправника повидать, — ласково кивая головою, сказал Сусликов.

— По какому делу?

— Фокусы хочу показывать, разрешение спросить!..

Лицо молодого человека оживилось.

— Фокусы? Это весело! — сказал он, быстро вставая: — сейчас скажу! — и он шмыгнул в грязную низенькую дверь, ведущую в покои исправника.

Сусликов ждал недолго: почти тотчас маленькая дверь раскрылась снова и из нее, нагнув голову, вышел исправник. Молодой человек почтительно, осторожно шел за ним следом.

Исправник представлял собою огромного, толстого мужчину с широким обрюзглым лицом, толстым красным носом и соловыми глазами. В сюртуке нараспашку, под которым пестрела грязная ситцевая рубашка, он вошел тяжелою поступью, заложив руки за спину и сердито насупив седые брови.

Сусликов низко поклонился ему и сделал шаг вперед. Исправник окинул его своим тяжелым тусклым взглядом и грузно опустился на стул, что стоял подле длинного стола.

Молодой человек юркнул на свое место.

— Кто будешь? — спросил Сусликова исправник.

Сусликов униженно поклонился и ответил:

— Фокусник... акробат...

— Фокусник, акробат, а по-моему: жулик... угрюмо перебил его исправник. Сусликов заискивающе улыбнулся.

— Помилуйте! За что же!

— Все вы такие! С чем приехал?

— Хочу здесь несколько представлений дать. Жена больна, денег ни гроша, выехать не с чем, — проговорил Сусликов и, еще раз низко поклонившись прибавил: — ваше благородие! Смилуйтесь!

Исправник мрачно молчал, барабаня короткими пальцами по столу.

— Бумага есть?

— Все в исправности, — встрепенулся Сусликов и полез в карман за бумагами.

Исправник взял от него засаленные бумаги, развернул их и, далеко отставив от себя, стал читать их вполголоса.

— Какие же вы фокусники, черти? — проговорил он хмуро, откладывая бумаги: — коли один вот — Михаил Сусликов — слесарный подмастерье; Антон Громыхалов — маляр, а эта девка — крестьянка Крапивина? А? Какие же такие фокусники? — повторил он.

Сусликов поклонился.

— Помилуйте, Бога ради, ведь никогда нет этого, чтобы в паспорте был фокусник прописан! Завсегда так...

— Ты меня не учи! — крикнул на него исправник: — молод! Ты кто же будешь?

— Михаил Сусликов!

— Так ты выходишь слесарный подмастерье вот тебе и все! Никаких фокусов не позволю. Обман!

У Сусликова упало сердце.

— Ваше благородие! — крикнул он дрожащим голосом: — за что же? Бога ради! Жена больна, ни гроша денег. Вот у вас же Кусков...

— А ты знаешь Кускова? — перебил его исправник.

Сусликов не расслышал зловещей ноты, прозвучавшей в вопросе. Надежда оживила его.

— Как же, ваше благородие! Вместе ездили, хлеб-соль делили! Вместе...

— Воровали! — как исступленный заревел вдруг исправник и, вскочив, затопал ногами: — ага! Ты мне за него поплатишься! Он у меня, мошенник, волчью шубу из прихожей сволок, да новые валенки! Ты поплатишься! Куда оп их девал, а? Куда? Не знаешь! Вот и посиди у меня в холодной. Авдюхин! — заорал он во весь голос.

Из сеней быстро выскочил, сторож, стараясь спрятать за спиною дымящуюся трубку.

— Авдюхин! — налившись кровью и сверкая глазами, кричал исправник: — сейчас этого каналью в холодную, да всю их шайку воровскую сюда! Живо! Я вам покажу!

На теле Сусликова выступил пот и облил его, словно холодною водою. Он понял, что попался, что его подвел Кусков и, бледный, испуганный, стоял перед исправником, тараща бессмысленно глаза. Но, услышав его последнее приказание, он вдруг опомнился и с криком повалился в ноги исправнику.

— Ваше благородие! Помилуйте! Пощадите! Господи, за что ж? Жена больная, денег ни гроша! Ваше благородие!! — вскрикивал он со слезами и тянулся за исправником, стараясь обнять его ноги.

— А, теперь завыл! А где Кусков?

— Да разве я знаю. Я всех знаю и его знаю, а где он? Мы все бродим! Разве я знал, что он вор, что он у вас...

— Все вы воры! Вон от меня! А к вечеру — из города! Не то перевяжу вас всех и с урядником! Вон!! — швыряя бумаги Сусликова, крикнул исправник. Сусликов не поднимался.

— Ваше благородие! — продолжал молить он: — разрешите одно представление, только одно! Господин доктор дают залу...

При слове "доктор" исправник пришел в окончательную ярость.

— Доктор! — заревел он: — и лети к своему доктору! А от меня вон! Из города вон! К вечеру, слышь! Авдюхин, черт! Да что же ты, ирод, не вытолкаешь его? Гони его в шею!

Сусликов вскочил на ноги и в тот же миг почувствовал на своем вороте руку Авдюхина.

— В шею! Вон! Чтобы к вечеру! — орал вслед исправник, топая ногами.

VI

Сусликов очутился на грязной улице с бумагами в руках, и мужество сразу покинуло его. По лицу его потекли слезы, жгучая тоскливая боль сжала его сердце.

Господи, что теперь делать! Исправник словно сбесился. Он наверное прогонит его из города, а куда деться? Да еще с больной Ольгою... Он взмахнул в отчаянье руками и поплелся к доктору.

Доктор завтракал. Он подвязал себе под шею салфетку, нагнул голову над тарелкой и громко чавкал, когда в комнату вошел Сусликов.

Увидев его, доктор что-то промычал, тряся головою и махая руками, и начал усиленно жевать, стараясь освободить набитый рот. От этих усилий у него выступил на лице пот, а на лбу налились жилы. Наконец, он проглотил кусок и заговорил:

— Пришел? Ну, и отлично! Я тебе лекарства приготовил: будешь жене давать! Красивая шельма! — его глаза на миг прищурились: — чего стоишь, садись! Будем завтракать, выпьем. Да что с тобою? — вдруг спросил он, перебивая свою речь.

Сусликов безнадежно махнул рукою.

— Шабаш! — проговорил он.

— Что шабаш? Хуже жене? Дома был что ли?

— Крышка! — сказал Сусликов.

Доктор отложил ножик с вилкою и устремил на него недоумевающий взгляд.

— Скажешь ты, наконец, в чем дело, или нет?

Сусликов поднял голову и с отчаянием произнес:

— А то, что исправник затопал на меня, облаял всячески, а

когда я про вас сказал — велел в шею вытолкать, да вместо представления сегодня же город оставить! Вот что! Крышка теперь. Жена, я, Антон, кошка — всем издыхать!

Доктор откинулся и хлопнул себя рукою по лбу.

— Ах, я телятина! — воскликнул он: — да ведь это так и должно было быть, голубчик! Он тебя сам-то не съездил? Удивительно! Ведь он мог избить тебя, как каналью; ах, я телятина!

Он встал и прошелся по комнате.

— С чего же вы не сказали, что он дерется? — произнес обидчиво Сусликов.

— Ах, ты! Да про что же я-то? Я все время это в голове имел. А тут ты, да жена твоя, да болезнь, ну — и забыл! — доктор развел руками.

— Видишь, этот боров злится на меня, обругал я его как-то. Он и свирепеет. Имени моего слышать не может. А я и забыл сказать тебе. Так-то. Да ты не бойся! Я поправлю. Я тебе устрою.

Сусликов стоял у двери, прислонясь спиною к притолоке, и охватившее его уныние сменялось злобою... Мелет этот доктор, мелет, а о деле — ничего. Так, пустой какой-то!..

— Доктор, — сказал он дрогнувшим голосом; — будьте милостивы! Помогите!

— Помогу, друг любезный, не хлопочи, а теперь выпей! Выпей для храбрости. Ну, садись...

Сусликов сел и подставил рюмку.

Доктор налил водки, чокнулся и сказал:

— Что тебя не вышлет он — это, как Бог свят! Не посмеет! Я на него казначейшу натравлю, да Селиванову. Не бойся!

Сусликов слушал его молча и пил. Долгий опыт горькой бродячей жизни показал ему, как дешевы ласковые слова и дорога ласка. Все мысли его теперь сосредоточивались на больной Ольге.

Как он увезет ее, больную, непокрытую, в такую погоду?..

— Пей, я тебе все устрою!

Доктор наливал и чокался с ним. Он был рад, что нашел развлечение в своей монотонной жизни и не отпускал Сусликова. Сусликов сидел и томился. Время шло. Наконец, он решительно поднялся со стула.

— Лекарства-то сделали?

— Вот тебе и лекарство, — уже заплетающимся языком говорил доктор, давая ему порошки и пузырек с микстурою: — порошки эти дашь и микстуру тоже, а через час снова. Она, брат встанет: не бойся! Я тебе это верно. И дело поправим! Ты не робей! — он засмеялся своим хихикающим смехом и хлопнул Сусликова по плечу.

Сусликов поспешно пошел домой и на дворе опять встретил Никиту с толстой палкою в руке. Его глупое лицо на этот раз приветливо улыбалось.

— Чего это ты за мною, словно за вором, с дубиною? — угрюмо спросил его Сусликов. Никита улыбнулся во весь рот.

— Не бойся! Этто я для блезиру только: хозяин велит. А я вам — вот! — и Никита восторженно ударил себя ладонью в грудь. На Сусликова пахнуло водкою. "Пьян, верно; и Антон тоже", — подумал он и торопливо поднялся по скрипучей лестнице. Его предположение оказалось верным.

Еще за дверью он услышал громкий, бессмысленный смех Антона, а когда вошел в комнату, то увидел, как он, связав кошке две лапы, дразнил ее куском мяса. Пьяный смех его раздавался на всю комнату; кошка билась и, волоча свои связанные ноги, громко мяукала, а Ольга лежала совершенно обессиленная, с крупными каплями пота на изнеможенном лице и при входе Сусликова, застонала.

Сусликов быстро подошел к кошке, развязал ее лапы и резко оттолкнул в сторону пьяного Антона. Антон отшатнулся, потом выпрямился и с мрачным лицом отошел в угол и сел на табурет.

Сусликов снял пальто и подошел к Ольге. Она приветливо улыбнулась ему.

— Ну, как тебе? Лучше? — спросил он, нежно кладя на ее лоб свою грубую руку.

— Лучше! — ответила она слабым голосом: — голову, разламывает только: — смерть. А тут они! Пьянство!

— Ну, вот тебе доктор лекарства дал; я сейчас. Чай не пила? Нет! Хочешь? Я мигом справлю. А что же он-то? — кивнул он на Антона.

— Да с этим... Никитою... пили, пели. Я прошу, они смеются.

Сусликов нахмурился и посмотрел на Антона.

— Что же... я тоже хочу выпить... ты, небось, с доктором-то клюнул... — пробормотал Антон, смущаясь под взглядом Сусликова. Тот махнул рукою и снова обратился к Ольге.

— Ну, я тебе лекарства дам, не робей: все поправится! Ты выздоровеешь, я тут заработаю — и мы вон отсюда! Нелегкая нас занесла сюда!

Ольга улыбнулась.

— Давай лекарство-то! — сказала она. Сусликов ожил. Ей, видимо, было лучше. У нее не было палящего жара; она улыбалась и говорила. Он вынул из кармана пальто лекарство, достал воды и помог ей принять порошок и микстуру.

— Теперь лежи, а я насчет самовара! — сказал он, укладывая Ольгу и бережно оправляя под ее головою подушку.

— А ты смотри! — обернулся он, уходя, к Антону: — не дыши, а не то — вышибу!..

Антон съежился.

Сусликов вышел на лестницу. И едва он оставил Ольгу как его снова охватила тревога. Его беспокоили и Антон, и болезнь Ольги, и положение дел, и на минуту ему показалось, что исправник сейчас пришлет к нему урядника и велит тотчас же уезжать из города. Бледный, испуганный, он сошел с лестницы и робко вошел в избу Аверьяна. Тот сидел в обществе четырех осанистых мужиков, которые в торжественном молчании чинно по очереди опускали свои ложки в огромную деревянную чашку с дымящимися щами. Хозяйка хлопотала у печки.

— Евдокиму-то внукой которая. Ну, она и говорит ему... — рассказывал Аверьян и остановился, когда вошел Сусликов.

— Чего тебе?

Сусликов поклонился,

— Самоварчик бы, да еды какой ни на есть. Щец что ли, яичницу! — сказал он.

Аверьян нахмурился.

— Деньги-то есть?

Сусликов знал всю силу наличных денег в таких случаях и, заглушив сердечную боль, бойко ответил:

— За этим дело не станет!

— Третий, самовар будет. У меня по пятаку, — стал быстро высчитывать Аверьян: — шти на троих...

— На двоих!

— Тогда десять копеек, хлеба на три. Десять яиц — гривенник. Время тяжелое теперь. Да за горницу тридцать копеек и вперед беспременно. Ты сколько проживешь?

Сусликов старался казаться равнодушным. У него было целых два рубля и он чувствовал, что может выдержать роль.

— Суток трое.

— Ну, значит девяносто копеек, да за еду с самоварами двадцать восемь. Всего рупь восемнадцать.

— Получай! — бойко ответил Сусликов, вынимая две бумажки, и прибавил: — только дело бы лучше было, коли перед отъездом и расчет: а то собьешься.

— Не бойсь, считать умеем! — сказал Аверьян, поднимаясь с лавки и доставая сдачи, — знаем мы: до отъезда!

Мужики с любопытством уставились на Сусликова.

— Этот и есть? — спросил рыжебородый.

— Он самый! — ответил Аверьян. — Иди, иди, — сказал он Сусликову: — я пришлю.

Сусликов взял сдачи и пошел.

В его кармане звенело восемьдесят две копейки, но он сознавал, что поразил Аверьяна и внушил ему к себе уважение.

— Сейчас и поесть принесут и самовар дадут! — ласково сказал он Ольге, подходя к ней.

Антон очнулся от дремоты и поднял голову.

— И мне есть, — проговорил он хрипло.

VII

Словно в смутном сне, тоскливо и вяло закончился хмурый день. Ольга приняла лекарства и забылась сном. Антон в углу, подле табуретки, сполз на пол и храпел на всю комнату. Истомленный бессонницей ночью и волнениями дня, Сусликов загасил огонь, разостлал на полу свое пальто и едва приткнулся головою к узлу с костюмами, заменявшему ему подушку, как тотчас заснул.

Он не мог разобрать, долго ли он спал, только он вдруг проснулся и в каком-то паническом страхе сел на полу, позабыв про сон и усталость. Ольга опять металась и бредила.

В комнате было темно, с левой стороны раздавался густой храп пьяного Антона, а с правой — тревожный, хриплый бред больной Ольги, перемешанный со стоном.

— Миша, золотой мой, не бросай меня! Возьми! — умоляла она, хрипя и стоная; потом вдруг голос ее становился веселым и она говорила: — смотри, вот и я выучилась. И совсем не больно! Кровь? Это пустяки, немного!

Среди непроглядной тьмы и ночного безмолвия зловеще раздавался ее голос, и Сусликов замирал от непонятного страха. Наконец, он не выдержал и вскочил на ноги.

— Ольга, Оля! — зашептал он тревожно, стараясь ощупью найти ее руки.

Он нашел их и, когда сжал, ему показалось, что он взял в руки раскаленные камни.

— Оля, милая, проснись! — шептал он, дрожа всеми членами. Она стала бороться; потом вдруг очнулась.

— А, что? Это ты, Миша? — прошептала она.

— Я, моя милая, я! Ты бредила, я испугался. Тебе худо? — он ощупью нашел ее лицо, лоб. Они пылали огнем.

— Пить, — прошептала Ольга.

— Сейчас, Оля! В минуту! Он отошел от нее, стал шарить спички, зажег лампу и нацедил для Ольги веды из остывшего самовара.

— На, выпей, — подошел он к ней со стаканом. — Я тебе и лекарства дам, а потом натру. Хорошо?..

Она слабо кивнула головою. Для него опять началась бессонная, полная тревоги ночь. Он нашел бутылку с остатками водки, разогрел ее и, как в прошлую ночь, натер ею Ольгу; потом закутал ее и прикрыл своим пиджаком, а сверху пальто.

Ольга то металась и бредила, то приходила в себя, то впадала в забытье, которое Сусликов принимал за сон.

— Бей, бей — кричала Ольга: все равно я не пойду гулять, чтобы достать тебе водки...

— Миша, ты тут? — очнувшись звала она Сусликова: — посиди со мною, я видела страшный сон.

Сусликов брал ее руку, гладил ее по воспаленной голове и дрожащим от волнения голосом успокаивал ее.

Лампа слабо горела и освещала унылую комнату. Запрокинув голову, разбросав руки и согнув в коленях ноги, Антон спал мертвым, свинцовым сном.

Сусликов сидел у Ольги в головах на табуретке, согнувшись, точно на его плечи легла огромная тяжесть, вздрагивая и ежась от холода и страха.

Горькая бесталанная жизнь! Жизнь, отданная на потеху людям!.. Голод, холод, всевозможные лишения... травля, издевательства и глумления... за что?..

Люди беспощадны к тем, кто льстит их сытому тщеславию... но Сусликов и не думал об этом. Все его мысли были заняты болезнью Ольги. Он любил ее так, как только способна любить истасканная душа бродяги-фокусника.

Она была для него и любимой женой, и помощницей, и добрым товарищем. Без нее он давно бы сгинул в каком-нибудь кабаке в пьяной драке. Разве мало встретил он на своем пути женщин? Пьянство, разврат, ссоры и драки: и так со всеми. А с этой... едва он встретился с ней, как что-то сильное осветило его душу, он почувствовал в себе уверенность, и содержатель балагана тотчас прибавил ему 10 рублей жалованья.

А во время скитальческой жизни разве он слышал от нее когда-нибудь упрек или раскаянье, как бы худы ни были их дела? У него вон какое пальто, на вате; а у нее кофточка. Он и кутит и шатается, а она — или дома, или на работе.

Жгучее раскаянье охватило душу Сусликова. Ему вспомнилось, как она, без всякого с его стороны побуждения, выучилась глотать шпаги. Из ее горла текла кровь, а она улыбалась. Она говорила ему, что выучилась только его ради.

Ради его, а что он для нее сделал?

В полутемном балагане он вырвал ее из рук взбешенного Семенова, работавшего "силачом", который хотел бить ее за то, что она не принесла ему водки. С этого момента началась их любовь. Сначала воровская: под страхом быть убитой Семеновым, она приходила на свидания и тут, увлекаясь ею все сильнее и сильнее, он узнал, — что она переносила от этого пьяного буяна. На их счастье Семенов допился до горячки и умер. Они стали жить вместе и вместе работать, и вот пятый год, как между ними не произошло еще ни одной крупной размолвки.

И вдруг эта болезнь... эта страшная болезнь...

Ольга очнулась от забытья и тихо его окликнула.

Он вздрогнул и наклонился к ее лицу.

— Что милая? Чего тебе?

— Не оставляй меня: мне страшно...

— Я здесь, мне уйти некуда, не бойся. Я не засну даже...

Ольга освободила свою руку и положила ее на его колено.

— Расскажи мне, как дела? Ты устроился? — прошептала она.

Сусликов не захотел огорчать ее и сказал, стараясь казаться веселым:

— Прекрасно! Мне дают залу в клубе. Все доктор этот. Я сделаю одно, два представления — и мы уедем! Только, как я тебя оставлю...

Ольга слабо пожала его руку.

— Вечером мне не так страшно, но ночью... Мне кажется... что я... умру...

Сусликов похолодел.

— Миша, мне страшно! Я не хочу умереть! — прошептала Ольга с тоскою. Сусликов вздрогнул, опустился на пол и приник головою к ее горячей руке.

— Глупая, что ты! Зачем умирать! — заговорил он дрожащим голосом: — мы еще поживем! У нас свой балаган будет...

Ольга слабо улыбнулась, и по ее лицу покатились слезы.

— Я умру, Миша, — повторила она.

— Не говори этого! — почти закричал Сусликов...

Сероватая мгла уже сменила ночную темноту, и бледное лицо Ольги казалось теперь лицом мертвеца с заострившимся носом и ввалившимися глазами.

VIII

Сусликов совершенно упал духом. Две бессонные ночи, гнев исправника, неизвестность будущего и, наконец, болезнь Ольги сломили его энергию и Антон не поверил глазам своим, когда увидел его, уныло сидящего на табурете подле Ольги с выражением полного отчаянья на лице.

В первую минуту Антону даже показалось, что он не протрезвел, так поразил его вид всегда бодрого и решительного товарища,

— Мишка, — тихо окликнул он Сусликова: — Что приключилось? Али беда?

Сусликов вздрогнул и тотчас оправился.

— Пустяки! — ответил он: — Ольга не спала. Орудуй-ка самовар: за чаем потолкуем, — прибавил он, вставая с табурета.

Антон оделся и вышел хлопотать насчет чая.

Ольга стонала во сне. Сусликов пересел в угол, прислонился головой, к стене и моментально заснул.

Минут через пять Антон внес и поставил на стол самовар, потом вынул из кармана большую краюху ситника и полуштоф водки.

Сусликов проснулся.

— Откуда? — спросил он, увидя водку.

Антон улыбнулся.

— Это меня все Никитка угощает. Смерть хочется ему артистом сделаться, вот и умасливает! Вчера весь день учился на руках ходить. Умора. Раз двадцать башкой в пол ударился.

Они стали нить чай, мешая его с водкою. Сусликов рассказал Антону свои вчерашние похождения и последнее свидание с доктором.

Антон протяжно свистнул.

— Табак дело выходит! — сказал он и прибавил с упреком: — ведь я же говорил: Не верь Кускову! Лучше было, если бы прямо на Тверь поехали. Там цирк... Нет, сюда, да сюда! Вот и вышло...

— Ну, ошибся, так что же? Впервой, что ли? — раздражительно перебил Сусликов.

— А то, что дурак! И меня еще втянул.

— Втянул, так убирайся!

— Теперь-то уж ты сам и довези, — встряхивая головой ответил Антон.

В комнате наступило угрюмое молчание. Ольга слабо стонала и этот стон зловеще раздавился в тишине.

— Вот еще она помрет, — произнес Антон, наливая себе в чашку водки. Сусликов вскочил, как ужаленный.

— Нет к тебе души, скот ты этакий! — обругался он, и, взяв пальто и шапку, бросился из комнаты.

Он опомнился только на крыльце докторского домика. Слова Антона ножом вонзились ему в сердце.

Он вошел к доктору и, позабыв о делах, стал звать его к Ольге.

— Хуже разве?

Сусликов махнул рукой и почувствовал, что заплачет.

— Ну пойдем, пойдем! — согласился доктор и стал одеваться,

— А я тебе выхлопотал, — заговорил он по дороге: — треножить тебя не будет, выселять не станет. Живи хоть год. Только одно беда: никак этого борова уломать нельзя, чтобы он представление разрешил. Пусть по домам, говорит ходит, а публично ни за что! Вот поди ж! — окончил доктор и пыхтя стал подниматься по лесенке.

Сусликов вздохнул.

— Все плохо.

Он вошел следом за доктором в каморку. Доктор подошел к Ольге, взглянул на нее и нахмурился.

— Беги скорее к хозяйке за льдом! — приказал он: — да давай тряпки, я компресс устрою.

Антон бросился к двери.

— Я через Никитку, живо! — сказал он торопливо.

— Что с нею? — испуганно спросил Сусликов.

— Жаба! — ответил он: — а, может, и дифтерит будет! Все от Бога.

Он взял от Сусликова два грубых полотенца и из них устроил Ольге компресс на шею.

Запыхавшийся Антон принес каменную чашку, набитую снегом.

— Льду нет, снег!

— Снег, так снег! Клади на голову! Погоди, во что же?

Антон сдернул с своей головы картуз.

— Стой, — остановил его Сусликов и вынул из чемодана

войлочный, остроконечный колпак, который надевал, когда работал клоуном.

Доктор весело засмеялся и, набив колпак снегом, приложил его к темени Ольги.

Она стонала и не сознавала окружающего, хотя и лежала с открытыми глазами.

— Ну вот и ладно! — сказал доктор: — к вечеру зайду слова.

Он дал еще несколько советов и собрался идти.

— Что же вам делать? — убитым голосом, спросил Сусликов.

Доктор развел руками...

— Одно посоветую. Я всем про тебя говорил. Иди, проси по домам.

Сходя к Денисовой, к Ахалцыковой, к Селивановой. Я, покажу тебе дорогу! Идем...

— Иди, — сказал Антон: — я присмотрю. А то все околеем!

В его голосе послышалось дружеское чувство. Сусликов взглянул на него с благодарностью и вышел вместе с доктором.

IX

Уездная казначейша Денисова видела несколько раз уездную предводительницу и переняла от нее "все хорошие манеры", поэтому, когда ей доложили о приходе Сусликова, она послала девку Парашку узнать, кто такой Сусликов и что ему надо, хотя отлично знала о нем по рассказам доктора. Потом она заставила прождать себя и прихожей с добрые четверть часа и, наконец, вышла к нему, окидывая его с ног до головы холодным взглядом.

Сусликов низко поклонился и, заикаясь от смущения, обратился к ней с речью.

Только в ней одной и надежда. Доктор говорил, что ее благородие может во многом помочь, если бы можно устроить спектакль. Он бы поработал. Денег ни гроша, жена больна, исправник гонит.

Голос Сусликова дрогнул; он замолчал и опустил голову.

— Да-а, — протянула Денисова в ей показалось, что она сама предводительница, а перед нею бедный проситель о пособии. — Да-а, мне говорили о тебе, голубчик! Что же, я все сделаю, я не отказываюсь. Вот я скажу исправнику, чтобы он не гнал тебя, а потом — подумаю. Если можно будет... Ты зайди ко мне послезавтра.

— Ваше благородие, да где же время-то? У меня и так уже ни гроша.

— Что же я сделаю тебе, мой друг? Будь терпелив! Сразу ничего не делается... — и она повернулась к нему спиною. Сусликов спохватился.

— Ваше благородие, если я добьюсь спектакля, позвольте вам место оставить!

— Оставь, я никогда не отказываю в помощи! — она кивнула головою и, шурша юбкою, вышла из прихожей.

Сусликов грустно повернулся к дверям, а казначейша на целый день была в хорошем расположении духа, чувствуя себя на вершине общественной лестницы в сравнении с этим жалким фокусником.

Ахалцыкова, жена частного поверенного, была в противоположность казначейше, нигилисткой и к своему удовольствию замечала, что ее резкие суждения приводят подчас в содрогание исправника, с которым она принципиально была во враждебных отношениях.

Она считала себя погибающей в глуши и поэтому, скупив где-то по случаю чуть не все книжки "Современника", целый день лежала на диване, курила папиросы и с замиранием духа читала полемические статьи.

Сусликова она велела ввести в гостиную и предложила ему папироску.

— Я уже слыхала, — сказала она, — об омерзительном поступке исправника и, поверьте, не оставлю так этого дела. Я уже послала корреспонденцию!..

Сусликов униженно поклонился ей и повторил свою речь, сказанную перед этим казначейше.

— Да, да, я понимаю ваше положение, — произнесла Ахалцыкова, бросая докуренную папиросу на пол: — положение пролетария среди сытых, откормленных буржуа. Сегодня же вечером я предложу устроить литературный вечер в вашу пользу,

— Спектакль бы! — робко сказал Сусликов: — я бы поработал.

— Хорошо, хорошо, я подумаю, — согласилась Ахалцыкова.

— Сусликов понял, что ему не дождаться помощи и попросил на случай чего не отказать купить билетик.

— Всякий нуждающийся может на меня рассчитывать, — ответила Ахалцыкова: — если у меня что и есть, то только для того, чтобы помогать! — и, кивнув Сусликову, она опустила глаза на раскрытую страницу "Современника".

Каждое новое посещение Сусликовым кого-нибудь поражало его новым ударом и увеличивало горечь его положении.

Он шел по улице и не чувствовал холодного пронзительного ветра, рвавшего на нем пальто. Все его мысли были заняты изысканием способа достать денег, чтобы удрать из этого проклятого места, и в то же время сердце его мучительно ныло тоскою по хворающей Ольге.

Он вошел в кухню Селивановых. Сама Селиванова стояла в кухне и что-то делала у кухонного стола, перебраниваясь с кухаркою, от которой ее трудно было отличить, если бы не властный голос: также кругло и красно было ее лицо, также объемиста была ее талия и также были засучены рукава простого ситцевого платья на ее жирных мясистых руках.

— Знаю, знаю, слыхала про тебя, рассказывали, — встретила та Сусликова, едва тот начал излагать ей свою просьбу, — Только что ж я могу тебе сделать, горемычный? Вот разве муж с завода приедет...

Сам Селиванов был водочный заводчик и богатейший кабатчик.

— А на счет исправника — не беспокойся! — Я уж прикрикнула на него. Поесть чего не хочешь ли? — окончила она ласково.

Сусликову было не до еды.

Он еще раз поклонился и попросил позволения иметь ее на случай.

— За место, заплачу, а уж от скоморошества избавь, — ответила Селиванова: — с измальства считаю дело это богопротивным. А билет пришли. Может, Анисим Спиридонович надумается. — Она кивнула Сусликову головою и снова начала перебранку со своею стряпухою.

Сусликов вышел я чуть не бегом отравился к своему дому.

Что ждет его там? Может быть, смерть... и Сусликов, не разбирая дороги, по лужам и грязи бежал, готовый встретить самое ужасное известие...

С Ольгой было худо не на шутку; Антон сразу протрезвел и внимательно следил и ухаживал за больной. Время от времени он выплескивал прямо через окно из колпака воду и наполнял его снова снегом.

Несвязный бред Ольги пугал его и он ежился от холода и страха, с нетерпением поджидая Сусликова.

Сусликов, запыхавшись от скорого шага, вошел в комнату к

обмер увидев Ольгу. Она стала страшною. Ее лицо отекло и распухло, полуоткрытые запекшиеся губы жадно ловили воздух, а потускневшие зрачки глаз смотрели недвижно тупо ничего не видя перед собою.

Сусликов, молча, с сурово нахмуренным лицом снял пальто и спросил шепотом:

— Давно?

— Все время. То бредит, то так лежит!

X

Сусликов машинально сошел вниз и, увидев Аверьяна, спросил обед себе и Антону. Аверьян бросил шлею, которую чинил, перевязывая узенькими сыромятными ремнями и равнодушно сказал!

— Деньги!

— Возьми, сделай милость! — торопливо ответил Сусликов, вынимая два двугривенных, Аверьян взял их, спрятал, потом достал семь копеек и отдал их Сусликову.

— Получай сдачи, — сказал он — хозяйка тебе сейчас обед пришлет. Иди!

Сусликов с недоумением посмотрел на полученные семь копеек, а потом на Аверьяна,

— Как же, брат, маловато что-то? — проговорил он.

— А кто снег брал?

Сусликов растерянно взглянул на него.

— Шутишь что ли? Кто за снег деньги берет?

— Шутят скоморохи, а мы, слава Господи, людьми зовемся, — ответил Аверьян и взял брошенную шлею в руки.

Сусликов побледнел. Накипевшая за два дня горечь вдруг поднялась в его груди, и он дрожа от обиды, закричал:

— Люди? Живодеры окаянные, а не люди! Люди пожалели бы!

— Ну, ты небольно! — ответил холодно Аверьян: — иди пока што!

— Живодеры и есть! На-ка, за снег деньги! А небось в холод не топишь?

— Купи дров и топи! Нам тепло!

— Купи! А ты не должен топить? Я вот молчу, а за снег, чуть не зимою, так подай деньги! Бога нет в тебе, жалости этой! Сам видишь, какие дела! Сам видишь больная, а тебе все деньги! Нет, чтобы по душам! На, мол, а потом сочтемся... — Сусликов говорил, задыхаясь от волнения, и все ближе и ближе подступал к Аверьяну.

— Да ты что, словно клещ вцепился, а? — вдруг закричал Аверьян, бросая работу: — али хочешь, чтобы я тебя в три шеи отсюда? Исправник какой тебе наказ говорил, забыл?

Сусликов сразу стих. Он понял безвыходность своего положения и поневоле смирился.

— Исправник-то все же оставил...

— Оставил, а я вот не оставлю, — угрюмо проворчал Аверьян,

В это время в горницу вошла хозяйка.

— Ну што, как жена-то? — спросила она ласково, спуская с головы платок.

— Что! — махнув уныло рукою, ответил Сусликов: — совсем плоха!

— Анфису позвать бы тебе, а не доктора. — наставительно сказала хозяйка: — доктор супротив ее и вниманья не стоит... Теперь эта Анфиса...

— Замолола! — грубо перебил ее Аверьян: — собери-ка вот на двоих щей, да хлеба, да пошли с Никитой!

Сусликов робко выскользнул из двери и осторожно стал подниматься к себе. Горечь его положения все усиливалась.

— Последнее ограбили, — сказал он Антону, войдя в комнату. — За снег взял!

— С кого и драть? — ответил Антон: — жрать-то дадут?

— Пришлет! Ироды окаянные... и подвел же этот Кусков! — вздохнул Сусликов, присаживаясь возле Ольги. — За первый сорт!..

Никита с шумом распахнул дверь и внес большую деревянную чашку щей с краюхою хлеба.

— Дверь-то запахни!

— Ништо.

— Тут с одной двери смерть придет, — с горечью сказал Сусликов и, взяв свое пальто, бережно окутал им ноги Ольги.

Антон с жадностью приник к чашке со щами.

— Иди, что ли! — позвал он Сусликова.

Она ели молча, торопливо, громко чавкая губами. В комнату уже заползли вечерние сумерки. Кошка проснулась и с жалобным мяуканьем стала тереться у ног Семена.

— Ишь тварь, проголодалась! — прошептал он, подставляя ей чашку с остатками щей.

— Что же делать будем? — уныло спросил Антон.

Сусликов вздохнул.

— Хоть умри!

— Доктор-то что же?

— Что доктор? Гольтепа какая-то! — одно теперь! — через минуту произнес Сусликов: — тут вот трактир есть. Туда сходить!

— Кто пойдет-то? Я боюсь!

— Чего?

— А как накостыляют?

— Что ж — боишься, так я пойду. Мои вина. Эх, Ольга бы поправилась! — сказал Сусликов с тоскою.

В комнате наступила тишина, Сумерки наполонили комнату и среди них только смутно рисовались силуэты трех ее обитателей.

Антон с Сусликовым задремали, но Сусликов дремал недолго. Мрачные мысли не девали ему покоя и через полчаса он встрепенулся. Он встал со стула в разбудил Антона.

— Ты, братец, уж пожалуйста, — проговорил он: — присмотри за ней-то!

— Идешь, что ли?

— Надо!

Он подошел к Ольге и осторожно стал снимать с ее ног свое пальто. Ольга застонала.

— Что больно, милая, а? Что с тобою? — зашептал он тревожно, наклоняясь над воспаленным лицом Ольги и не видя его. Ольга не отвечала. Сусликов несколько мгновений прислушивался к ее хриплому дыханию.

— Помоги ей Бог! — прошептал он набожно и тихо поцеловал ее горячий лоб, — Ну, я пойду!

— Иди! — ответил Антон: — да скажи, чтобы Никита снегу принес. Опять, лампу заправить. Керосину нету.

Сусликов вышел из комнаты и спустился на двор. У крыльца он встретил Никиту.

— Снегу, Никитушка, — проговорил он ласково, отдавая последнюю серебряную монету: — да керосину купи!

Никита взял деньги и, идя по двору рядом с Сусликовым, горячо заговорил:

— Хозяин, возьми меня к себе! Я тебе как пес сослужу! Мне ваше дело страсть нравится! А тут што! Руби дрова, убирай лошадь, вози навоз. Что, возьмешь что ли?

Никита жадным взором впился в лицо Сусликову.

— Что ты? Али белены объелся? — сказал он с горечью: — или ты не видишь житья нашего? Собаке лучше живется! Мы и холодаем, и голодаем, нас всякий обидеть может. С чего ты?

— Возьми, Христа ради! — просил Никита.

— Ладно, там увидим! — ответил уклончиво Сусликов: — а теперь спроворь снегу, да керосину!

Никита оживился.

— Я тебе во как услужу, хозяин! — воскликнул он восторженно и бросился в глубину двора достать с ледника снегу.

XI

Сусликов вышел на улицу. Вечерняя мгла окружила его со всех сторон, порывистый ветер с воем пронесся мимо, обрызгав его каплями холодного дождя, и этот дождь, ветер и мгла напомнили Сусликову его въезд в этот проклятый город.

Обиды, унижения, страх не заработать ни гроша, болезнь Ольги — все мысли об этом сразу легли на душу Сусликова и заставили его согнуться под их тяжестью.

На сердце у него была та же непроглядная тьма и грустные мысли напоминали собою жалобный стон ветра, но Сусликов, несмотря на это, бодро шел на тускло мерцающий свет шести окон в противоположном конце улицы.

Эти освещенные шесть окон принадлежали единственному кабаку-трактиру под красной вывеской с приветливым воззванием: "зайди, дружок!"

Это воззвание очевидно не было обращено к Сусликову и вообще к людям, находящимся в его положении, но Сусликов все же решительно взялся за ручку покосившейся двери, с красной занавескою за стеклом, и быстро распахнул ее.

Дверь с пронзительным скрипом повернулась на петлях и раскрыла внутреннее помещение гостеприимного кабака.

Сусликова охватила теплая, пропитанная запахом сивухи и тютюна, атмосфера. Он увидел обычную стойку, за которой стоял юркий кабатчик с круглым лицом и хитрыми, бегающими глазами, увидел шкаф с полками уставленными разной величины и цветов бутылками и, наконец, два длинных стола вдоль продольных стен и несколько полупьяных гостей, сидящих за этими столами на скамьях и табуретках.

— А, господин фокусник! Наше вам! Здравствуйте! — воскликнула при виде Сусликова сибирка.

Сусликов низко поклонился.

— Чего надобно? — спросил юркий кабатчик.

Сусликов смущенно потер своя руки.

— Дозволь, почтенный, публику развлечь, показать, что умею! — произнес он.

— Что ж, братец, валяй! Удиви народ! Мы тебе поднесем! Поднесем, ведь, ребята? — проговорил вместо кабатчика один из полупьяных гостей, франтовато одетый в синюю поддевку.

— По мне хоть на голове ходи! — ответил кабатчик.

Гости зашевелились и с жадным любопытством уставились на Сусликова.

Сусликов поспешно снял пальто, одернул свою куртку, засучил рукава и, выйдя на середину комнаты, привычным жестом приветствовал публику. Затем он начал свое представление. Он жонглировал ножами и стаканами, ел горящую бумагу, заставлял исчезать монету и появляться потом в носу, за ухом, в бороде кого-нибудь из гостей, ухитрялся пропускать толстую иглу через щеку и увлеченные гости приветствовали каждый его номер громким поощрительным смехом. Сибирка при каждой новой штуке бил себя руками о бедра и восклицал с неподдельным восторгом:

— Ах, чтоб тебе!

Франтоватая поддевка кричала:

— Ловко, фокусник! Валяй еще штуку!

Третий гость с рыжею бороденкою клином обнажал своя гнилые зубы и визгливо приговаривал:

— Ишь ты... ишь ты! — и лишь один из всей компания, с красным отекшим лицом и взглядом мертвого судака, пренебрежительно мотал головою и бормотал:

— Это что! А вот, когда я был на ярмарке...

Даже равнодушный кабатчик лег грудью на прилавок и поощрительно улыбался Сусликову.

Ободренный общим вниманием, он на время забыл свои невзгоды и весь отдался работе. Самые сложные фокусы у него выходили так чисто и отчетливо, что он удивлялся сам себе и продолжал работу с увлечением.

Наконец, он спросил куриное яйцо, на глазах у всех проглотил его и через несколько мгновений снова вынул его изо рта. После этого спустил засученные рукава и принял позу обыкновенного смертного.

— Ах, чтоб тебя! — воскликнул сибирка, всплеснув руками.

— Ловко фокусник! Валяй еще штуку!

— Устал! Передохнуть надо, — ответил Сусликов.

— Ишь ты, ишь ты! — взвизгивал обладатель бородки клином.

— Садись! — пригласил поддевка: — угощать будем! Антипка, давай сороковку!

— Рябиновой его! — предложил сибирка.

— Рябиновой! Давай рябиновой!

Но Сусликов не садился. Тоска по дому охватила его и ему хотелось скорее быть в своей тесной каморке подле больной Ольги,

— Чего ж ты ломаешься? — недовольно спросил его поддевка: — али брезгуешь.

Сусликов низко поклонился.

— Прости, Христа ради! Время нету. Дома жена больная. Одна. Вот если от милости вашей будет, хоть, что-нибудь! — попросил он и поклонился снова.

— Это насчет чего же? — спросил сибирка.

— Да хоть сколько-нибудь! Хоть по гривенничку! — опять кланяясь, пояснил Сусликов.

Лица всех вдруг приняли озлобленное выражение.

— Ах ты, шантрапа! — крикнул кто-то из угла комнаты.

— Шаромыга этакая! — подхватил другой.

— Ишь ты, по гривеннику!

— А по шее хочешь?

— Так ты, фокусник, так-то! — заговорил синяя поддевка: — мы тебя этто от души — рябиновой, а ты гривенник!?

— Господа честные! — воскликнул Сусликов: — жена больная, дома ни гроша!

— А ты не брезгуй! — наставительно внушил сибирка: — выпей, а там попроси.

— Честь честью! — прибавил кто-то.

— А то гривенник! — все более приходя в ярость кричал поддевка. — Антнипка, гони его.

— В шею!

— Голь! Тальянец!

— Шаромыга этакая!

— Свиньи вы неумытые! — заревел в ярости Сусликов и схватив пальто, выбежал на улицу.

За ним раздались озлобленные крики. Кто-то выскочил на крыльцо. Сусликов пробежал несколько шагов и остановился. Кровь прилила к его голове и он не чувствовал пронзительного ветра. Переведя дух, махнул рукою и, полный отчаянья, медленно пошел к дому.

XII

Сусликова в сенях подле лестницы встретил Аверьян.

— Завтра тебе срок, как ты деньги заплатил, — сказал он сурово: — и чтобы после завтрева ты беспременно убирался.

Сусликов поднял глаза. В них светилось томящее выражение, которое можно подметят в глазах животного перед убоем.

— За что же?

— За то, что исправник недоволен! Мне с ним из-за тебя не ссорится! - ответил Аверьян и ушел в свою избу, хлопнув дверью.

Сусликов поплелся наверх.

Ему казалось, что никакой уже более удар не увеличит его горести, но когда он увидел недвижно распластанную Ольгу и услышал ее тяжелое хрипение, он невольно вздрогнул при мысли об ее смерти.

— Все так и лежит. Страшно даже одному — сказал Антон в спросил: — ну, что заработал?

Сусликов махнул рукою.

— Чуть что не по шее.

— Что? Говорил тебе? — хвастливо сказал Антон: — я их, брат, знаю. Что же теперь?

— Крышка!

— Кабы не она, — удрать!

Сусликов ничего не ответил. Сняв пальто, он прикрыл им Ольгу и сел подле нее, с тревогой стараясь поймать на ее лице выражение сознания...

Часа два спустя в комнату вошел доктор, Сусликов даже не поднялся ему навстречу и только молча поднял на него потускневший взор.

Доктор взглянул на него, на Ольгу, растерянно оглядел холодную комнатку и невольно, под впечатлением окружающего горя, заговорил шепотом:

— Что с нею? Все такая? Бредит? Нет? Все так? Хрипит, говоришь?..

Он подошел к Ольге и стал ее внимательно осматривать.

— Плохо, брат! — заговорил он снова, — теперь все от Бога! Дифтерит у нее... Все от Бога...

Сусликов покорно наклонил голову.

— Теперь вот тебе йод, — доктор вынул из кармана пузырек: — и вата, — он вынул кусок ваты. — Намотай ты ее на щепочку и потом мажь ей горло. Чаще мажь. Всю ночь мажь! Понял?

Сусликов ваял от него пузырек и вату и молча поставил на стол.

Смущенный доктор собрался уходить.

— Да! — вспомнил он: — здесь у нас школа есть. Учитель тебе ее под представление дает. Так, — как будто у него. Ты сходи к нему завтра утречком. Ну, прощай.

Доктор ушел, а Сусликов поднялся чтобы проводить его и застыл на месте от неожиданности.

Что-то вроде удачи вдруг мелькнуло перед ним и этот просвет показался ему счастьем. Если бы не болезнь Ольги...

Наступила ночь и для Сусликова — снова бессонная ночь. Он на мгновение забылся сном, но почти тотчас просыпался и, или чутко прислушивался к дыханью Ольги, или мучил ее, смазывая ей горло.

Она стонала и билась, а у него от бессонницы и страданий, в голове проносились только обрывки мыслей. То он думал о представлении у учителя и отъезде из города, то о смерти Ольги, то яркими картинами вдруг вставали перед ним сцены их знакомства и любви...

Рано утром, разбудив Антона и оставив его с Ольгою, он пошел в учителю.

Двухклассное училище находилось на противоположном трактиру конце городка и представляло собою длинное одноэтажное серое здание с зелеными ставнями. Уроки еще не начинались и учитель только что присел к кипящему самовару, когда Сусликов вошел, в его тесную комнатку.

Школьный учитель, Стратилат Элиодорович Софийский, был добрый малый, но имел дикообразный вид. Крошечного роста, с огромной головою, курносый, с маленькими глазками, жидкими ногами и густым басом, он никогда не причесывал своих лохматых, длинных волос, ходил в косоворотке и курил такую траву, от дыма которой чихал даже прислуживающий ему Трофим, отставной севастопольский герой.

Потому ли, что Софийский был неопрятен в костюме и радикален во взглядах, или потому, что он был учителем, столь опоэтизированным в литературе 60-х годов, — только он состоял единственным единомышленником и другом Ахалцыковой, сходясь с нею во многом, если не во всем. Они одинаково не любили исправника и чтили "народ"; с одинаковым увлечением читали пожелтевшие страницы "Современника", причем Ахалцыкова ожесточено истребляла папиросы, а Софийский с не меньшим ожесточением истреблял еще и водку.

— Садитесь, гостем будете! — приветствовал он Сусликова. — Чаю хотите?

Сусликову было не до чаю. Он торопливо и сбивчиво изложил свою просьбу, сославшись на доктора и, унижено кланяясь, прибавил свою стереотипную фразу:

— Только на вас и надежда, господин.

— Что я за господин! — ответил учитель: — господа были, а теперь все равны. Равенство теперь, понимаете?

Сусликов еще раз поклонился.

— Так чаю не хотите?

До чаю ли ему? Жена, может, умирает. Будь у него хотя сколько-нибудь денег, он бы не отошел от нее, но нужда...

— Ну ладно! Тогда осмотрите помещение, а к вечеру приходите!

Учитель встал и повел его в класс. Это была огромная комната в восемь окон, заставленная партами.

— Это все на улицу вынесем, — кивнул учитель на парты: — вот Трофим и устроит! Публика стоять будет. Для почетных — скамью сюда!

Сусликов со всем соглашался.

Он согласился бы в 20 градусов мороза работать на дворе.

— Так вот, к шести часам! — заключил учитель: — деньги я сам соберу, с кого сколько...

— Что дадут, то и ладно. Премного благодарен, — сказал Сусликов, собираясь уходить.

— Руку, руку, приятель! — воскликнул учитель, — вы трудитесь и я тружусь. Оба мы, близки друг другу.

Сусликов робко протянул свою руку; учитель встряхнул ее и пустил в нос Сусликову струю дыма своей травы, от которого Сусликов закашлялся и продолжал кашлять видеть до своего жилища.

— Ну что? — в одно время предложили вопросы и Антон Сусликову, и Сусликов Антону.

— Лежит и хрипит; так все время, — ответил Антон.

Ольга лежала в своей недвижной позе, с отекшим лицом, раскрытыми глазами и глухо хрипела. Сусликов подошел к ней и поцеловал ее горячий лоб.

Потом отойдя от нее, он передал Антону результат своего путешествия.

— Ну и ладно, — чуть не весело оказал Антон: — часам этак к трем я, значит, пойду и все устрою, а к вечеру и ты!

— А Ольга?

— Для нее я Никитку подговорил. Он обещал.

— Боязно!

— Так что поделаешь? — ответил Антон. Сусликов опустил голову.

— Да, что поделаешь? Надо жить, а жизнь требует борьбы со всякими лишениями и жертвами.

— Отбери костюмы-то, — сказал после молчания Сусликов: — да программу составь!

— Что программу! — заговорил Антон, хватая и развязывая узел: — я с колпаком выйду — вертеть его, потом ты с шарами, потом я змеею, потом ты фокусом, я с пузырем, а там ты с огнем и баста!

— Ну, так и отметь, — равнодушно отметил Сусликов. Он сел подле Ольги и задумался. Антон стал отбирать костюмы. Он опростал чемоданчик и привычною рукою складывал туда все необходимое.

— Твой костюм тут оставлю. Надень здесь и иди!

— Ладно, — машинально ответил Сусликов.

Антон суетился и волновался. Унылое сидение подле больной надоело ему.

Сусликов задумчиво сидел подле Ольги и почти не замечал суетившегося Антона.

Эти сборы всегда лежали на Ольге. С каким увлечением она исполняла это дело, как внимательно осматривала каждый костюм и быстро исправляла всякую неисправность!

А теперь она лежит больная, недвижная...

В комнате раздался лязг железа. Сусликов вздрогнул и обернулся. Антон собирал разбросанные им по полу шпаги.

— Спрячь, спрячь, Бога ради! — с мукой, в голосе прошептал Сусликов.

Это те шпаги, которые опускала в свое горло Ольга. Еще так недавно, неделю назад, она была на сцене в своем ярком, пестром костюме, а он стоял подле нее я держал в руке приготовленные шпаги. Это те шпаги, которыми она мечтала составить их общее благосостояние и которые теперь убивают ее насмерть.

Сусликов вспомнил, как в Нижнем ее осматривал доктор и говорил, что всякая горловая болезнь будет для нее смертельна.

Теперь она лежит больная, неподвижная, а завтра... завтра, может быть, будет уже холодным трупом.

Вот она жизнь бродячего артиста!..

Для себя голод, унижения; для всех любимых — смерть!

— Ну, готово! — произнес Антон, выпрямляясь и расправляя уставшую спину, — теперь поесть бы!..

XIII

В шесть часов вечера Сусликов брел по непролазной грязи, направляясь к зданию городского училища.

Еще ни разу за всю скитальческую жизнь он не проклинал так свою горькую долю, как в этот ненастный вечер.

Он шел потешать людей из-за куска хлеба потешать в то время когда самое дорогое для него существо томилось в смертельной болезни.

Он один знал, что ему стояло расстаться с нею. Никого не было, когда он, припав головою к жесткой скамье, бился и стонал в безумной тоске и никто не слыхал его глухих рыданий.

Даже Ольга не очнулась от его стонов и только хриплым дыханием ответила на его молящие ласковые призывы...

Антон занял комнату учителя под уборную, снял с петель дверь и повесил вместо нее байковое учительское одеяло. В углу этой комнаты на раскрытом чемоданчике и двух табуретах он разложил все необходимые для представления принадлежности и с гордой торжественностью сидел в ожидании Сусликова в своем трико, бархатном корсаже и поясе, усыпанных золотыми блестками, сознавая, что он герой минуты.

Сознавали это и сидящие тут же доктор, учитель и кабатчик Селиванов. Учительский стол весь был заставлен бутылками водки, коньяку, пива и тарелками с закуской всякого рода, и вся эта благодать с ласковой предупредительностью предлагалась Антону радушными устроителями. Антон пил, лицо его краснело и речь начинала принимать все большие размеры хвастовства и наглости.

— Против меня никто так долго на руках устоять не может! Я могу час выстоять и хоть бы что! У другого сейчас голова затечет! — говорил он, смелым взглядом окидывая слушателя.

— И не затечет?! — удивлялся доктор.

— Не затечет!

— А рюмку разжевать сможешь? — предложил Селиванов.

— И рюмку разжевать могу!

— А ну, попробуй!

— Не смей! — заорал подвыпивший учитель, — не роняй своего человеческого достоинства!

В это время Сусликов появился и дверях. Его лицо улыбалось и он низко кланялся сидящим в комнате.

— Вот и он! — закричал доктор, вскакивая с места, — господа, вот он главный-то! Рекомендую.

Сусликов снова вязко поклонился и сбросил с себя пальто.

— Вот так фунт! — воскликнул доктор.

— Вельзевул! — проговорил учитель.

Сусликов оказался в ярко красном трико с желтой отделкой по плечам и поясу.

— Выпей по началу! — пригласил Селиванов.

— Вот тебе, получай! — подал Сусликову учитель тяжелый сверток: — все медные, не считал!

Сусликов взял сверток и, завязав его в платок, бережно положил на дно чемодана.

За занавеской послышался глухой ропот.

— Начинать надо! — засуетился доктор: — публика недовольна.

— Ну, Вельзевул, орудуй! Потешай чернь! — сказал учитель и, качнувшись, пошел за занавес.

Лицо Сусликова тотчас приняло прежнее грустное выражение.

— Ты начнешь, — сказал он Антону.

— Сейчас! — ответил Антон, быстро натирая лицо толченым мелом.

Он взял хлыст, войлочный колпак и привычным прыжком выскочил за занавеску.

— Здравствуйте господа, вот и я! — раздался его клоунский выкрик.

— Ха-ха-ха! — загремел ему в ответ дружный хохот.

— Ай, ловко! Ай, молодец! — слышался голос доктора.

— Жги, жарь! — выкрикивал Селиванов.

— Ха-ха-ха! — раздавался смех, сопровождаемый рукоплесканьями.

Антон распахнул занавеску и вошел в уборную. Несмотря на мел, лицо его было красно и на лбу выступила крупные капли пота.

— Иди, тебе с шарами! — сказал он Сусликову, подходя к столу и наливая себе коньяку.

Сусликов надел парик, взял четыре шара, ножи, тарелку и пошел за занавеску.

Сперва он играл двумя шарами, потом тремя, потом шары сменил ножами, привлек к участью две тарелки и, наконец, шары, ножи и тарелки все плавно полетели на воздух, ловко падая в руки Сусликова.

Неприхотливая публика была поражена.

Его сменил Антон, теперь в качестве "человека-змеи".

Сусликов опять остался один, со своею тоскою. Что-то там с Ольгою? Может, этот Никита бросил ее и она одна там мечется без всякой помощи?

Он вздрогнул и поднял голову. В дверях стоял урядник, тот самый Авдюхин, который вытолкал его из присутствия по приказанию исправника.

Сусликов побледнел и встал на ноги.

— Чего тебе?

— Их благородие, как не приказал, чтобы представлять тебе, то приказал взять тебя и увезть из города. И чтобы беспременно сейчас!

Сусликов схватился рукою за край стола: — бросить представление — это зарез. Придется тогда вернуть деньги.

А Ольга?.. Через мгновенье он оправился и спокойно улыбнулся.

За занавесью послышался ропот удивления и оглушительное браво.

— Сейчас пойдем! — сказал уряднику Сусликов: — а ты покуда выпей с дороги! Тебя как звать-то? — Сусликов быстро налил стакан коньяку и поднес его уряднику.

Урядник улыбнулся и нерешительно взял стакан.

— Антипом! — ответил он.

— Ну вот и пей, Антип! А я мигом! Урядник тряхнул головою и опрокинул стакан; потом опустил его и крякнул. Сусликов налил снова.

— Пей еще на здоровье.

В комнату вошел Антон.

— Твоя оче... — начал он и запнулся, увидя полицейскую форму. Сусликов быстро схватил его за руку,

— Возьми денег, вези домой его и напой вдрызг. Исправник прислал, чтобы выслать нас! — шепнул он ему и с веселой улыбкой, но замирающим сердцем, вышел на сцену...

Антон быстро сообразил положение дела. Он слазил в сундук, взял оттуда горсть денег и весело подойдя к уряднику, сказал:

— Выпьем по посошку, да и гайда.

— Куда гайда-то? — спросил, не понимая, урядник.

На квартиру к нам. Все же сам знаешь, уложиться надо.

Урядник задумался.

— Уложиться... Оно точно, а тот?

— А он тут соберет вещи, — ишь сколько хламу, — и за нами! Ну пьем.

Коньяк соблазнил Авдюхина.

— Пить так пить! Наливай, почтенный!

— Вот так! — одобрил Антон: — а там и марш!

— И марш! — подтвердил уже с увлечением Авдюхин и засмеялся глупым смехом. Антон подхватил Авдюдхина под руку и потащил его на улицу.

XIV

Еще вздрагивая от волнения, Сусликов вышел на сцену и стал занимать публику несложными ручными фокусами. Окончив номер, он ушел в уборную и, едва передохнув, вышел снова на смену Антона. Он решился отработать свои деньги и словно забыл об усталости.

На минуту он скрывался за занавескою и выходил снова, удивляя публику своими разнообразными способностями. Он и жонглировал, и занимался эквилибром, и вертелся колесом, он протанцевал в женском костюме с пузырем, вместо турнюра, и, упав на пол, с громким треском раздавил этот пузырь, что вызвало неудержимый смех в публике. Наконец, он вышел в своей коронной роли "королем огня" и на глазах у всех грыз раскаленное докрасна железо и гнул его руками, после чего, уже совершенно измученный, заявил, что представление окончено и скрылся за занавескою.

Публика с веселым говором стала выходить из здания школы, а занимавшие скамейку пошли за занавес, куда скрылся Сусликов,

Красный, тяжело дыша от усталости и вытирая ситцевым платком вспотевшее лицо, встретил Сусликов важных по месту гостей я его грустное утомленное лицо тотчас озарилось улыбкою,

— А где Антон? — удивлено спросил доктор.

— Антона отослал; урядника спаивать, — ответил Сусликов.

— Это зачем?

Сусликов рассказал о посещении урядника со строгим наказом.

— А ты его и накачал! — весело воскликнул Селиванов,

— Ловко! — одобрил учитель.

— Обмануть полицию — это всегда подвиг! — заявила Ахалцыкова.

— Ха-ха-ха! — заливался доктор, радуясь проделке Сусликова.

— Выпьем! — решительно возгласил учитель, двигаясь к столу.

— Мишель, пойдем отсюда. Они будут пить! — брезгливо сказала казначейша своему мужу с желтыми, словно из мочала, баками. Мишель уныло вздохнул и послушно пошел следом за своей женою, жалея в душе, что теряет случай провести весело время.

— Так ты его коньяком? — надрываясь от смеха, спрашивал доктор.

— Два стакана!

— А посему и мы — с коньяку начнем! — заявил учитель, — барыня, начинайте!

Ахалцыкова бросила недокуренную папироску, ухарски подняла рюмку и выпила ее залпом, проговорив:

— За посрамление полиции!

— Браво! — одобрил учитель.

— Фокусник, пей! — приказал Селиванов. Сусликов взял рюмку, но ему было не до питья. Едва он окончил представление, как тревожное беспокойство овладело им и увеличивалось с каждой минутою.

Он не находил себе места и то вставал, то садился, то снова вставал и суетливо начинал укладываться.

— Брось! — кричал на него Селиванов. — Ты лучше научи меня, как это железо грызть. Я тебе синенькую за науку.

— Здесь есть фокус, но в такой же степени и риск. Не проходит разу, чтобы я не сжег себе губы и язык, а зубы окончательно пропали.

— Коли так, так и черт с твоею наукою!

— А ты бы выучился, сытый буржуй! — бормотал язвительно учитель: — может тогда понял бы, во что деньги обходятся!

— Деньги, милый человек, мы и без тебя отлично понимать можем, — добродушно отвечал Селиванов.

— Не ссорьтесь, миленькие! — говорил доктор.

Ахалцыкова, положив ногу на ногу, раздумчиво курила папиросу за папиросой и не сводила взгляда с лохматого учителя.

Попойка принимала все большие размеры. Учитель затеял спор с Селивановым, стараясь убедить его бросить свое кабацкое дело и раздать все имущество бедным.

Доктор заливался визгливым хохотом и смотря маслянными глазами на Ахалцыкову, предлагал ей выпить брудершафт. Ахалцыкова сочувственно кивала головою на филиппики учителя и кокетливо улыбалась доктору.

Вся компания на время забыла о Сусликове и тот, томимый беспокойством, незаметно уложил свой чемоданчик, выскользнул за дверь и бросился бежать к своему печальному жилищу...

XV

Никита честно исполнял свое дело, и когда Антон с Авдюхиным вошли в комнату, он сидел подле Ольги, только что переменив снег.

— Ну что? — вполголоса спросил Антон.

— Хрипит... — ответил Никита, оживляясь при входе Антона.

— Она все время хрипит, — сказал Антон, снимая пальто.

— Ну раздевайся и ты! — обратился он к Авдюхину.

— Не приказано... приказано, беспременно чтобы... — начал Авдюхин, как бы нехотя стаскивая с себя шинель.

— Приказано! — перебил его Антон: — не видишь разве — больная. В минуту не соберешься!

— Оно так, а все-таки... — Авдюхин снял шинель, сел на табурет и разгладил усы.

— Нешто кончили? — спросил Никита.

— Я кончил и пришел, тебя сменять...

Никита встрепенулся.

— Так я побегу! Может поспею!

— Поспеешь! Ты только сперва добудь нам водки два штофа, да солонины, что ли! — и Антон вытащил из кармана горсть медных монет.

— Разжились! — встряхивая головою, проговорил Никита: — и мигом!

Он, действительно, почти тотчас вернулся назад, принеся требуемое, и также быстро снова исчез, в надежде добежать до школы и застать представление.

При виде водки Авдюхин приободрился и крякнул. Антон стал откупоривать бутылку.

Ольга лежала раскинувшись, без сознания, и глухо хрипела. Снег понемногу таял и вода монотонно капала на пол.

— Вот пока он вернется, мы и дернем по маленькой, — говорил Антон, наливая уряднику чайную чашку водки.

— Пей, а по второй закусим.

— Многонько будет! — колеблясь проговорил Авдюхин.

— Мы иначе не потребляем! Пей!

Авдюхин стал тянуть водку,

— Ну, вот это по-нашему! — воскликнул Антон, когда Авдюхин допил последние капли: — теперь еще, а там и закусывать! — и он налил снова.

— Хе, хе, хе, — уже смеялся Авдюхин, принимая чашку: — по-солдатски! Раз, два... а он пождет, ничего! — подмигивая прибавил он, — ты, говорит, их в шею! Ничего!.. А ты, что же?

— И я выпью!.. Не задерживай!

— За нами-то задержки не будет! Мы, брат, по-солдатски, раз, два! Вот как! На этот счет будьте без сумления! Не задержим!..

Свет лампы ярко освещал покрасневшее усатое лицо Авдюхина и равнодушное лицо Антона и бросал на стену их гигантские тени, которые качались по стене в переползали на потолок.

Ольга лежала, заслоняемая от света спиною Антона. Она лежала, безжизненно раскинув руки, с раскрытыми глазами, опухшим лицом, и грезила. Она видела себя в тесной маленькой комнатке подле Сусликова. Она обхватила его шею руками и дрожащая от страха молила его, чтобы он спас ее от Семенова; Сусликов обнимал ее и шептал ей такие речи, от которых проходил ее страх и чувство блаженства наполняло ее душу. Она улыбалась, слезы счастья текли по ее лицу, и она силилась поднять свои руки, чтобы крепче обнять ими шею любимого человека.

Но ее руки были безжизненны, слезы текли по ее лицу, и на лице не отражалось счастья; — оно было искажена страданием и вместо ласковых слез, из ее запекшихся губ вылетали хриплые стоны...

— Зверь, — бормотал охмелевший Авдюхин: — можно сказать, кровопивец. Сейчас это взятку чтобы и за всякую то есть малость — в ухо!..

— Известно, исправник! — соглашался Антон, в пьяном угаре, не обращая внимания на предсмертное хрипение больной.

— Теперь ежели выпимши, али что... — бормотал Авдюхин, — и сейчас в ухо. Опять лошадь. Нет, корми ты, а разве я должен?..

Ольге виделась ярко освещенная зала. Она в первый раз

выходит на сцену. Ей хлопают, ее вызывают. Она бежит за кулису и там ищет Сусликова. В полусвете коптящей лампы она смотрит и не насмотрится на его лицо, а он сжимает ее руки и говорят ей о жизни и работе вместе и снова чувство блаженства наполняет ее душу и она не видит страшного призрака смерти, носящего над нею. Ее больной ум охватила вдруг страшная галлюцинация. Она увидела Семенова таким, каким он был увезен от нее в больницу. С налившимися кровью глазами, с пеной на губах, с тупым хриплым смехом, медленно приближался он к ней, сжимая свои кулаки и она чувствовала, что теперь он не будет знать пощады. Она застонала уже не от одной физической боли, и на ее хриплые стопы дружно отозвались опьяневшие Антон и Авдюхин богатырским храпом.

С невероятными усилиями Ольга протянула вперед свои руки и крикнула, но крик замер на ее губах болезненным стоном. Семенов все приближался и она слышала уже его тяжелое дыхание, пахнувшее ей в лицо.

Ближе, ближе... Он протянул к ней свои сильные руки и она почувствовала на шее его холодные, влажные пальцы.

— Мама! — не своим голосом закричала Ольга, заметавшись на лавке в предсмертной агонии...

Антон вскочил на ноги и в страхе замер.

Прислонившись к стене, с искаженным ужасом и страданием лицом, Ольга хрипела и вздрагивала в последних муках. Ее похудевшие руки сжимали складки платка, полуоткрытым ртом она жадно, захлебываясь, глотала воздух и страшное храпение зловеще раздавалось по всей комнате и наполняло ужасом душу Антона. Он вскрикнул и бросился к двери.

В эту минуту на площадку взбежал усталый, измученный Сусликов.

— Умирает! — закричал Антон не своим голосом.

Сусликов в один прыжок очутился в тесной каморке и скоро его плач смешался с предсмертным хрипением Ольги и пьяным храпом спящего Авдюхина.

XVI

Даже исправник, не только Аверьян, оставил в покое Сусликова узнав про смерть Ольги, а Софийский в тот же день напился пьян и в своей тесной каморке, сидя с полуштофом водки против нечищеного самовара, плакал и исступленно грозил кому-то кулаками.

Пьяное воображение представило ему умирающую одиноко Ольгу. В пьяной чувствительности он думал, что постиг состояние души Сусликова, когда тот, зная про смертельную болезнь Ольги, потешал шутовством публику — и Софийский заливался горькими слезами над горемычною жизнью, в которой люди даже подле смертного одра подчас принуждены быть шутами.

НЕОБЫКНОВЕННЫЕ ЖИЛЬЦЫ

Вторник

I

Было 12 часов веселого солнечного дня.

В большой комнате с двумя окнами, украшенными тюлевыми занавесками на золоченых карнизах, за столом, на котором кипел пузатый никелированный самовар, находился кофейник и все принадлежности завтрака, сидели вдова статского советника, Анфиса Кондратьевна Куцовеева, и ее дочь, Софочка.

Комната, в которой они сидели, заключала в себе все лучшее, что осталось от комфортабельной и уютной их жизни при бытности статского советника.

Анфиса Кондратьевна, толстая и пухлая, в розовом капоте, с широким лицом, густо засыпанным пудрой, наливала кофе и с оживлением говорила:

— Все до копеечки! Два раза только кварта была. И это всегда так, тогда Дарья Федоровна усядется рядом! Всегда! Я и так, и этак. Нет, сидит! Есть же такое бесстыдство? А Лелька-Хорек три раза выиграла, подряд! Нет, чтобы честной женщине удача. Все проиграла!.. — и она с яростью поставила кофейник на поднос.

Софочка, девица 28-ми лет с длинным желтым лицом, острым носом и бледными глазами, подняла голову от книги и вяло сказала:

— И охота вам в эту игру играть!

— Я, матушка, не от радости играю! Нам надо концы с концами сводить! Вот, не выиграй я тогда 110 рублей, и квартира была бы не оплачена!

— А вещей на сколько заложено? Ах, оставьте это, мамаша!

— Ты мне не указ... — покраснев, начала Анфиса Кондратьевна, но в это мгновенье раздался резкий звонок, и она сразу смолкла.

Даша пробежала по коридору, открыла дверь; послышались шум шагов, голоса, и Даша вбежала в комнату.

— Господа пришли, комнаты смотреть! — сказала она.

Анфиса Кондратьевна заволновалась, Софочка захлопнула книгу.

— Ты покажи, Софочка, а то я не одета...

— Простите великодушно! Вы позволите? — раздался мягкий, бархатистый баритон, и на пороге комнаты остановился господин в элегантном пальто с блещущим цилиндром в руке, затянутой лайковой перчаткой огненного цвета. Черные бархатные глаза господина ласкали Анфису Кондратьевну и Софочку, сочные красные губы под черными шелковистыми усами вкрадчиво улыбались.

Софочка вспыхнула, Анфиса Кондратьевна растерянно взмахнула руками и сказала:

— Ах, пожалуйста! Сделайте одолжение!

Рядом с господином оказалась изящная, стройная брюнетка в дорогом каракулевом жакете и огромнейшей шляпе, а за нею господин с круглым улыбающимся лицом, широкий, толстый, большой, как слон.

— У вас две комнаты сдаются? — спросил он тонким, пискливым голосом.

— Три! — ответила Анфиса Кондратьевна, — пожалуйте! — и решительно двинулась вперед.

II

Анфиса Кондратьевна, колыхаясь, как студень на блюде, ввела съемщиков в большую, светлую комнату и проговорила:

— Эта самая большая комната. И обстановка. Зеркало, комод, шкаф, гостиная мебель, стол, письменный стол, стулья... Это ширмы... За ними кровать...

— Великолепно! Все, что нам надо, — сказал изящный брюнет, — тебе нравится, Вася? А? — обратился он к изящной женщине. — Это моя жена, — пояснил он Анфисе Кондратьевне, — Васса Павловна!

— Очень приятно!

— А скажите, — тонким голосом пропищал великан, — эта, вот, дверь, что за комодом, куда она?

— В ту комнату, гдс мы сидели. С этой стороны комод, а с нашей пианино. Дверь всегда заперта. У нас на ней портреты висят: Моцарт, Бетховен, Чайковский; композиторы!..

— Превосходно! — перебил брюнет, — и цена?

— 45 рублей, и я не торгуюсь. Один рубль прислуге!

— Торговаться? Помилуйте! — воскликнул брюнет, — такая комната! На Гороховой! Сделайте одолжение, примите нас: меня и жену.

— Очень приятно!

У Анфисы Кондратьевны ясно обрисовалась перспектива провести вечер за игрою в лото, и она оживилась.

— Великолепно! Вы говорили, что у вас есть еще комната? — снова пропищал великан.

— Две еще! — ответила Анфиса Кондратьевна, — одна с другой стороны нашей комнаты за 25 рублей, а другая — во двор — за 15.

— Мне тогда за 25! — сказал великан, — я не расстаюсь с ними. Я ее брат, его друг, — пояснил он с улыбкой, которая словно разрезала его лицо надвое.

— Пожалуйте! — пригласила Анфиса Кондратьевна и, колыхаясь, поплыла по коридору к следующей комнате.

— Она в одно окно, но большая. Дверь в нашу комнату мы запрем и закроем трельяжем!

— Великолепно! Я оставляю ее за собою. Вы позволите?

— Ах, мне очень приятно! Вы когда же переедете?.. И потом задаток...

— Если позволите, — сказал, выдвигаясь, брюнет, — мы переедем сегодня же. Так, часам к семи. Что же до задатка, то мы для своего спокойствия уже сразу за месяц заплатим. Такие комнаты — находка! Сегодня 19-ое? Так вот-с, до 19-го марта. Не хлопочи, Федя, я отдам и за тебя. Получите: 25, и 25, 10 и 10! Все 70. Верно? Помилуйте, для чего расписки! Позвольте представиться. Виктор Аркадьевич Стремин, ученый счетовод. Приехал искать место. Жена моя, Васса Павловна Поталова, а это ее брат, Федор Павлович Ворсов, из Курска...

— Очень приятно! — радостно ответила Анфиса Кондратьевна, пожимая всем руки и называя себя, — вы потом познакомитесь с моей дочкой Софочкой, и мы будем жить все согласно и тихо.

— Я подружусь с вашей дочкой! — пылко сказала Васса Павловна и прибавила: — я никого здесь не знаю.

— Она у меня артистическая натура! — ответила Анфиса Кондратьевна, — она будет дорожить вашей дружбой!

— Так мы сегодня! — сказал Стремим, и, еще раз пожав руку Анфисы Кондратьевны, они веселой гурьбой вышли в переднюю.

III

— Вот, это жильцы, Софочка! — взволнованно и пылко сказала Анфиса Кондратьевна, вплывая в комнату с ассигнациями в руке. — Сразу видно, что благородные. Вы, говорит, извольте получить все сразу, за месяц! Обе комнаты сняли!..

— Он женатый мамаша? — трепещущим голосом спросила Софочка и прижала книгу к высохшей груди.

— Кто, Софочка? Брюнет?

Софочка кивнула.

— С левой стороны, Софочка. Так только. Все равно, что не женат. А тот, холостой. А она такая милая. Мы, говорит, друзьями будем! Это с тобою.

— Никогда! — истерически взвизгнула Софочка и выбежала в спальную.

Там она уткнулась носом в подушку и некоторое время лежала неподвижно.

Потом вдруг вскочила, взяла тетрадку и стала с остервенением твердить:

— Бря, мря, фря, ноздря, дря, пря. На горе Арарате круторогие бараны коров брыкали... бря, мря, фря...

И буква "р" в ее картавом произношении рассыпалась, словно дробь по железному листу...

Она училась на драматических курсах и теперь исправляла произношение.

— Ты что будешь вечером делать, Софочка? — спросила Анфиса Кондратьевна за обедом.

— Сегодня я к Танечке пойду, и мы с ней на ученический спектакль поедем. Вы мне десять рублей дайте.

Анфиса Кондратьевна с тяжелым вздохом вынула ассигнацию и перебросила ее дочери; после этого лицо ее тотчас оживилось, и она дружески заговорила:

— Я, Софочка, сегодня хочу на две карты играть!

— Только не берите всех денег с собою!

— Что ты, что ты! Я только 11 рублей возьму. А на две карты мне удается!.. Знаешь, Софочка, вчера была выдача 92 рубля! А? За 20 копеек! А? — и она взмахнула куриной ногой, которую обгладывала.

После обеда Софочка надела плюшевую кофточку, кокетливую шапочку, закрыла нос синим вуалем и обратилась в стройную, пикантную девушку, за которой любой юнкер пробежит полгорода.

Анфиса Кондратьевна плюхнулась на постель и через минуту стала свистеть, хрипеть и храпеть, представляя собою колыхающуюся массу, не то студня, не то теста на опаре.

Даша сидела на коленях бравого Мистрюка, денщика из соседней квартиры, и, угощая его пивом, говорила:

— Сама-то вдрызг продулась. Нынче на обед не с чем посылать было, и вдруг эти жильцы! Сразу 70 рублей отсыпали...

В это время раздался звонок, и она вскочила.

— Это они приехали! Ты не уходи пока что. Я мигом!..

IV

Было 11 часов. Анфиса Кондратьевна выспалась, напилась чаю, и Даша снаряжала ее для поездки в клуб. Анфиса Кондратьевна снимала папильотки и расправляла завившиеся волосы, а Даша стягивала и зашнуровывала ей корсет, в то же время говоря без умолку:

— Хорошие господа и богатые, верно! Мне сразу три рубля дали. Чемоданов, корзинок с собой привезли страсть! Чуть не десять. Сейчас это самовар, вино, закуски всякие... Веселые такие! Тот-то, большой, самый шутник. Взял это рубль серебряный, кинул, а его и нет! Ей Богу!

— Веселые! Дай лиф!

Анфиса Кондратьевна надела лиф, пристегнула брошку, надела бронзовую цепь с лорнетом и преобразилась в даму.

Она самодовольно оглядела себя в зеркало, положила в ручной сак платок с портмоне и величественно выплыла в переднюю.

Среда

I

Утро у Куцовеевых начиналось очень поздно.

Анфиса Кондратьевна возвращалась из клуба только на

рассвете и просыпалась не раньше 12 часов. Софочка вставала тоже поздно...

Анфиса Кондратьевна была весела и игрива, как тюлень на солнце.

— 86 рублей! — радостно восклицала она, — я хотела разбудить тебя, но ты так сладко спала. Теперь отдам все долги, Даше все заплачу и тебе 25 рублей! Эти жильцы принесли нам счастье. Что они, Даша?

— Встали и ушли. В 10 часов встали. Чай вместе пили, а там и ушли.

В это мгновение раздался звонок.

Даша пошла отворять.

— Здесь сдается комната? — послышался голос.

— Видишь, какие счастливые! — сказала Анфиса Кондратьевна и поспешно поплыла в коридор.

Перед нею стоял невысокого роста полный господин с вытаращенными глазами и красным, мясистым, нагладко выбритым лицом.

— Вот комната! — сказала Анфиса Кондратьевна, открывая дверь, — для одинокого. Справа кухня, а слева моя с дочерью спальня. 15 рублей, прислуга отдельно.

— Я беру, — тотчас ответил господин, тараща глаза на Анфису Кондратьевну, — только я сегодня же и перееду. Можно?

— Сделайте одолжение!

— Значит, 15 рублей? Сегодня 20-ое. Вы позволите, я уже сразу уплачу до 20-го марта. Вот, получите! Так я сегодня же!..

Толстяк ушел, а Анфиса Кондратьевна сияющая вернулась к Софочке.

— Ну, не счастье ли нам? И этот сразу все деньги отдал!

— Красивый?

— Фи! Как помидор; красный, красный, и голос сипит. Я даже не спросила, кто он?

II

Софочка еще не вернулась с курсов, когда приехал новый жилец.

— Яков Кузьмич Шмыгра, — отрекомендовался он Анфисе Кондратьевне и сейчас же стал ее расспрашивать, краснея и тараща глаза:

— Одни жить изволите? А, с дочкою! Большая уже? Еще комнаты сдаете? А, справа и слева! В два окна и в одно. На улицу. Давно переехали? Вчера. Ха-ха-ха! Ну, пойду устраиваться. — И он, повертев головою, выкатился неслышно, как резиновый шар, оставив в изумлении Анфису Кондратьевну.

— И еще жилец, хозяюшка! — услышала она тонкий голос и с новым изумлением увидела подле себя жильца- великана.

При виде его она почувствовала успокоение и, кивая головой в папильотках, ответила:

— Новый. Шмыгра по фамилии. И престранный такой.

— Обо всем расспрашивал?

— Да!

Великан наклонился к уху Анфисы Кондратьевны и тихо сказал:

— Я думаю, это подосланный от мужа Вассы. Она бросила его ради Виктора. Я позволил; а муж ревнив...

Анфиса Кондратьевна сокрушенно покачала головою, а жилец-великан неслышно исчез, словно растаял в воздухе.

— Знаешь, что случилось, — шепотом сказала Анфиса Кондратьевна, когда вернулась Софочка, — новый-то жилец... — и она передала предположения Ворсова.

На раздавшийся звонок Даша пробежала открыть дверь.

— Никого не было? Федор Павлович вернулся? — послышался бархатный голос Стремина, и он, а за ним стройная Васса, прошли по коридору.

Дверь в комнату нового жильца слегка приотворилась, и лоснящееся, красное, как кумач, лицо выглянуло из нее.

— Видишь, видишь, — прошептала Анфиса Кондратьевна.

— Да! Это очень интересно, мамаша!

III

Анфиса Кондратьевна проиграла 25 рублей и возвращалась домой в четвертом часу утра усталая и раздраженная.

Подходя к дому, она вздрогнула и даже шатнулась от испуга.

— Простите великодушно, испугал по внезапности!

Перед ней стоял Шмыгра. В шляпе котелком, в толстом пальто с поясом, с красным, выбритым лицом, он походил на откормленного ксендза.

— Прошу извинения! — повторил он, — а я подходил к дому и смотрел, неужели ваши жильцы еще не спят?

Анфиса Кондратьевна подняла голову, взглянула на окна и резко ответила, звоня к швейцару:

— Все спят!

— Отчего же в этих двух окнах свет? — продолжал Шмыгра.

— Это не наши. Это склад магазина Гаврилова. Внизу, видите, он торгует в розницу, а наверху склад.

— Так! А я-то смешал!

— Нет! Рядом два окна моих жильцов, потом два окна наша комната, потом окно другого жильца, и везде темно. Только вы не спите!

Швейцар открыл дверь, и они поднимались по лестнице.

— Я и вы! — сказал Шмыгра, — проигрались, ваше превосходительство! И я тоже.

Генеральский чин польстил Анфисе Кондратьевне.

— Так не шло, так не шло! — сказала она, — надо было 36. Сразу кварта вышла. Так нет! 32, 34, 35, 37, 39, а 36 нет и нет! На зло.

Она отворила дверь своим ключом и сказала:

— Черкните спичку!

Шмыгра черкнул и вошел следом за нею в темную переднюю.

— А я вам скажу, как выигрывать! — проговорил он.

— Как? — быстро спросила Анфиса Кондратьевна.

— Берите карту, на которой есть 90 и единица, 66, 16 и 32. Всегда выигрывает! Спокойной ночи!

Шмыгра скрылся за своей дверью, а Анфиса Кондратьевна несколько мгновений постояла недвижно, потом с яростью плюнула и пробормотала:

— Шут этакий, еще смеется!

Четверг

I

Первым ушел из квартиры Ворсов. Шмыгра выскочил почти вслед за ним. Спустя полчаса вышли и Стремин с Вассой, притиснув дверь, отчего она бесшумно заперлась на французский замок.

Полчаса спустя раздался звонок, и вернулся Шмыгра.

Он вошел в свою комнату, с таинственным видом поманил к себе Дашу, сбросил с себя пальто, шляпу и тихо спросил ее:

— Ушли?

— Кто ушли? — спросила Даша.

— А соседи? Тот, те! — показал он направо и налево.

— Ушли! — отвечала Даша, — тот раньше, а те после вас.

— У них никого не бывает, душечка? А? Вот, тебе три рубля. У тебя здесь на кухне гусар сидит. Угости его. Хе-хе-хе! Так никого? А сами часто уходят? А? Мне, моя милая, любопытно. Да! Я, моя милая, за барынькой этой... того... хе-хе... — Шмыгра налился кровью, как кровяная колбаса, и игриво ткнул Дашу под бок.

— Ничего я про них, барин, не знаю, отвечала она, — а пройтить к ним никак нельзя. Они вчера себе на дверь хранцузский замок навинтили.

— Ревнивый! Хе-хе-хе! Ну, иди, Даша. Постой! Купи мне закусить колбаски. Знаешь, охотничья? Только купи у Красного моста. Да, да! Иди, милая.

Даша взяла деньги и вышла.

Через минуту Шмыгра выскользнул из двери и, крадучись, прошел в большую комнату. Здесь он подошел к пианино, отодвинул в сторону портрет Моцарта, и вынув коловорот, стал быстро и бесшумно провертывать в дверной доске дыру.

— Уф! На сегодня довольно, — пробурчал Шмыгра, вытаскивая коловорот. Он повесил опять аккуратно Моцарта, закрыл им дыру и тихо двинулся к себе.

— Ах, как вы меня испугали! — взвизгнула Софочка, которая входила в комнату, вполголоса твердя: "бря, мря, фря, зря, пря"... и никак не ожидая встретить Шмыгру.

— Виноват, Бога ради! — смущенно заговорил Шмыгра, прижимая руку с коволоротом к груди, — с добрым утром, очаровательная Софья Антоновна! Вашу ручку!

Софочка смягчилась при слове "очаровательная" и протянула сухую руку. Он с чувством поцеловал ее.

— Прелестница, — пробормотал он, — сколько очарования!

— А вы так злой и гадкий! — подхватила Софочка, грациозно встряхивая своей длинной головой, — зачем вы их преследуете? Фи!

Шмыгра в изумлении отступил.

— От-откуда вы знаете? — проговорил он с запинкой.

— Я все знаю! — и Софочка кокетливо погрозилась пальцем, — и я знаю, что вы злой. Да, да!

— Вы их знаете?

— Понятно. Особенно Ворсова, ее брата...

— Брата?..

— Ну, да, брата! Чего вы словно подавились, таращитесь? Стыдно, да? Мама, я стыжу господина Шмыгру! — крикнула Софочка, увидя вплывающую мать.

— И стыди! Я вчера проигралась в пух, а он смеяться выдумал. Возьмите карту, чтобы и 90, и 66, и 1, и 16, и 32! Как же я найду ее? А?

Шмыгра оправился от изумления и, галантно шаркая, сказал:

— Попадается. И кому попалась, тот выиграл! Приятного утра!.. — и он выскользнул из комнаты.

— Совсем шут! — с презреньем сказала Анфиса Кондратьевна.

II

Даша захлопоталась. У Стремина и Вассы были гости, и Даша подавала самовар, готовила закуску, подавала, убирала и всячески услуживала хорошим господам.

Анфиса Кондратьевна уже уехала в клуб, Софочка ушла в гости, и только Шмыгра беспокойно вертелся в коридоре, каждый раз стараясь заглянуть в дверь, когда проходила Даша.

— И что вам надо тут? — окрикивала его Даша, — шли бы к себе.

— Я так... спать не хочется... но, наконец, он ушел. Только когда Васса и Стремин провожали гостей, он высунул голову из двери и, видимо, старался уловить нить разговора...

Гости ушли, Васса и Стремив вернулись в свою комнату, Ворсов прошел к себе, Даша сидела в кухне.

Шмыгра выждал несколько минут, приоткрыл дверь и тихо прокрался в большую комнату. Свет электрического фонаря падал в окна и светил, как лампа.

Шмыгра неслышно скользнул к пианино, отодвинул портрет Моцарта и прильнул глазом к проверченной им дыре.

В то же мгновенье он почувствовал на плече тяжелую руку и услышал тоненький голос.

— Кой черт вы, мой друг, тут делаете? Неужели хотите подглядеть мою сестру в неглиже? Ай-ай-ай!

Шмыгра опустился под тяжестью давившей на его плечо руки и растерянно забормотал:

— Я собственно... мне послышалось...

— Глупости, — говорил Ворсов, неудержимо увлекая Шмыгру к его комнате, — галлюцинации, прилив крови, сластолюбие павиана. Ну, идите к себе! Дурак, — прибавил он уже совершенно серьезным тоном, — неужели ты думал, что она не заметит огромной дыры посреди двери? Что я не замечу, он не заметит!.. Спи!

Он толкнул Шмыгру в комнату и ушел. Шмыгра некоторое время стоял с неподвижностью истукана, потом пустым мешком плюхнулся на постель...

Пятница

I

Софочка ушла из дома совсем рано. Анфиса Кондратьевна одна пила свой кофе.

В квартире было тихо. Мысль о новом вчерашнем проигрыше угнетала ее, как укор совести. Даже во рту было горько.

Вдруг она вздрогнула и подняла голову, но при виде Ворсова лицо ее прояснилось.

— А, это вы, Федор Павлович, — сказала она, — а я думала, Шмыгра; он тоже подходит неслышно.

— Я-с, достопочтенная Анфиса Кондратьевна. Почему вы сегодня такая грустная?

— Ах, и не говорите, — махнула рукой Анфиса Кондратьевна, — не хотите ли кофейку?

— Очень благодарен. Так что же?

Анфиса Кондратьевна подала ему чашку кофе.

— Что? — сказала она, — проигрываю все. Второй день проигрываю. В понедельник 25 рублей проиграла, вчера 20. Совсем не везет!

— Фуй! — усмехнулся Ворсов, и улыбка перерезала лицо его надвое, — пустяки! А сегодня выиграете. Вот вам от меня рубль на счастье, и сегодня вы сто рублей сорвете!

Анфиса Кондратьевна взяла рубль и сразу ожила.

— Я сегодня и ехать не хотела, а теперь поеду!

— И выиграете! Вот что, уважаемая, — заговорил он совсем другим тоном, — Шмыгра ваш несомненно следит за моей

Вассой, как я и думал. Да-с, следит неустанно. Для нас нет сомнения, что он подослан мужем. Знаете, для накрытия с поличным.

Анфиса Кондратьевна встряхнула папильотками.

— Так мы теперь так придумали. Я на время с ним жить буду, а она в моей комнате. Понимаете?

Анфиса Кондратьевна усиленно закивала.

— Вас не стеснит это?

— Помилуйте! Мне совсем все равно! Ворсов встал и дружески пожал ей руку.

— Ну, пойду, успокою!..

II

Совершенно подавленный, Шмыгра проснулся, как в тумане, автоматически напился чаю и дальше не знал, что ему делать. Все его хитрые планы перевернулись сразу.

Мимо его двери прошел Стремин, говоря с кем-то своим бархатным голосом, потом прошел Ворсов.

Шмыгра собрался с духом и осторожно высунулся из двери, когда увидел Вассу.

Она шла в переднюю, одетая для прогулки, и вдруг, проходя мимо Шмыгры, на мгновенье остановилась.

— Я вам все расскажу. Всех выдам, — услышал он тихий голос, и Васса прошла мимо.

Шмыгра с силою бегемота втянул в себя воздух и словно очнулся.

Он захлопнул дверь, выкинул грациозный прыжок и радостно потер себе руки.

Суббота

I

— У тебя есть 5 рублей в лавку послать? — спросила Анфиса Кондратьевна у Софочки, едва проснулась.

— Откуда? — ответила она, застегивая корсет. — Пять за

букву "р" дала, пять за "л", три рубля красильная, шляпку поправила. И все! Или проиграли?

— До копейки! — Анфиса Кондратьевна даже приподнялась в постели, — ни разу! А тут еще Ликоподиев пристал, дай ему в долю на карты. 5 рублей дала. Наверное, прикарманил, а говорит — проиграл! Ну, — философски окончила она, — Даша без денег обед сделает, — и она спустила короткие и толстые, как обрубки, ноги с постели.

Но едва она встала, закрутила волосы в папильотки и накинула капот, как мысль, на какие деньги ей играть сегодня, сверлом вошла в ее голову и совершенно испортила настроение духа.

Софочка ушла, жильцы, как нарочно, еще спали, и только Шмыгра вел себя как-то особенно, беспокойно. Брошенные ему Вассой слова открывали такие горизонты, что у него голова кружилась, и в то же время ему все казалось, не ослышался ли он.

Поймать бы ее и спросить толком, а она, словно нарочно, ушла с самого утра, а там вернется, и подле нее эти два хахаля... и Шмыгра с сокрушением вздыхал, словно паровоз.

Время тянулось томительно медленно: день был пасмурный, серый и скучный.

— Люди обедать, а мы проснулись только! — услышала Анфиса Кондратьевна голос и, подняв голову от пасьянса, увидела Ворсова.

— Ах, это вы! — сказала она, смешивая карты, и прибавила, — не помог мне ваш рубль!

— Да неужели? — сочувственно воскликнул Ворсов, — сегодня идите!

Анфиса Кондратьевна сокрушенно замотала головой.

— Не на что. Стыдно сказать, Федор Павлович, все до копеечки! Вот как!

— И вы дома сегодня?

— А что же я сделаю?

— Ай, ай, ай, — и Ворсов сложил свои огромные, пухлые ладони, — да разве возможно это? Сегодня вы должны выиграть! Позвольте... — он слегка запнулся, — если вас не обидит, в счет следующего месяца. А? Десять рублей?

Лицо Анфисы Кондратьевны покраснело даже сквозь слой пудры.

— О, как вы обязательны...

— Помилуйте, такой пустяк!

— Я сегодня, наверное, выиграю, —

С убеждением сказала Анфиса Кондратьевна, пряча деньги

в карман. Раздался звонок, и вернулась Васса. Шмыгра стремглав выскочил ей навстречу, но она, словно не заметя его, прошла мимо.

В то же мгновение Шмыгра услыхал совершенно ясно:

— Не ведите себя таким дураком. Сегодня вечером все!

Шмыгра тотчас юркнул в свою комнату и замер, как крот в норе.

II

Анфиса Кондратьевна спала крепчайшим сном. Софочка ушла на любительский спектакль. Стремив и Ворсов с шумом прошли по коридору и, уходя, крикнули Вассе:

— Не жди нас! Чай одна пей!

Даша угощала на кухне Мистрюка, и в квартире стояла полная тишина, когда Шмыгра услышал легкий стук в дверь своей комнаты и на ее пороге увидел Вассу.

В черном платье, словно обливающем ее стройную фигуру, с бледным лицом, на котором ярко горели черные глаза, Васса была прекрасна.

Шмыгра метнулся к ней, но она остановила его движением руки и, притворив дверь, осторожно подошла к нему.

— Вы должны спасти меня! — сказала она ему взволнованным шепотом, пугливо осматриваясь, — я вам их выдам, но меня спасите!

— Непременно! — тараща глаза и краснея, как вода от клюквы, пробормотал Шмыгра, — прежде всего!

— Я ничем, ничем не виновата, — снова заговорила Васса, — я была певицей, хористкой у Омона, и увлеклась этим...

— Васькой, — окончил за нее Шмыгра, потирая руки.

— Вы знаете? — удивилась Васса и продолжала: — я поехала с ним, и по дороге пристал этот...

— Петька-медведь, — подсказал Шмыгра.

Васса опустилась на стул и закрыла лицо руками.

— Они велели назваться его сестрой, и мы приехали. Я еще ничего не знала. И вдруг они уходят и приносят вещи. Каждый раз дорогие вещи. И теперь они ушли... на охоту. Пойдемте! — она быстро встала и схватила за руку Шмыгру; — их теперь нет. Я вам отдам все накраденное. Только спасите меня!

У Шмыгры тотчас созрел план.

— Когда они вернутся?

— В 11, в 12!

— Отлично! — хрипло засмеялся он, — мы им устроим засаду! Теперь идемте!

Он взял ее за руку, и они тихо двинулись по коридору.

— У вас есть ключ? — спросил шепотом Шмыгра, останавливаясь подле двери.

— Есть!

Ее дрожащая рука не могла сразу найти замок, и ключ царапал по двери. Наконец, она воткнула его, приоткрыла дверь и осторожно ввела в темную комнату Шмыгру.

— Постойте здесь и черкните спичку. Я сейчас возьму свечу! — тихо сказала она, закрывая дверь...

III

Анфиса Кондратьевна собиралась в клуб, а Даша стояла в дверях и говорила:

— В сурьез рассорившись. Это они ушли и, совсем, совсем сейчас, назад через кухню вернулись. Мы, говорит, после пойдем. Потом самовар спросили и с барыней чай пили. А там она ушла, и теперь сама по себе, а они там.

— Это они от Шмыгры.

— Я и сама так думала, а только этот Шмыгра ушел. Я ему хотела самовар давать, а его нет. И пальто нет, и шапки, и калош. Ушел, а они врозь!..

— Ну, это их дело! Давай кофту! Что-то сегодня будет? — и Анфиса Кондратьевна перекрестилась.

IV

Софочка вернулась со скучного ученического спектакля и, едва вошла в прихожую, как к ней выбежала Васса и, схватив ее за руки, втащила к себе.

— Душечка, родная, Софочка! — заговорила она порывисто, — вы не очень устали? Нет! Вы любите немножко Вассочку? Да! Так сделайте мне одолжение, проведемте вместе этот вечер. А? Знаете что? Мы возьмем с вами, да в тот клуб, где

Анфиса Кондратьевна, и проедем! А? Вот хорошо-то! Хорошо? Хорошо? — и она, смеясь, завертела Софочку.

Софочка слабо сопротивлялась.

Желание разнообразить монотонность жизни победило даже ее усталость, и она засмеялась.

— От вас не отделаешься. Только удобно ли нам одним?

— Глупости! Мы под крыло мамаши, а там за нами Виктор приедет! Ну, едем!

Она вмиг оделась и выбежала в коридор.

— Виктор! Федя! Мы едем в клуб играть в лото!

— Желаю проиграться! — ответил шутливо Ворсов.

— Фи, невежа! Виктор, приезжай за нами!

— Отлично! — раздался бархатный голос Стремина.

— Едем! То-то мамаша изумится! — воскликнула Васса, увлекая Софочку.

Софочка весело засмеялась, и они выбежали на лестницу, хлопнув дверью.

— Вот разыгрались-то! — с улыбкой сказала Даша и побежала на кухню, где уже сидел Мистрюк, вытянув длинные ноги через всю кухню.

V

Софочка в первый раз очутилась в клубе, и ее поразили и громадный зал, и яркое освещение, и множество народу, и самая игра со своей торжественностью.

Она села с Вассой к столу и взяла карту. Недалеко от них сидел флотский офицер и, пощипывая усы, следил больше за ними, чем за нумерами.

Софочка волновалась, и Васса шептала ей:

— Какая вы душка!

И ко всему выиграла Софочка.

— Только бы 28, — шепнула она Вассе, и только шепнула, как у колеса выкрикнули:

— Двадцать восемь!

— Есть! Кончила! — закричала Софочка и окинула всех взглядом победительницы.

— Новичкам всегда удача, — сказала Васса.

Софочке принесли на тарелке 64 рубля и игра началась снова.

— Софа, ты? Васса Павловна! Вот сюрприз! — и подле них, красная, как пион, плюхнулась Анфиса Кондратьевна.

— Это я соблазнила дочку вашу, — сказала Васса. — И она уже выиграла!

— Выиграла? Ты выиграла, Софочка, и не говоришь матери! Много? И грудь Анфисы Кондратьевны заходила волною.

— 64.

— 64! Господи! А я так все проиграла. Ну, давай мне половину!

Софочка дала ей 10 рублей и решительно сказала:

— Больше не дам!

— Злючка, — ответила ей мать и закричала пробегавшему с картами мальчику: — Сеня, дай мне две штучки!

Игра сменялась игрой. Софочка больше не выигрывала, и ей становилось скучно!

— Ну, как ваши финансы? — раздался подле них бархатный голос, и Софочка увидела Стремина.

Васса тотчас вскочила, отбросив карту:

— Скучно! Веди нас ужинать!

— И уже самое время, — сказал с улыбкою Стремин, — четвертый час!

Он провел их в столовую, занял столик, заказал ужин с вином и заговорил:

— Мы, собственно, уговорились с Вассой провести с вами время в благодарность за ваше внимание к нам. Собирался и Федя, но устал и заснул.

— Очень приятно. Вы нам совсем, как родные, — сказала Анфиса Кондратьевна.

— Я Софочку полюбила, как сестру! — с чувством произнесла Васса.

После ужина Стремин разлил шампанское и сказал:

— Пожелаем же, чтобы Васса скорее к нам вернулась!

— Как, вы едете? — воскликнула Софочка.

— Вы едете? — повторила ее мать. Васса вздохнула.

— Я боюсь этого Шмыгру. Он может причинить мне столько неприятностей! Но я ненадолго. Он с Федей остается у вас и, как Шмыгра уедет, сейчас же пришлет мне телеграмму. Иначе нельзя. Я сегодня и билет взяла!

— Противный Шмыгра! — сказала Софочка...

Было уже светло, когда они вернулись домой.

— Я уж с вами теперь прощусь, — сказала Васса в прихожей, — я еду в 10 часов.

— Ну, Господь с вами! — с чувством сказала Анфиса

Кондратьевна. Софочка бросилась Вассе на грудь и искренно заплакала.

— Приезжайте скорее!

— Я сама заскучаю без вас! — ответила Васса...

— Великолепные люди! — сказала Анфиса Кондратьевна, сбрасывая корсет и юбки.

— Я ее, как сестру, полюбила, — сказала Софочка, — и все этот противный Шмыгра!

— Так бы и выгнала его в три шеи! — закончила Анфиса Кондратьевна.

Воскресенье

Едва Софочка и Анфиса Кондратьевна проснулись, как Даша вошла к ним и быстро заговорила:

— Барыня, Васса Павловна уехала! Господа ее провожать поехали, комнаты за собой оставили, обе! К вечеру, сказали, чтобы самовар был! В малую комнату наказали, а большую заперли! Четыре чемодана с барыней увезли. Хорошие господа! Мне три рубля барыня дала, а вам письмо и ящики.

— Где же письмо? — взволновалась Анфиса Кондратьевна, — давай сюда!

Даша скрылась и через минуту вошла, внеся два ящика и плоский футляр.

В одном из них лежала дюжина эмалированных ложек, в другом серебряный столовый прибор, а в футляре золоченый браслет цепью.

— Прелесть! Роскошь! — воскликнула мать. — Постой, Софочка, что она пишет. Слушай! "Дорогие Анфиса Кондратьевна и Софочка, мне так хочется, чтобы вы меня не забыли, что я беру на себя смелость оставить вам эти безделки. Вам, уважаемая Анфиса Кондратьевна, чайные ложки; вам, Софочка, этот прибор, а Даше передайте от меня браслет. Целую вас, любящая вас Васса". А, Софочка? Это прямо сказка! А? — и Анфиса Кондратьевна даже села на постели.

— И меня вспомнила! — воскликнула Даша, — вот барыня-золото!

— Такие люди, мамаша, на редкость! сказала Софочка.

— А где Шмыгра этот? Видал?

Даша махнула рукой.

— Нет! И ночевать не вернулся, и посейчас нету его!

— Вот нос-то ему! — сказала Анфиса Кондратьевна, и все трое засмеялись...

Понедельник

Анфиса Кондратьевна спала и видела сон, что у нее уже кварта, и не хватает только шести.

— Шесть! — раздался голос.

— Выиграла! Я выиграла! — закричала неистово Анфиса Кондратьевна и проснулась.

За дверями кто-то громко повторил:

— Здесь!

Даша вбежала в комнату и закричала:

— Барыня, вставайте! Дворник, полиция! Говорят, воры! Вставайте, барыня!

Анфиса Кондратьевна кубарем скатилась с постели, накинула на себя капот, закрутила жгутом тощую косицу и поспешно выплыла в коридор.

То, что она увидела, заставило ее побледнеть и затрястись, как студень. Коридор и большая комната были полны народом. Топтались дворники, городовые, околоточные; гоголем ходил пристав; пристяжной извивался полицейский офицер, и между ними тревожно метался полный, лысый господин с рыжей бородою и красным носом.

Увидев выплывшую Анфису Кондратьевну, все, словно по уговору, бросились на нее.

— У вас сдавались комнаты?

— Где ваши жильцы?

— Кто жил в этой комнате?

— Где ключ от этой комнаты? — посыпались на нее вопросы.

Анфиса Кондратьевна хлопала глазами, вертела головой и, наконец, подняла руки кверху.

На нее наскочил сам пристав и снова осыпал ее вопросами:

— Имя, отчество, фамилия, звание, на какие средства живете? Ключ от комнаты?

— Не пойму! Ничего не пойму! — захныкала она, — да что случилось-то?

— Что случилось? — заревел, подскакивая к ней, толстяк с рыжей бородой, — случилось то, что мой магазин разгромили!

Да-с! Из вашей квартиры пролом сделали! На 40 тысяч товара украли! Кто тут жил? Где ключ?

— Ломайте дверь! — закричал полицейский офицер.

— Зачем ломать! — крикнула Даша, — коли отсюда тоже войти можно!

— А ключ?

— Ключ у нас!

Даша принесла ключ.

Дворники и городовые мигом отодвинули пианино.

Замок щелкнул два раза, помощник пристава толкнул дверь, но она только стукнула.

— Там комод стоит, — сказала снова Даша.

— Понапри, ребята! — приказал пристав. Один из дворников легко отодвинул комод и распахнул дверь.

— Не вались! Стойте там! — закричал пристав, переступая порог комнаты, — господин Гаврилов, пожалуйте! Понятых сюда! И вы, сударыня!

Анфиса Кондратьевна двигалась, как автомат; видела и слышала, как во сне.

Посреди комнаты стояли чемодан и плетеные корзинки.

Пристав приподнял крышку одной корзинки и засмеялся.

— Вот так багаж

— Это они из стены! — проговорил Гаврилов.

Корзинки оказались полны кирпичами и отбитой штукатуркой.

Пристав отодвинул ширму, загораживающую кровать, и в тот же миг раздался возглас Даши:

— Упокойник!

Все на миг отшатнулись. На кровати, туго скрученное полотенцами и ремнями, лежало чье-то тело. Были видны брюки и сапоги, все же остальное было прикрыто одеялом.

Пристав первый приблизился и смело сдернул одеяло.

— Шмыгра! — снова закричала Даша, — наш жилец Шмыгра!

Он представлял недвижный труп.

Огненно-красное лицо его было почти закрыто широким аспиратором, надетым на рот.

— Развязать! Обрызгать водой! — распорядился пристав.

Несколько рук моментально развязали ремни и полотенца, сняли аспиратор, посадили несчастного Шмыгру и расстегнули ему ворот сорочки.

— К окну его! Раскройте форточку, — командовал пристав, в то же время отодвигая умывальник, — вот!..

В стене на высоту полутора аршин и шириною в 2 аршина

был сделан пролом в соседний с комнатой склад серебряных и золотых вещей магазина Гаврилова.

— А-г-г-г-г-гы... — раздался хриплый голос.

Все оглянулись и увидели очнувшегося Шмыгру. Он стоял, сжимая кулаки, пуча глаза и силясь что-то сказать.

Присутствующим казалось, что он лопнет с натуги.

Наконец, он оправился и захрипел:

— При мне! Все при мне! Связали... положили... рот заткнули... чай пили, вино пили...

Шмыгра втянул воздух, как пьяница рюмку водки и опять забормотал, тараща глаза:

— Та подлая по лицу рукой провела... за нос дернула... ушла... они и начали... стену сразу... раньше работали... потом носили... четыре чемодана и сумку... на выбор... я знал... Васька-долото... Петька-медведь... Варшава... следил... и вот... — Он с отчаянием схватился за голову и плюхнулся в кресло.

— Господи! — вдруг закричала Анфиса Кондратьевна. — А они нам сувениры поднесли!

— Где-с, какие? — подскочил Гаврилов.

— Даша, принеси!

Даша быстро принесла коробки, и Гаврилов жадно схватил их.

— Так-с! Отлично! — злобно смеясь, закричал он, — из моего склада подарки делают! А! Прошу обратить внимание!..

— Господа, прошу теперь очистить комнату до прибытия следственных властей! — закричал пристав.

Следующие дни

О приезде мошенников из Варшавы в Петербург было заранее извещено, и Шмыгра был командирован следить за ними, но в результате попался сам.

Начальник назвал его дураком и прогнал со службы.

На следующий после раскрытия грабежа день Гаврилов явился к Анфисе Кондратьевне и предложил ей сдать ему роковую комнату.

— 40 рублей платить буду, и деньги извольте получить за месяц, — сказал он, — потому мне так спокойнее, будет. Я здесь своего артельщика поселю!

— Сделайте одолжение, — согласилась Анфиса

Кондратьевна и в тот же вечер поехала играть в лото вместе с Софочкой.

— А что ни говори, — сказала она Софочке, идя по клубным залам, — эти люди принесли нам счастье! Одно то, что за комнаты я получила 86 рублей! А?

Софочка кивнула головой и сказала:

— И потом они такие симпатичные.

— И какие ловкачи! Знаешь, Софочка, мне было бы жалко, если бы их поймали.

— Не поймают. Где им, Шмыграм! — презрительно сказала Софочка и оказалась права.

Часть вещей, похищенных у Гаврилова, была разыскана по разным ломбардам больших городов, но сами грабители исчезли без следа.

Впрочем — не совсем.

Две недели спустя подобный разгром произошел в Москве, где ограбили меховой магазин; затем, — в Одессе и Киеве — и полиция с самодовольным видом и сознанием своей проницательности говорила:

— Мы знаем, чьих рук это дело!

И до сих пор они остаются со своим знаньем, ловкие мазурики — с выручкой от награбленного, а несчастные владельцы магазинов — с носом. Каждому — свое!

БЕГСТВО ИЗ ПЛЕНА

(Рассказ офицера)

В плен меня захватили сейчас же после Бородина. Мы отступили к Можайску. 29-го августа меня выслали на разведку. Выехал я с отрядом 16 человек и почти тотчас же был окружен неприятелем. Стал отбиваться, подо мной убили лошадь, я упал и меня забрали. Оказался я пленником при корпусе Виктора.

Меня записали и отвели в сторону, где я увидел толпу своих товарищей по несчастью. На огромном пространстве, позади фур и зарядных ящиков, в цепи итальянских егерей, стояли, сидели и лежали пленники. Здесь были и офицеры, и солдаты, молодые и старые, здоровые и раненые. Ко мне тотчас подошли два офицера.

— Милости просим,— сказал один, здороваясь со мною, н мы познакомились.

Один был артиллерийским капитаном по фамилии Федосеев, а другой — поручик Волынского пехотного полка Нефедов. Один был толстый, плешивый, с седыми волосами, а другой — молоденький и очень веселый. Оба они были взяты в Бородинском бою.

— Нашего полку прибыло, значит,— сказал Нефедов.

— Все-таки Бонапарту хвалиться нечем,— сказал Федосеев.— Смотрите! это все пленные чуть не от Смоленска!— и он указал рукою на все пространство, окруженное часовыми. На лужайке было примерно до пятисот человек. Понятно, это немного.

— Но ведь столько же в каждом корпусе,— сказал Нефедов.

— Пусть! будет тысячи 3, 4. Это всего! нечем хвалиться. Да что! — с жаром заговорил Федосеев.— Я, надо вам сказать, был взят на Шевардинском редуте[2]. У моего фейерверкера осколком ядра банник вышибло, а банник меня по голове. Я потерял сознание, а тут меня и взяли. Когда я очнулся, редут наш взят, стоят в нем французы и между ними сам Наполеон. Слышу, говорит: "Много ли пленных?" — "Пленных нет",— отвечают ему (по правде, человек 20 раненых взяли). "Как пет, почему нет?" — "Русские предпочитают умирать, нежели сдаваться в плен". Наполеон даже потемнел. "Будем их

---

[2] Бой у Шевардина был 24-го августа. Французы взяли этот редут. (Примеч. А. Зарина.)

убивать",— сказал он и отошел[3]. Нет, похвалиться ему нечем! — окончил Федосеев.

— Что же мы стоим. Пойдемте знакомиться да и закусить вам надо,— сказал Нефедов, и мы пошли по лагерю. У костра сидела группа солдат в оборванных мундирах и в белых парусиновых штанах, на которых видны были пятна крови. Почти не было между ними здоровых: у кого была перевязана голова, у кого рука, а двое лежали на земле, прикрытые шинелями.

— Вот,— сказал Федосеев,— эти умирают. Один раз сделали им перевязку и бросили.

Дальше была группа солдат и простых мужиков, среди них были чиновник и священник. Потом, тоже у костра, сидели офицеры. Когда мы подошли к ним, один встал п крикнул мне:

— Ротмистр Скоров! как вы попали? идите к нам! Зто оказался мой сослуживец, майор Кручкнин.

Мы поцеловались. В Бородинском бою он повел два эскадрона в атаку и не вернулся. Вахмистр видел, как он упал с коня. Все считали его убитым.

— А я жив,— объяснил майор,— меня конь в грудь ударил, и я сознанье потерял. Очнулся в плену.

Мы сидели у костра. Я познакомился со всеми, и меня угостили чаем.

— Это все наше,— сказал один офицер,— от маркитантки. Пока деньги есть.

— Разве вам не отпускают довольства? — спросил я.

Кручинин махнул рукой:

— Нам полагается рис, галеты, кофе, порцион мяса, ром и полбутылки красного вина, но у них у самих нечего есть, и нам дают одни галеты.

— На Москву рассчитывают,— засмеялся Нефедов.

— Скажите, отдадут Москву? дадут еще бой? сильно мы пострадали? — посыпались на меня вопросы.

Я ничего не мог ответить.

Я знал только, что Кутузов решил дать бой 27-го августа, но ему донесли, что от второй армии осталась едва половина, и он приказал отступить. Знал, что убит генерал Тучков и смертельно ранен общий любимец Багратион.

Рассказал все, что знал, и всем стало грустно. Все задумались.

Казалось, что Наполеон и вправду идет, как победитель, и легко может занять Москву.

---

[3] Исторически верно. Этот разговор записан у Сегюра. (Примеч. А. Зарина.)

ФЕДЬКА-ЗВОНАРЬ

(Из моих воспоминаний)

В Смоленске я был переведен в егерский полк, в дивизию генерала Неверовского командовать ротой. Принял я роту и вдруг вижу в ней этого самого Федьку-Звонаря, бывшего моего дворового.

Я его за совершенного негодяя почитал. Был он раньше у меня в дворне, и никакой управы на него не было. В комнатах служил — никогда его нет; смотрит дерзко, отвечает на каждое слово; сдал его в псарню — тоже беда. Собаки любят, а егеря, доезжачие всегда на него с жалобой: грубит, всякие насмешки строит и ничего пе боится. Я его н на конюшне сек, и из собственных рук учил — хоть бы что.

Один раз пришел ко мне бурмистр и в ноги.

— Что тебе? — спрашиваю, а он:

— Накажите Федьку, бога ради! Убить меня грозится. Боюсь мимо псарни идти...

— Как? что?

Позвал Федьку, его и узнать нельзя. Бледный, дрожит от злости.

— Как он смел,— говорит,— меня вором назвать. При всех людях опозорил.

— Что-нибудь да было, что так назвал.

— Ничего не было. Спьяна шапку свою потерял, а на меня накинулся. После шапку в канаве нашли! — говорит, а сам дрожит.

Крикнул я на него, конюшней пригрозил и прогнал, а недели через две он так отколотил бурмистра, что тот едва ноги уволок.

Ну, понятно, Федьку я наказал для примера тоже изрядно и решил от него избавиться, а тут наш государь с Наполеоном войну замыслил и был назначен усиленный набор. Я этого Федьку в первую голову и забрил. Увезли его в город и забрали в солдаты. Было это в конце 1805-го года. С той поры я его и не видел, а тут смотрю: он у меня в роте и уже унтером. Высокий, бравый, а с лица все тот же.

— Давно ты здесь? — спрашиваю его.

— С самого первоначалу, как забрили.

— Что же, пришел до памяти?

— Надо быть, поумнел, а в точности не могу знать.

Неприятно мне было с ним встретиться. И наказывал я его много, и в солдаты сдал; ничего, кроме худого, ему не сделал и вдруг он опять у меня под командой и приведется — вместе в бою будем.

Нехорошие это мысли, а думались. Такие примеры бывали у нас. Имеют солдаты зло против кого-нибудь. Как первое сражение — глядь, и убит. Разве узнаешь, от своей или от французской пули?..

И сразу я стал его остерегаться. В то же время всякого поровлю спросить о нем, каков он таков. Все не нахвалятся им: и товарищ добрый, и служака, и в бою первый, и ко всему весельчак.

Ну, про это-то я знал. Оттого его и Звонарем звали. Шутки, прибаутки так у него и сыпались; сказку рассказать, песню спеть — и просить не надо...

Тем временем стояли мы в Смоленске, готовили сухари и собирались с Бонапартом сразиться. Он, говорили, в Витебске стоял. Наши старшие генералы все спорили, куда идти, чтобы встретиться с ним. Наш Багратион говорил, что Наполеон придет через Оршу и Красный, а немец Барклай — что из Витебска Наполеон прямо на Поречье двинется и на Смоленск. Ну, Барклай был старше и взял верх.

Решили идти на Витебск и 26-го июля поднялись все тучею. Барклай с 1-й армией прямо на Поречье двинулся, Багратиону приказал на Катань идти, а чтобы не обидеть его совсем, нашей 27-й дивизии приказано идти в Красный и Оршанскую дорогу стеречь.

Неприятно нам это было, страх! однако пошли.

Действительно: все ушли с неприятелем сражаться, а нас поедали дорогу стеречь...

Обидно.

Пришли в Красный и устроились себе господами. Сам Неверовский дом исправника занял, мы по обывательским домам, солдаты лагерем.

Днем спим да едим, вечером гуляем, а к ночи соберемся у полкового и жженку делаем, а там — в картишки — и до зари.

Казаки да драгуны, те еще заняты были. И день, и ночь ездили и дорогу высматривали до самой границы уезда, а нам, пехотинцам, да артиллеристам совсем никакого дела не было.

Так и жили, ни о чем не думая, до самого 2-го августа.

В этот день мы почти на заре по квартирам разбрелись. Заснул я самым крепким сном, и вдруг кто-то меня толкает в плечо, кто-то кричит над ухом. Я с трудом раскрыл глаза. Гляжу, это мой денщик меня будит. Лицо встревоженное:

— Вставайте, Еаше благородие! Тревога!

А за окном, слышу, в барабаны бьют, в трубу играют, кони фыркают, люди бегут. Сразу у меня сон как рукой сняло.

Наскоро умылся, одеваюсь и расспрашиваю: что случилось?

— Не могу знать,— отвечает денщик,— казаки сказывают, француз идет. Генерал сам на площади!

Оделся я, крикнул денщику: "Собирай вещи" и к своему полку побежал. А в городе — суматоха, не приведи бог! Навстречу мне из города полк за полком идут, пушки прогромыхали, проехали казаки, и драгуны прошли, а сам генерал Неверовский у заставы на коне сидит и всех мимо себя пропускает.

Лица у всех серьезные, и в то же время веселые. И мое сердце забилось: значит, бой будет!

Выбежал я на площадь, а там наш полк стоит, две пушки и наш командир на копе.

— Пушки, поручик, в южное предместье! — кричит,— на Оршанскую дорогу! как неприятеля увидите — стрелять.

— Слушаю! — и тотчас копи подхватили пушки, и они загромыхали, а за ними побежали артиллеристы с дымящимися фитилями.

— А вы, ребята! — закричал нашему полку командир,— не робеть! помните, нашему егерскому полку выпала честь — грудью врага принять! Вперед!

Загремели барабаны, мы пошли и почти тотчас остановились. Город кончился. Впереди стояли две пушки, и за ними открывалась большая дорога на Оршу.

Командир начал командовать.

Часть полка рассыпалась и скрылась за домиками, часть выстроилась в две шеренги.

Позади нас уже не было ни одного солдата, и по городу с воплями и плачем метались жители, стараясь увезти и унести с собой побольше имущества.

Я стоял впереди своей роты и спросил у младшего офицера:

— Что случилось?

— Французы! — ответил он,— разъезды поутру прискакали и донесли, что их несметное количество по дороге идет. Валом валит!

— Неужели сам?

— Не знаю!

Вдруг раздался в воздухе неясный гул. Мы взглянули на дорогу и словно окаменели.

Сразу вся дорога, насколько хватал глаз, покрылась всадниками. Кого здесь не было только! С длинными конскими хвостами на киверах, на черных конях — драгуны; с флюгерами в руках — уланы; тяжелые кирасиры; конные егеря в высоких зеленых шапках. Все они широкими рядами медленно подвигались по дороге, словно широкая волна морского прибоя.

— Смирно! — закричал наш командир,— готовсь!..

Неприятельская конница прошла еще немного и остановилась в какой-нибудь полверсте от нас, так что лица видны были.

Сбоку, с правой стороны, вдруг показались всадники. яВпереди всех на черном коне мчался высокий, стройный генерал в шляпе с разноцветными перьями, в алом плаще, с обнаженной шпагой. Он остановился у середины и что-то стал говорить, указывая на нас шпагою.

Если бы я не знал, что перед нами враги, которые сейчас бросятся на нас и станут нас рубить и топтать, то можно было бы залюбоваться картиной.

Ряды всадников, кони, генерал с развевающимися перьями, и на всю картину льет свои лучи яркое августовское солнце, сверкая всеми красками и золотом на одеждах и киверах.

— Мюрат! король Неаполитанский! — услышал я голоса.

Да, это был Мюрат со всей своей кавалерией. Потом оказалось, что Багратион был прав, и Наполеон со всей армией двинулся на Смоленск, через Оршу и Красный.

Мюрат что-то скомандовал и еще раз махнул шпагой.

Атака! — подумал я и оглянулся на своих солдат. Тотчас позади меня стоял Федька-Звонарь. Он сжимал ружье, лицо его было бледно, а глаза сверкали решимостью и пристально смотрели вперед.

По знаку Мюрата ряды французской конницы раздвинулись и из глубины колонн одна за другой вынеслись 20 пушек. Их быстро выкатывали, тотчас уводили коней и чуть не в 10 минут перед нами уже стояло 20 пушек, а затем тотчас грянул залп, сверкнул огонь, и на нас брызнула картечь.

— Пли! — закричал наш командир. Грянули наши две пушки.

Что они значили перед 20 пушками и что значил наш полк перед этими тысячами всадников?

Пушки опять грянули, еще, еще... У нас сразу упало человек сорок.

Командир подозвал к себе батальонных, поговорил с ними и скомандовал:

— Направо кругом — шагом марш!

В это самое время у неприятеля раздалась команда. Земля загудела, и вся масса всадников, словно ураган, помчалась на нас.

— Пушки брось! вперед! — закричал командир, и мы побежали.

Биться было безумием.

Нас просто растоптали бы конскими копытами.

Все же оставленные нами пушки еще дали по выстрелу.

Мы бегом перебежали через город и выбежали на Смоленскую дорогу. Впереди стоял наш генерал со всею дивизией.

Его пехота стояла одною густою колонною. С правой стороны стояли 10 пушек, а подле них Харьковские драгуны.

Неверовский увидел нас и поскакал нам навстречу.

— Смирно! стой! — раздалась его команда.

Сзади нас гудела земля от скачущей кавалерии неприятеля, но мы сразу остановились, как вкопанные.

Наш командир подскакал к генералу. Он выслушал его и, кивнув головой, снова скомандовал:

— Равняйся! беглым шагом марш!

Мы выравнялись и уже стройными рядами добежали до своих. Полки расступились, и мы заняли середину колонны.

Было самое время. Кавалерия Мюрата высыпала из Красного и залила всю дорогу. На минуту она остановилась, выстроила ряды и ураганом бросилась вперед.

10 пушек рявкнули и осыпали всадников картечью. Они остановились.

Прошла минута, и новые массы помчались на нас с нашего правого фланга. Драгуны и казаки бросились им навстречу. На одно мгновенье все смешалось.

Послышался гром от сшибки, а затем мы увидели, что наши драгуны и казаки мчатся во все стороны поодиночке, а французы забирают наши пушки.

Два полка не могли устоять против десяти.

Мы остались без кавалерии и без пушек. Нас было всего 3000 человек, а у Мюрата, как мы узнали потом, было 15 000 конницы.

Наш Неверовский закричал громким голосом:

— Ребята, не робеть! никогда копнпца вас не осилит, если вы будете слушаться команды и вести себя спокойно. Я с вами!

— и с этими словами он сошел с копя, ударил его и вошел в наши ряды, как простой офицер, а конь его умчался в поле.

Вот была минута! другой такой я не запомню во всю свою жизнь.

Неприятельская кавалерия снова выстроилась, как на параде, послышалась команда, и с двух сторон на нас помчались их полки бешеным галопом. Мы свернулись в одну массу,, спиной к спине в четырехугольник и с каждой стороны выставили ружья.

Передние ряды опустились на колена, задние стали во весь рост. И вот на нас летели бешеные массы, а мы стояли недвижно.

— Тревога! — раздалась команда, и загремели барабаны.

— Готовсь! — скомандовал я своим. Все взяли ружья на прицел. Мы уже видели совсем перед собою оцененные морды коней.

— Пли!

Т-р-р-р-р...— раздалось частою дробью, огонь опоясал наши ряды, дым на мгновенье закутал нас, и я видел только вздыбившихся коней.

Через мгновенье мы увидели, как во все стороны назад скачут всадники, а вокруг нас лежат убитые кони и люди.

Раздался барабанный бой.

В наших рядах послышался смех.

— Молодцы, ребята, поздравляю! — закричал Неверовский,— видите, я говорил правду. Благодарю!

— Рады стараться! ура! — закричали мы.

— Теперь нам до того леска дойти только! — сказал нам генерал.

— Шагом марш! — и мы двинулись вперед.

Не прошли мы и четверти версты, как снова на нас помчалась кавалерия Мюрата.

— Стройсь! смирно! Готовсь! тревога! пли! — и снова, как на ученье, мы отбили атаку.

Двинулись опять, успели пройти версту и снова атака.

Всадники совсем приблизились к нам. Раздались залпы. Кавалерист, наскочивший совсем на меня, запрокинулся и, падая, кинул в меня саблю. Она с силой вонзилась мне в плечо. Я успел ее отбросить, но левая рука моя повисла бессильно, и в ту же минуту я стал терять сознание.

Очнулся я от криков.

Мы стояли опять сплоченной массой. Вокруг пас ска-" кали на конях французы и кричали нам:

— Мете во зарм!

Это значило: "Сдавайтесь!"

А наши солдаты кричали:

— Возьмите нас! умрем, а не сдадимся! Я выпрямился.

— Осторожно, ваше благородие! я завязал вам ручку, да слабо. Ишь, кровь идет!

Я оглянулся. Подле меня стоял мой Федька-Звонарь.

— Ты мне помог? — спросил я.

— Не бросить же вас,— просто ответил он.

В это время барабаны забили отбой. Ряды выстроились и двинулись вперед. Неприятель скакал за нами. Надо было торопиться. Я сделал несколько шагов и зашатался.

— Держите меня за шею! так!

Федька-Звонарь подхватил меня за спину и понес. Мы почти бежали. За спиной было слышно фырканье неприятельских коней.

— Брось меня,— сказал я Федьке.

— Не трепыхайтесь,— ответил он. — Стройсь!

Он опустил меня подле себя па землю. Снова мы отбили атаку и снова двинулись вперед. Федька опять взвалил меня себе на спину.

Так он вынес меня из сражения.

Мы успели перейти речку в 12 верстах от Смоленска, и атаки кончились.

Мюрат был сконфужен.

15 000 его всадников не могли справиться с 3000 наших.

В Смоленске мне перевязали плечо, и я не оставлял строя, но не будь Федьки-Звонаря — я бы остался на поле битвы. Быть может, меня бы взяли в плен; быть может, растоптали бы кони.

Я позвал к себе Федьку.

— Ты спас мне жизнь,— сказал я. Он молчал.

Мне стало совестно. Я ничего, кроме худого, не сделал этому человеку. Мы были одни. Я обнял его.

— Прости меня,— сказал я и заплакал.

Я записываю это, потому что не стыжусь своих слез. Это были слезы чистого раскаяния. С той поры я не ударил ни одного своего дворового.

— Барин, ваше благородие! — заговорил Федька и упал мне в ноги.

Мы оба плакали.

Я выпросил его у командира себе денщиком и с той поры не расставался с ним. Вместе мы сделали походы 12, 13 и 14-го года; после я освободил его от службы, и он остался со мною моим камердинером, моим другом.

Отступление нашего отряда с Неверовским во главе в военной истории должно почитаться геройским делом.

3000 билось против 15 000 и осталось непобежденным.

Наполеон Бонапарте, когда узнал про это дело, пришел в ярость. Если б Мюрат осилил нас, уничтожил или взял бы в плен, он бы без всякого препятствия занял Смоленск и вся история 12-го года была бы тогда иная, но — "С нами бог" и он не допустил этого.

ПЕРВЫЙ ПАРТИЗАН[4]

(Достоверная история)

Когда разговор заходит о партизанах, то весьма многие первым партизаном именуют генерала Винценроде, другие — Давыдова, а мало сведущие люди называют и Фигнера, и Сеславина, и Орлова-Денисова, и Дорохова. Нет и слов, что все они были храбрые воины и лихие партизаны. Генерала Винценроде истинно Барклай-де-Толли послал в Смоленскую губернию на поиски, а отчаянный Давыдов первый предложил светлейшему князю Кутузову образовать партизанские отряды, но все же первыми партизанами были не они.

Таковым был не кто иной, как рядовой Новороссийского драгунского полка, старый солдат Ермолай Васильев.

Достоверная история его ведома мне потому, что его эскадронный командир, ныне генерал-майор Анисий Егорович Астахов, был большим моим приятелем.

По его словам я и записываю эту примечательную историю.

В той же самой битве нашей дивизии с Мюратом[5] первая атака его была устремлена на наше левое крыло, где стояли пушки и кавалерия, казаки и Новороссийские драгуны. В первой же сшибке наши не могли выдержать такого бурного натиска и рассеялись. Часть наших добрых казаков и драгун была убита или ранена, и вот в числе раненых свалился с коня и этот самый Ермолай Васильев.

Рану он получил, можно сказать, пустую: неприятельская сабля скользнула по его киверу и рассекла плечо, а пистолетная пуля пробила руку. Ко всему, когда он падал, надо быть, его зашибла лошадь, и он потерял сознание.

Очнулся он совсем уже на рассвете от утренней зари. Осмотрелся кругом. Поле чистое, наших не видно, а французы

---

[4] Партизанами наз. люди, воевавшие с неприятелями в одиночку или отрядами, помимо главной армии и общей команды, за свой риск. Отряды партизан были и из военных, как отряды Давыдова, Сеславина и друг., и просто из крестьян. Они действовали внезапными нападениями из засады, нападали на отставших солдат, на обозы и причиняли очень много беспокойства и вреда отсыпающему неприятелю. (Примеч. А. Зарина.)

[5] См. рассказ "Федька-Звонарь". (Примеч. А. Зарина.)

из Красного идут тучами, словно комары над болотом. По полю то здесь, то там убитые кони и люди лежат.

Ермолай Васильев — старый служака. Еще с Суворовым походы делал, а потому тотчас сообразил, что ему делать надо.

Не подымаясь на ноги, чтобы его ненароком неприятель не увидал, он пополз в сторону, дальше да дальше. Дополз до ручейка, выпил воды, раны обмыл, рубашкой перевязал и памяти лишился.

После он говорил об этом:

— Оно и лучше, потому как лежишь без памяти, так тебе и есть не хочется; а без еды я почитай трое суток был.

Он говорит — трое суток, а может, и больше.

Очнулся он, когда солнце садиться стало. Очнулся и поплелся дальше, все в сторону. Куда идет, и сам не знает.

По дороге речка ему попалась, перебрался через нее; добрел до леса, разложил костер, трубку выкурил и не то заснул, не то опять памяти лишился.

Очнулся от холода. Еще темно. Он опять побрел. На варе светло стало; он орехи нашел и поел; отдохнул и опять пошел.

Слышалось ему, будто пушки грохочут, из ружей будто палят, и не знал он, правда это или в бреду чудится. А в это время Наполеон у нас Смоленск брал.

Так и брел себе потихоньку Ермолай. Шел, шел — видит — большая река. Сообразил он, что это, должно быть, Днепр, и пошел берегом. Наконец, обессилел, упал и совсем памяти лишился.

Сколько лежал Ермолай, и сам не знает; только, когда очнулся, видит: толпой стоят вокруг него мужики и кричат:

— Очнулся! Бей его, нехристя! по башке его!

Один мужик уже и топор над ним поднял. Тут Ермолай собрал последние силы и успел сказать:

— Православные!..

Мужик опустил топор, а остальные опять загалдели.

— Бей! — чего тут. Врет он, собака.

Но мужик не послушался и нагнулся над Ермолаем.

— Ты кто? Француз?

— Что ты! — русский воин. За царя сражался... ранен,— прошептал Ермолай.

— А перекрестись!

Ермолай не имел силы перекреститься и только показал на грудь.

Мужик догадался и распахнул его мундир.

— Православный! — закричал он,— крест на ем!

Мужики опять загалдели, но теперь радостно.

— Подымай, ребята! — тащи! — услышал Ермолай и снова лишился чувств.

Очнулся он уже на лавке, в избе, разутый, без мундира, с перевязанными ранами.

Пожилая женщина подошла к нему и ласково дала ему напиться. Старик наклонился над ним и сказал:

— Лежи смирно и не говори, а то опять лихоманка затрясет.

Ермолай закрыл глаза и заснул.

Раны его были легкие, кровь здоровая, тело привычное. Выспался он, поел, опять заснул. Старик ему два раза в день повязки менял, какие-то травы прикладывал — и стал Ермолай поправляться.

Сошел с лавки, за стол сел, квас с хлебом хлебает. Совсем почти здоровый.

И тут он узнал и где он, и что случилось за все время от 2-го августа, когда он был ранен.

Сидел он на завалинке у избы, а крестьяне окружали его тесным кругом и рассказывали наперебой.

Раненный, в бреду, голодный, он добрел до самого Дорогобужского уезда.

— Село Веселково господина Пафнутьева, Челновской волости,— сказал мужик, который хотел его топором зарубить,— сам-то господин Пафнутьев еще первого Спаса в Тамбов уехал.

— А усадьбу, говорит, жгите,— сказал другой.

— Чтобы, значит, французу не досталось,— пояснил третий.

Ермолай только кивал головой.

Рассказали ему, как Наполеон брал Смоленск.

Войска-то нашего в Смоленске всего малая кучка была. Один генерал Раевский, да с ним генерал Паскевич. Они весь день 4-го августа бились.

Потом все наше войско пришло. Пришло, постояло и прочь ушло, а в городе только генералов Коиовницыиа да Дохтурова оставили. Так наистаршой приказал.

— Балтай[6] этот самый! — с горечью сказал Ермолай.— А потом что?

— Ушло это войско, а француз на Смоленск пошел. Господи, что было! Как начал палить из пушек. Будто гром. Земля дрожит. В городе-то все гореть начало. Тут нашу матушку царицу небесную взяли из собора и в Москву понесли. А за нею все. Идут, поют и плачут. А над городом огонь

---

[6] Солдаты в насмешку прозвали Барклая-де-Толли—"Балтай да и только". (Примеч. А. Зарина.)

столбом. Ажио у нас тут светло было. Бились французы до ночи, а город не взяли. Тут и остатные войска ушли. Как есть под второе Спаса, а на самый праздник французы и вошли. Вот!

— И Смоленск взяли! — воскликнул горестно Ермолай.— Ну, а после?

— А чего после? — наше воинство все ушло. Слышь, Москву защищать, а француз теперича в Смоленске, и вся эта нечисть по всей губернии рыщет.

— Мы тебя-то за француза приняли, потому и порешить хотели,— сказал в заключение один из мужиков.

Горько было выслушать этот рассказ старому суворовскому солдату.

Вспомнил он, что покойный Суворов совсем не знал даже слова "отступать" и команда его всегда была только "вперед".

Обидно было его русскому сердцу, что враги берут город за городом, неся войну в самое сердце России.

Вернулся он в избу, лег на давку и отвернулся лицом к стене.

"Глаза бы мои не смотрели, уши бы не слышали. Лучше бы я умер, нежели такой позор терпеть",— думал он, лежа на лавке, и во всю ночь не сомкнул своих глаз.

Встал он утром хмурый, мрачный. Вышел на завалинку и молча свою трубку сосет. Вдруг по деревне толпа мужиков бежит и все к нему.

— Слушай-ка про окаянных! Гляди, что наделали! — раздались голоса.

Поглядел Ермолай. Стоят веселковские крестьяне, а между ними четверо чужих. Бледные, без шапок.

— Ты их послушай! Рассказывай, братцы! — снова закричали веселковские.

— Ну, что еще? Говорите! — сказал Ермолай. Мужики только всплеснули руками.

— Пришли к нам французы,— тонким голосом заговорил один мужик,— видимо-невидимо. Что-то лопочут, саблями машут, потом как бросятся по деревне! Кто корову взял, кто свинью, гусей, кур — все побрали. Хлеб в возы поклали и уехали, а деревню сожгли. Староста в амбар ключей не давал. Зарубили окаянные.

Потемнел Ермолай.

— Вы кто будете? Откуда?

— Суседи наши,— загалдели веселковские,— из Духовщинского уезда, Коноплянка деревня их.

— Куда же вы девались все?

— В лес ушли. Так сейчас в лесу и сидим. Пришли к

суседям хлебушка просить. Не откажите, Христа ради! — поклонились они веселковским, а те в ответ:

— Не сумлевайтесь! Чем богаты. Все мы под богом ходим!

В это время бабы подняли вой.

— Мать пресвятая богородица! — придут нехристи и по наши животы! ой, беда, беда!

Тут-то и загорелся Ермолай. Встал с завалинки.

Брови нахмурил, глаза горят, рука в кулак сжалась, п заговорил он громким голосом:

— Ребята! братцы мои, али терпеть будете? — будете сидеть по избам да ждать, когда они, окаянные, придут, все добро унесут, да ваши избы спалят? — так, что ли?

Зашумели мужики, а Ермолай еще громче и сердитее:

— А потом в лес или в болото спрячетесь и будете, как зверье, жить? так, что ли?

Опять зашумели мужики.

— Не дадимся им! пущай сунутся! Ты, дядя, научи нас! Не оставь нас, родимый! — раздались голоса.

— Так-то, ребятушки! — закричал Ермолай, и лицо его просветлело,— не дадимся ему! — а пока что станем его сами бить!

— Как его бить-то будешь. Он, вишь, и с саблей, и с ружьем!

Ермолай махнул рукой.

— А мы со сметкой! Они теперь везде рыщут. Где два, где три. Случится, заснут. Случится, от страха сабли побросают. Нам только не робеть да не зевать. Ну, кто со мной на француза? иди тот направо!..

Сразу на правую сторону побежали все, кто помоложе да посильнее. Мужиков семьдесят собралось. Ермолай повеселел. Куда и боль пропала.

— Теперь я вас обучу и каждому оружие дам. Мы им покажем! — весело сказал он.— Только чур: слушать меня!

— Уж это известно! — крикнула в ответ его команда.

Ермолай прежде всего вооружил свое войско. Одним он дал вилы, а другим косы, которые велел привязать прямо к длинным жердям; кроме того, всем приказал иметь ножи и топоры. После этого он стал обучать своих воинов, а затем отрядил четверых в четыре разные стороны и велел им сторожить французов и, как только заприметят, сейчас ему донести.

Было это 13-го августа. И наша армия, и французская уже находились подле Царева-Займища, а в Смоленске оставался только французский гарнизон с генералом. Этому генералу Наполеон приказал собрать как можно больше провианту, и каждый день во все стороны шли и ехали французские отряды, забирая по деревням и селам и хлеб, и муку, и овес, и сено, и скотину, и птицу. Словом, грабили.

Но еще хуже приходилось жителям от мародеров, которые теперь наполнили губернию и рыскали всюду. Это были отставшие от армии солдаты, которые не хотели воевать, но охотно разбойничали. Они шли следом за армией. После сражения они бросались на поле битвы и там грабили убитых и раненых. После ухода армии приходили в город и нападали на жителей. Бродили они и шайками, и по несколько человек, и в одиночку.

15-го августа прибежал к Ермолаю один из посланных и говорит:

— Француз идет! надо быть, что где-нибудь деревню ограбили. Три полных воза везут и голов 10 скота,

— А самих-то много? — спросил Ермолай.

— Самих, надо быть, душ 20; все пешком, а один на коне едет.

— Дорогу знаешь?

— Как же! тут сейчас лесом и они!

— Вали, ребята! — закричал Ермолай и повел свою дружину.

Лесом да кустарниками дошли они до дороги. Ермолай высмотрел неприятеля.

Действительно, отряд пехоты провожал обоз.

Ермолай разделил всех на три отряда и расставил их кучками друг от друга на 100 шагов,

Сам стал в середине и приказал:

— Никто с места не шевелись, пока я не нападу. А тогда кричи каждый во всю мочь и бей нехристя. Никого не выпускай.

Французы беспечно двигались по дороге. Ружья для облегчения положили на возы, сами курят и болтают. Прошли они мимо первого отряда и только сравнялись со вторым, как на них с криком бросился Ермолай и его 20 человек. В тот же миг раздались оглушительные крики, и сзади, и спереди. Всю дорогу засыпали молодцы, и испуганным французам показалось, что на них напало целое войско. Засверкали страшные косы, замахали топоры, Ермолай бросился на офицера и одним ударом рассек ему голову. Все смешалось в кучу, а 10 минут спустя уже не было ни одного живого француза.

— Вот, ребята! — закричал Ермолай,— как с ними расправляться надоть. Кричите: ура!

— Ура! — закричали все, и было от чего.

Все сразу поняли, что теперь им французы не страшны.

— Ну,— сказал Ермолай,— а для начала снимайте с них все оружие: ружья, сумки, сабли, тесаки, пистолеты, все берите! и барабан тащите!..

Вся деревня высыпала навстречу победителям. Они шли весело, пели песни, и с ними ехали три воза со всяким добром.

Слух пошел об ермолаевской дружине и о деревне Беседковой.

На другой день прибежали в деревню мужики из соседнего села и взмолились:

— Братцы, пришли французы грабить. Заступитесь, родные!

Дружина Ермолая тотчас полетела на помощь.

На село напала шайка мародеров. Они разбежались по домам и дворам и предавались грабежу, когда на них напал Ермолай.

— Бей! коли! руби! — раздался крик, и испуганные разбойники, как зайцы, заметались во все стороны.

Ни один не ушел из села, и опять Ермолай с дружиною забрали себе и ружья, и сабли.

Недели не проходило, чтобы Ермолай со своей дружиной не отбил обоза, не ухлопал бы 6—10 французов, и с каждой неделей отряд его увеличивался новыми и новыми воинами.

Раз пришли все мужики одной деревни.

— Баб к соседям увели. Возьми нас, милостивец, француза бить!

Всех брал Ермолай. Скоро у него образовался не отряд, а целое войско в 600 человек, и почти у всех уже были или ружья, или сабли, но с топором никто не расставался.

Ермолай разделил свое войско на 3 отряда по 200 человек и ходил с ним от Дорогобужа до самого Красного.

Французы стали бояться имени Ермолая.

Он стал подстерегать обозы и нападать на них.

По дороге через Красный в Смоленск, из Смоленска на Гжатск постоянно подвигались обозы, везя в главную армию то ружья, то патроны, то заряды для пушек и порох; скакали курьеры, везли почту.

Ермолай нападал на эти обозы, ловил курьеров, останавливал почту.

Французам от него и его войска не было пощады.

Генерал в Смоленске назначил за голову Ермолая награду,

но свои не выдавали его, а французам было трудно его поймать в лесных чащах, где он скрывался со своим войском.

Время шло. Наступил октябрь, и скоро показались убегающие из Москвы французы. Быстро за ними двигались наши войска.

В отряде Милорадовича, который гнал неприятеля по пятам, находился Новороссийский драгунский полк.

29 октября эскадрон этого полка выехал на разведку, когда вдруг услышал впереди на дороге шум сражения. Он поскакал вперед, и перед ним открылась удивительная картина.

На большой отряд французов нападало какое-то неведомое войско. Стреляли из пушек, люди в простых тулупах махали саблями и бежали на французов, какой-то воин, сидя на коне, командовал всеми.

Офицер остановился.

Французы бросили оружие и упали на колена.

Битва прекратилась.

Тогда офицер подъехал к начальнику, чтобы узнать, кто он, и вдруг с изумлением воскликнул:

— Ермолай Васильев!

Ермолай взглянул и сразу узнал своего ротного командира. Он выпрямился в седле и быстро ответил:

— Так точно, ваше высокоблагородие!

— Что ты здесь делаешь? это кто?

— Войско православное, а я командир! — с гордостью ответил Ермолай.

Офицер стал его расспрашивать. Храбрые воины из крестьян тесным кольцом окружили Ермолая и офицера. Ермолай рассказал всю свою историю от момента, как упал с лошади, получив две раны.

— Теперь у меня войска 600 человек,— окончил он рассказ,— за это время мы уничтожили 800 французов, 1400 взяли в плен, захватили оружия всякого уйму, 200 зарядных ящиков, 6 орудий, а фуража столько, что и сами сыты, и всех голодных кормим.

Изумился офицер его подвигам, но сказал:

— Все же я должен тебя взять и полковому командиру представить.

Ермолай только кивнул:

— Служба. Дело известное! я, ваше высокоблагородие, от службы не бегу!

В его войске поднялся ропот, но он обернулся к ним и сказал:

— Братцы мои! я присягу давал. Теперя, как я свой полк

нашел, я уж не командир вам. Выберите себе, который смышленый, и бейте врага, а меня лихом не поминайте!

— Отец наш, родной наш! — раздались крики. Офицер отвернулся и вытер слезу.

— Едем, Ермолай!

— Будьте счастливы! французу спуску не давайте!— крикнул Ермолай и поскакал следом за офицером.

Офицер доложил об Ермолае полковому командиру. Тот с изумлением выслушал рассказ и доложил об Ермолае Милорадовичу, а Милорадович отправил его к самому Кутузову.

Ермолай Васильев был пожалован Георгием, награжден деньгами и произведен в вахмистры.

Новороссийский полк им гордился за все время своих походов.

Так вот...

Ежели вас кто спросит, кто был первым партизаном в войну 1812 года, прямо отвечайте:

— Ермолай Васильев, рядовой солдат Новороссийского драгунского полка.

ПРАСКОВЬЯ-КРУЖЕВНИЦА

Едва пронеслась весть, что французы заняли Витебск 15 июля 1812 года и наша армия двинулась через Поречье на Смоленск, как вся Смоленская губерния заволновалась.

Все ясно понимали, что скоро на мирных полях этой губернии раздадутся пушечные выстрелы и польется кровь.

Помещики спешили оставить свои наследственные усадьбы и искали убежища для своих семейств или в других своих имениях, или у родственников в южных и приволжских губерниях.

Началось общее бегство.

В дворне одного из помещиков среди девушек-мастериц была кружевница, молодая и красивая, Прасковья, взятая из маленькой деревни Соколово, Духовщинского уезда.

Собрала она свои пожитки в мешок, взвалила его на спину и вернулась из барской усадьбы в деревню.

Прошло немного времени...

Явился в деревню Соколово французский отряд, который отнял у мужиков все сено и хлеб. После этого не проходило недели, чтоб в деревню не заходило несколько неприятельских солдат, которые отнимали у крестьян все, что приглянется.

Однажды все ушли из дому, Прасковья находилась во дворе. Вдруг подле нее очутились два рослых неприятельских солдата. Глаза их горели недобрым огнем, лица улыбались. Враги поставили к стене свои ружья и направились к Прасковье, вытянув руки и быстро говоря что-то на своем языке.

— Бон, бон,— слышалось Прасковье.

Девушка в страхе отскочила в сторону. Французы громко засмеялись и снова пошли к ней. Она стала отступать и оперлась на колоду, с ужасом смотря на врагов, как вдруг почувствовала под своей рукой топор. В это время один из солдат бросился на нее. Девушка схватила воткнутый в колоду топор, взмахнула, и француз упал с разбитой головой к ее ногам. Другой торопливо побежал к своему ружью, но Прасковья одним прыжком очутилась за ним и обрушила свой удар на его голову.

Девушка с ужасом оглянулась. На дворе в лужах крови лежали два трупа. Она открыла ледник, стащила их туда, а ружья спрятала за дрова. Когда отец с матерью и братом вернулись домой, она рассказала, что с ней случилось.

Мать всплеснула руками и заплакала:

— Дочка моя милая, это Господь послал тебе силу. Не дал поглумиться нехристям!

Прасковья стояла потупившись. Вечером, как только смерилось, отец закопал трупы на огороде; он боялся, чтобы французы, которые каждую минуту могли явиться, не стали мстить за убитых товарищей.

Ростом высокая, с открытым ясным лицом, с тяжелыми косами за плечами, Прасковья была настоящей русской красавицей. Все любовались ею.

Пошла раз Прасковья за ворота, и вдруг, словно из-под земли, выросли перед нею три неприятеля: один офицер и два солдата.

Офицер с криком бросился на девушку. Она отскочила и ухватила вилы. Офицер рванулся вперед и упал, пробитый вилами. Прасковья быстро освободила их и, готовясь к обороне, стала кричать громким криком.

Немало на деревне парией ухаживало за Прасковьей. Многие из них готовы были жизнь свою положить за нее, и едва услышали они ее крики, как толпою побежали на помощь. Через минуту оба солдата-разбойника лежали рядом, с разбитыми головами.

Прасковья стояла с окровавленными вилами, парни окружили ее, на улице в пыли валялись трупы убитых.

Собралась вся деревня.

Пожилые и старики качали головами и тревожно говорили:

— Ой, парни, парни, и беды вы наделали! Гляди, охвицера ухлопала, что теперь будет? беспременно за него всю деревню спалят!

Все потупились и молчали.

В это время Прасковья словно очнулась. Она вошла в круг, с растрепавшимися косами, с окровавленными вилами в руках, и заговорила звонким голосом:

— Боитесь, старички? Что же нам, по-вашему, делать надо было? Ась? Они, нехристи, Русь полонили, в храмах скверности делают, грабят достатки наши, жгут и режут, а нам смотреть покорливо? Так, что ли? — и голос ее зазвенел в воздухе.

Теперь старики потупились, а парни глядели на девушку с восторгом. Она оглянулась. Грудь ее высоко вздымалась, глаза сверкали. Отец не узнавал своей дочери.

— А я вот что решила,— громко сказала она,— будя мне терпеть от этих разбойников! Возьму я топор и стану бить их. Сонного устерегу — убью; одного на дороге встречу — убью, а коли двух, так спрячусь. Помогу царю своему: хоть десяток поганцев прикончу. Вот мое слово. Простите, мир честной, и ты, батюшка!

Она опустилась на колени и поклонилась всем земно.

— Что ты, очумела? — крикнул на нее отец.

— Куда ты? С чего? Мы это так только! — зашумел сход, но Прасковья встала с земли и твердо повторила:

— Клятву матери божьей Заступнице в том дала. Не держите меня.

— И я с тобой, Прасковья! — крикнул молодой кузнец, сжимая кулаки и становясь с ней рядом.

— И я! и я! — закричали молодые парни.

— Вот и войско у меня! — улыбнувшись, сказала Прасковья.

Это было страшное войско: 20 сильных, молодых парней, вооруженных топорами, косами и вилами, и во главе их красавица Прасковья. Они сначала стерегли французов у дороги и нападали на них, когда видели не более десяти — двенадцати человек, но скоро косы и топоры сменились у них ружьями и саблями.

Сама Прасковья показывала пример храбрости, и они, смелея день ото дня, стали уже нападать на вооруженные отряды, и один раз отбили у французов обоз.

Слух о Прасковье и ее помощниках пошел по всему уезду, и из соседних деревень стали приходить к ней парни. Она принимала на выбор, и вскоре у нее образовался отряд из 60 отборных молодцов, с которыми Прасковья доходила почти до самого Смоленска.

— Прасковья! — с изумлением и страхом говорил французский генерал, посаженный в Смоленске губернатором,— девица, мужичка, и такой разбойник! Надо ее схватить и повесить!

— Ее, ваше превосходительство, не поймать. Она скрывается в лесах. С ней очень сильный отряд.

— Это стыдно,— горячился генерал,— солдаты великой армии и мужичка!.. Девочка!.. Взять ее!..

Но поймать Прасковью не могли, хотя за ее голову была назначена большая награда.

Когда Наполеон во время отступления пришел с голодной, замерзшей армией в Смоленск и не нашел в городе никаких запасов, то приказал расстрелять назначенного им интенданта, Вильбланша, но губернатор Жомини объяснил ему, что собрать провиант невозможно было.

— Все дороги были полны засадами. На наши отряди

нападали мужики и истребляли нас. Их шайки были опасней для нас русской армии. Одна Прасковья...

— Какая Прасковья? женщина? — изумился Наполеон.

— Девушка,— ответил Жомини и рассказал о вреде, который причиняла французам Прасковья с ее молодцами.

— Что за страна? — воскликнул Наполеон.— Жгут свои лучшие города, сражаются женщины и дети!..

И он отменил казнь интенданта.

Когда окончилась война и все мало-помалу начинало входить в обычный порядок, в свое имение возвратился и помещик.

Усадьба отстроилась, и Прасковья, как искусная кружевница, была снова вызвана из деревни. Она вернулась к своим коклюшкам, и никто бы не узнал в красивой, стройной девушке недавнюю предводительницу отряда, одно имя которой приводило в трепет храбрых солдат "великой армии".

Не знал про это и сам помещик до той поры, пока через губернатора из Петербурга не была прислана Прасковье серебряная медаль в память Отечественной войны.

С той поры Прасковья стала гордостью помещика. Он освободил ее от всякой работы и обеспечил ее жизнь. Спустя два года она вышла замуж за того кузнеца, который первым присоединился к ней.

БРАТЬЯ-РАЗБОЙНИКИ

I

Братья Трубины появились у нас в пятом классе после рождественских каникул, и сразу о них пошел говор и мы все оживились, а наше непосредственное начальство, видимо, было не особенно довольно таким приобретением. Это инспектор, в минуту крайнего раздражения дал им кличку "братьев-разбойников", и под этой кличкой мы долго вспоминали их, как живой пример неудержимой удали, потребности движения, размаха, что выливалось у них в форме таких проявлений, которые никак не могли понравиться нашему строгому начальству.

Разве возможно, чтобы ученик тащил свой ранец просто за ремень, а не нес бы его бережно и чинно за спиною по образцу пехотного солдата? Разве возможно, тем более, прийти в классы просто со связкою книжек подмышкой да еще в пальто внакидку? Или носить длинные волосы? Ходить по улицам в высоких сапогах?

А они всё это делали. Им замечали, их оставляли на один и на два часа, записывали в штрафной журнал, сбавляли отметки по поведению, а они словно не замечали этого.

Отец их вышел в отставку из военной службы с чином генерал-майора и переселился в наш город, а с ним и они были переведены в наше училище.

Я был в основном отделении, а они в параллельном, но в первый же день их появления во всех классах уже говорили о них. Прежде всего, заговорили об их силе, как о чем то необычайном.

К нам во время второй перемены забежал из их класса Прохоров, маленький, красный толстяк, и с одушевлением рассказывал:

— Ну, братцы, и какис же они молодцы! Прямо силачи! Один ухватился пальцами за край подоконника и его шесть человек оторвать не могли, а другой — четверых на себе носит.

Я познакомился с ними на другой день, на уроке Закона Божия. Они были погодки и очень похожи друг на друга. Только старший брат, Григорий, был повыше ростом, зато младший, Петр, был шире его в плечах и казался почти четырехугольным.

Силы они оказались, действительно, очень большой и охотно ее показывали. Брат Петр клал на верх указательного и безыменного пальцев два карандаша, прижимал их средним пальцем, ударял по колену и карандаши ломались. Брат Григорий ударом кулака разбил доску у парты. Петр пальцами раздавливал кусок мела, Григорий подымал учительский стол с двумя сидящими на нем учениками.

И мы прониклись к ним невольным почтением, особенно, когда узнали, что они и пловцы, и гребцы, и охотники, и гимнасты, и услышали об их приключениях и подвигах за то время, когда отец их командовал батальоном.

Учились они ни хорошо, ни плохо, а так — со средним успехом.

Среди товарищей своего класса они почти сразу сделались верховодами, и скоро пятый параллельный класс стал резко выделяться среди остальных какой-то бесшабашной удалью, смелостью речей и манер и спокойной решимостью.

Раз случился пожар в еврейском квартале, и мы на другой день узнали, что 10 учеников из этого класса, под командою братьев Трубиных, принимали деятельное участие при тушении пожара, спасая и охраняя имущество погорельцев, помогая им выбираться из квартир, не отказываясь качать воду и ломать стену горящего дома.

По этому поводу директор заходил к ним в класс и произнес речь, в которой одобрил поведение добровольцев, а затем пригрозил карцером и исключением из училища за повторение подобного подвига, потому что: "вы готовитесь служить отечеству своими знаниями и духовными способностями и до совершеннолетия не имеете права самовольно рисковать жизнью".

А после уроков Трубины были позваны к директору отдельно и им замечено было, что они "смущают весь класс".

Трубины передали это товарищам, и Григорий смеясь прибавил:

— А вы, дружки, не смущайтесь!

Но зимой мало было для них простора.

Зато, когда наступила весна, они развернулись во всю ширь и не только их класс, но и многие из других классов, а в том числе и я с Довойно, присоединились к ним, составив веселую и буйную компанию.

II

Весна у нас бывала всегда ранняя, так что случалось иногда, что уже на Благовещенье зацветала сирень и устанавливались теплые дни. Река вскрывалась в самом начале марта, а к концу на ней уже показывались длинные, узкие извивающиеся, как змеи, плоты и далеко по реке разносились звонкие голоса плотовщиков, а ночью, словно костры в Иванову ночь, зажигались по берегу огни.

Всё кругом шумело, гудело, ликовало сплошным гомоном пробужденной природы; зеленой травой покрывались высокие горы, стоящие над городом, оживали леса и рощи, и обыкновенно мы дурели об эту пору, проводя все свободные часы или на реке, или на горах, или в лесу. Теперь же, при участии Трубиных, наши блуждания, игры на свежем воздухе, смелые экскурсии под воскресный день, приняли самые широкие размеры.

Сначала Трубины знакомились с окрестностями и заставляли нас водить их всюду, — а спустя недели две уже не было на 10 верст в окружности незнакомого для них места и они начали водить нас и показывать такие места, о которых мы и понятия не имели.

Это они спустились в какую то яму в лесу у берега реки, которая вдруг оказалась выходом подземной галереи, идущей от Бернардинского монастыря.

И всё это за время нескольких недель, причем, понятно, нам мешали в этих путешествиях классные занятия.

Когда же наступили экзамены, наши загородные прогулки пришлось совсем отложить в сторону.

Наше время было время особой строгости. Директор и состав учителей считались тем лучше, чем больше в заведении оказывалось слабых учеников: из 30 учеников в следующий класс переходила едва половина, а оканчивали и получали диплом много, если 10 — 12. Учителя обращались в беспощадных экзаменаторов и задавались задачею срезать как можно больше своих же учеников.

Сообразно с этим занимались и мы.

Экзамены были и письменные, и устные, и готовиться к ним нас отпустили с самой Пасхи. Перед устными экзаменами обыкновенно было времени 9 — 14 дней, перед письменными 2 — 3. И мы зубрили, чертили, упражнялись, решали задачи, сходясь кучками по трое, по четверо. Наша компания была неизменна: я, Кожин, Довойно и Забуцкий. Занимались мы вместе, но свободное время проводили по разному. Кожин читал, мечтал и писал стихи, Забуцкий катался верхом, а мы с Довойно проводили время в саду у Трубиных.

Там собиралась нас целая шайка и чего мы не делали!

Трубины, понятно, являлись во всем зачинщиками.

При доме, который они занимали, находился роскошный сад: большой, запущенный, с двумя пересекающимися аллеями, заросшими травою, с тропинками, с развалившейся беседкой в чаще сиреневых кустов, с черемухой, вишней и старыми ароматными липами. В этом саду Петр и Григорий поставили две офицерские палатки и поселились в них, вероятно, представляя себе, что они живут в девственном лесу.

В этом-то саду мы и собирались.

В кустах и под купами деревьев раздавались наши смех, крики и кипело буйное веселье.

У братьев были ружья, и мы стреляли в цель; почти каждый соорудил себе высокие ходули; наконец, мы заготовляли блестящий фейерверк на день именин отца Трубиных — 11-ое мая.

Один край этого сада был загорожен полуразвалившейся высокой каменной стеной, бурой, обветренной, поросшей мхом. Говорили, что это — стена разрушенного и сожженного еще в 1835 г. монастыря. Теперь же эта стена просто отделяла два смежных участка, и мы никогда не задумывались над тем, что находится за стеной.

Высилась она высокая, шершавая, буро-зеленая, саженей на девять, и почти на самом её верху было круглое отверстие, вроде слухового окна.

И вот однажды кому то из нас пришла в голову задача — попасть в это окошко камнем. Задача была не из легких, а поэтому она быстро заняла всех и в стену полетели друг за другом беспорядочно камни.

Часа два мы швыряли каменья и только один или два из них беззвучно пролетели в чернеющую дыру и скрылись, а десятки гулко и резко шлепались в стену и падали назад.

Когда мы пришли на другой день, Григорий встретил нас торжествующим возгласом:

— Глядите, господа! Раз, два!

Он взмахнул рукою и выпустил камень. Камень со свистом описал плавную дугу и скрылся в черной дыре окошка.

— Раз, два! Раз, два! — и еще два камня полетели с такой же математической точностью.

— А Петр не может! — смеясь сказал Григорий, вытирая руку и отходя.

— И врешь! — закричал Петр. — Вот тебе! — и пустил камень, но камень, с треском ударился в стену, — правда, недалеко от окна, — и упал назад.

— Ну, вот и показал! — захохотал Григорий. Петр стиснул зубы и с остервенением стал упражняться. Мы увлеклись тем лее, и опять в стену с резкими ударами и глухим шуршанием посыпались камни.

Григорий, время от времени, пускал камень тоже и каждый раз без промаха.

Это занятие обратилось у нас в спорт и каждый день с добрый час времени мы занимались швырянием камней в чернеющую наверху дыру.

Наловчились мы в этом деле дня в четыре. Я стал попадать раньше других, за мной Петр, потом Довойно, а там и остальные, кроме Прохорова, который был близорук, как крот, и слабосилен, так что не мог даже добросить камня.

Было какое то особенное удовольствие метким взмахом запустить камень и следить, как он, описав дугу, неслышно мелькнет в черную дыру и скроется из глаз.

И камни летели один за другим и исчезали. Иногда, одновременно пущенные, они сталкивались вверху и с треском отскакивали друг от друга или один за другим пролетали за стену

Пани Гортензия, полная курносая женщина, экономка у ксендза костела Святого Духа, сидела у себя в комнатке и вышивала бисером и шелком пелену, когда у открытого окошка показался дворник Иосиф и сказал ей:

— ПрСшу, пани, забачить. Знова жартуют!

— Матка Боска! — воскликнула пани Гортензия и, колыхнувшись, поднялась и выплыла сперва в кухню, а затем — на двор, красная, как пион.

— ПрСшу, прСшу! — сказал дворник, твердым шагом идя к низенькому забору, через который свешивались корявые ветки старых груш и яблонь.

Они остановились у калитки и пани Гортензия крепко прижала руку к левому боку и раскрыла рот.

— Чу! — сказал Иосиф, поднимая руку. Пани Гортензия могла только слабо кивнуть в ответ.

В мирной тишине маленького садика в этот вечерний час резко задребезжали и зазвенели разбитые стекла.

Иосиф открыл калитку и они вошли в сад. В левой стороне стояла обвитая виноградом тенистая беседка, прямо —

красивым узором раскинулись клумбы, на которых к июню засверкают всеми красками яркие цветы; во все стороны протянулись усыпанные песком выметенные, вычищенные аллейки, в пересечении которых журчал фонтан. Цвела сирень. Купы деревьев, яблонь, груш, вишен, кусты смородины и малины были наполнены нежным шумом гудящих вьющихся насекомых. Мир и благодать царствовали в этом уголке. Справа от сада тянулись грядки огорода и сверкали под солнечными лучами почти лежащие на земле стеклянные рамы, прикрывающие парники.

— Дзинь! — раздавалось время-от-времени, и, словно с неба упавший камень проникал в парник и разбрасывал искрами раздробленное стекло.

— Дзинь! Дзинь!

Пани Гортензия стояла некоторое время в немом молчании, потом взвизгнула и понеслась к дому, а Иосиф, устремив глаза кверху, пристально и сосредоточенно смотрел в бурую, покрытую мхом, стену, на чернеющее в ней отверстие круглого окна...

Отец Стефан сидел в своем кабинете в глубоком кресле и мирно дремал, когда вошедшая пани Гортензия шумно и внезапно пробудила его:

— Что же такое с нами будет? В наш сад так и сыпят камнями. На парниках все стекла побили. Того-гляди, и нам в голову камень ударит! ПрСшу забачить!

И она заставила отца Стефана подняться с кресла, надеть шляпу, взять трость и выйти в садик, где всё еще стоял Иосиф, созерцая чернеющую дыру в угрюмой стене, из которой, как из пращи, вылетали камни и со звоном разбивали вдребезги стекла парниковых рам...

— Десять раз без промаха, кто может? — закричал Григорий. — Вот, смотрите!

Подле нас грудой лежали собранные камни.

Мы остановились и с восхищением смотрели, как, после каждого сильного взмаха руки Григория, камень жужжа, словно птица, летел и скрывался через дыру за" стеною.

— Четыре, пять, шесть, — считал Петр, и вдруг мы услышали позади себя громкий, сердитый окрик:

— Вот они, негодяи, чем занимаются! А если в голову'?

Мы сразу все обернулись — и застыли в смущении. Перед нами стоял седоусый, высокий старик в белом кителе и в штанах с лампасами. Лицо его было грозно, и он махал поднятой в руке палкой. Рядом с ним, в черной сутане и широкополой шляпе, стоял ксендз и несомненно смеялся, хотя лицо его было спокойно.

Генерал махал палкой и кричал:

— Ну, Гришка, уж я тебе задам баню! И тебе, Петька, не отвертеться! Скажите на милость, забава! Людям головы камнями прошибать!

— Чьи же головы? — возразил Григорий. — Мы в дыру целим!

— Дурак и есть! — сердито сказал генерал. — А куда камень из дыры летит?

Правда, куда? Мы даже удивились, что никто из нас об этом не подумал, и смутились.

— Прямо в сад ко мне, — мягко объяснил ксендз: — прямо на парники и все стекла перебили, а если бы в это время я задумал поглядеть на рассаду...

— Ну, и в голову бы камнем! — окончил генерал и снова погрозился. — Ишь, шельмецы!

Ксендз снисходительно покачал головою и внимательно поглядел на дыру в стене.

— И без промаха вы это? — спросил он, уже широко улыбаясь.

— Сразу! — ответил Петр.

— Я тебе покажу сразу, — сердито сказал генерал и тоже поглядел на дыру. — А, ловко! — вдруг воскликнул он. — Ишь ты, поди, руки вывертели, пока обучились! Я вас ужо! — он погрозил сыновьям палкой, взял ксендза под-руку и повел из сада, говоря: — Больше уже этого не будет. Смею вас уверить и прошу...

— Вот так фунт! — воскликнул Григорий, когда они скрылись: — вышла, значит, прицельная стрельба!

— Без промаха! — подхватил Петр и они оба расхохотались.

— Будет теперь вам! — сказал им сочувственно Довойно, а Прохоров всё еще дрожал от страха.

Братья расхохотались снова.

— Нам от батьки? — воскликнули они оба. — Да, никогда! Он же понимает, что мы не хотели у попа стекла бить! Ну, давайте из ружья стрелять. В пузырек!

Действительно, от отца им ничего не было, хотя он заплатил ксендзу за разбитые стекла. За то в училище после письменного экзамена по алгебре, инспектор вошел в класс и сказал:

— Трубины, Григорий и Петр, останетесь сегодня на два часа!

— За что? — спросил Григорий.

— Чтобы у соседей стекол не били, — объяснил инспектор.

Мы долго не могли понять, каким образом, узнал про это инспектор, но потом выяснилось, что ксендз шутя рассказал об этом своему товарищу, который преподавал у нас католикам Закон Божий, а тот счел нужным сообщить это инспектору.

Братья отсидели два часа; а десять дней спустя, отсиживали уже шесть часов, с угрозою исключения.

Дело вышло из-за собаки мирового судьи Грубе.

III

Мирового судью Грубе все в городе знали, как знали жену его и его собаку. Сам он был высокий, сухой, с гладковыбритым лицом, прямой, как палка, старик; а жена у него была полная, почти круглая, женщина с широким, круглым лицом и двойным подбородком; кроме них, был еще пудель "Каро". Гладко-выстриженный до половины, вымытый до белизны снега, с султаном на хвосте, с голубыми бантами на голове, он всегда чинно выступал во время прогулки на своих тонких, стройных ногах, а сзади него двигался степенно сам Грубе, ведя под-руку свою жену. И шутники говорили: "Вот идет семейство господина мирового судьи!"

Действительно, пуделя этого они любили, как младшего члена семьи. Прислуга постилала ему постель, а по утрам умывала и причесывала; сама барыня пробовала, достаточно ли остыла его овсянка, а мытье и стрижка его представляли особую церемонию.

Стриженную шерсть жена Грубе собирала и в день рождения мужа дарила ему всегда носки и напульсники из этой шерсти.

Дом мирового судьи помещался рядом с домом, где жили Трубины, и они давно уже проделали в заборе сада лазейку и сдружились с этим пуделем.

Он прибегал в сад, они кормили его колбасой и сахаром и обучали разным штукам. Пудель этот нередко доставлял нам веселые минуты. Чему он ни выучился? Ходил на задних лапах, прыгал через наши спины, притворялся мертвым, и мы подолгу забавлялись с ним, о чем и не подозревали почтенные Грубе и знала только их прислуга.

И вот, как-есть накануне экзамена по русскому к которому

почти нечего было и готовиться, мы собрались в саду Трубина, заканчивая приготовления ко дню 11 мая. Я набивал римские свечи, Прохоров готовил мякоть и сортировал " звезды", Петр приготовлял станки для ракет, а Григорий на толстой, оберточной бумаге, натянутой на деревянную раму в форме арки, в качестве художника, расписывал транспарант. В руках у него были кисти, у ног, на земле, стояли горшочки с клеевой краскою. Григорий, действительно, рисовал недурно, и декорация должна была произвести эффект.

И вдруг среди нас с веселым лаем появился Каро. При блеске майского дня, он производил впечатление совершенного франта. Белая, как кипень, пушистая шерсть его закручивалась колечками и сверкала на груди и лопатках, в то время, как спина и ноги, гладко выстриженные, были нежно-розоватого цвета. На ногах у него внизу — словно изящные гамаши из оставленной пушистой шерсти; на нервном розовом хвосте — султан; морда, чисто выстриженная, украшалась усами и бровями, и он, с умными, ласковыми глазами, веселый, ловкий, был, действительно, прекрасивым псом.

Петр тотчас достал кусок колбасы, положил ему на нос и стал читать азбуку:

— Аз, буки, веди, глагол, добро, есть! — и только при этом слове Каро высоко подбросил кусок, словил его в рот и опять весело завилял хвостом.

— Стойте, братцы! — вдруг закричал Григорий: — я из него сейчас страшнейшего зверя сделаю!

Мы заинтересовались.

— А, ну! — сказал Петр.

Григорий подманил Каро, посадил его на задние лапы, и обмакнул кисть в красную краску.

Прежде всего, — страшная, разверстая пасть! — объявил он, и от краев губ по выстриженным скулам изящного Каро провел до самых ушей полосы красной краской. И сразу получилось впечатление ужасного: словно этот громадный зев с кроваво-красными губами может раскрыться во всю величину головы.

— Теперь сатанинские очи! — и Григорий быстро обвел красной и синей красками вокруг глаз Каро.

И, наконец, пустим его в радугу и число зверийо! — и, под общий хохот, он начертил на боках Каро роковое число 666, провел вдоль хребта зеленую полосу. по бокам пустил лучи красной, желтой и синей красками и отошел полюбоваться своим искусством.

А Каро сидел, моргая глазами, ласково всем улыбаясь и быстро, звучно хлопая хвостом по земле.

Но в какое он обратился страшилище, — это трудно передать словами! Разрезанный до ушей кровавый рот и глаза в тройном разноцветном круге производили буквально впечатление ужаса, а пестрое, раскрашенное туловище приводило в недоумение.

Мы буквально покатывались от смеха, Григорий торжествовал, когда вдруг раздался звонкий крик служанки Грубе:

— Каро! Каро! — И чудовищный зверь бросился веселыми скачками на призывный клич. Вот он сверкнул своим размалеванным боком, вот он скрылся, и почти тотчас следом за этим раздался громкий, истерический визг, потом новые и новые крики, потом необъяснимый гам и шум.

Мы не на шутку испугались и бросились к забору. В одно мгновение мы влезли на крышу старой беседки, с которой можно было обозревать двор в доме мирового судьи,— и сразу поняли, в чем дело.

В ожидании судебного разбирательства, истцы и ответчики, свидетели и зрители, обыкновенно, толкались на этом дворе, у высокой развесистой липы, под которой стояла скамья. Так, вероятно, было и в этот раз, когда внезапно появился разукрашенный Григорием Каро и привел всех в ужас.

Мы видели только, как две женщины, толкая друг друга и визжа, что было силы, оставили опустевший двор и скрылись за калиткой. Видели Каро, мелькнувшего в дом судьи, и услышали новые истерические крики, от которых в страхе скатились вниз.

Мы уже представляли себе, что испытала госпожа Трубе, когда в комнату вбежало и прямо кинулось на нее чудовище, и затем, что она испытала, вероятно, когда узнала в этом чудовище своего милого Каро, которого только что выстригли и вымыли.

Мы все испытали такое смущение от этой проделки, что, посоветовав Григорию как можно дальше запрятать свои краски и ото всего отрекаться, — поспешили разойтись по домам.

Но отречься трудно было, когда служанка отлично знала, что Каро бывает в саду у генеральских детей, и даже знала лазейку, через которую он туда ходит.

История, действительно, получилась крупная. Жена Трубе, оказывается, два дня пролежала после этого в постели; несчастного Каро мыли в десяти водах, и всё-таки он еще долго ходил в бледно-радужной окраске; служанке отказали от места, а сам Грубе был сперва в нашем училище у самого директора, потом у генерала — и в результате, Петр и Григорий, после экзамена по русскому языку, просидели в массах по 6 часов, с угрозою исключения за следующую "историю преступного свойства", как выразился директор.

Братья-разбойники, — назвал их инспектор, — им надо было жить в XVI веке, а не теперь.

Генерал не отнесся к этой проделке своих "ребят" очень добродушно и только сказал им:

Вытолкают вас, балбесов, с волчьими паспортами, что-тогда с вами делать?

— Не пропадем, — весело отвечали братья.

На время ничего особого не случилось.

Именины генерала мы отпраздновали с полным великолепием, экзамены сдавали один за другим, и оставалось уже дней девять до полной свободы, — когда началась новая история, в свое время взбудоражившая весь город.

IV

В городе появились привидения.

На окраине у нас находилась конная площадь, когда-то служившая местом конной ярмарки, а теперь пустынная, пыльная, на которой изредка какой-нибудь из несчастных проезжих "артистов" устраивал балаган. Крупные антрепренеры располагались на центральной площади кафедрального собора.

Конная площадь одной стороной прилегала к длинной прямой улице, ведущей к вокзалу, а с трех других была огорожена домиками и домишками, в которых ютилось бедное еврейское население, преимущественно ремесленники, помещалась большая синагога и захудалая еврейская гостиница.

Здесь-то, в этой окраине, и объявились привидения. И не одно, а три, четыре и, редко, два.

По вечерам, особенно в субботу, из этих домиков и домишек выходили евреи на площадь подышать свежим воздухом. Старики садились у домов на ступеньки крылечек, на скамьи; тут же усаживались их жены; ребятишки весело носились по площади и валялись в её пыли, а молодежь, шушукаясь и смеясь, бродила по окраинам площади, иногда затевая бесшумную игру.

Спускался тихий, теплый, темный вечер; в небе загорались звезды, легкий ветер разносил аромат цветущих яблонь и вишен. На сердце становилось сладко, утихала печаль, отходили заботы. И далеко за полночь иногда засиживались здесь молодые евреи и еврейки, да и старые неохотно уходили в свои душные, грязные, переполненные людьми, комнаты.

И вот в эти-то тихие вечера стали появляться привидения.

Когда делалось совсем темно, вдруг со стороны улицы вырастали белые, длинные фигуры со светящимися зловещим блеском глазами и медленно надвигались на площадь.

С истерическими криками и визгами бежали в свои дома и домишки женщины, дети с воплями устремлялись домой, старики шептали молитвы и даже молодежь, вздрагивая и бледнея, торопилась скрыться.

Сначала в городе не верили этим рассказам, потом стали смеяться, — но привидения появлялись то раз, то два раза в неделю и бедные евреи, едва наступали сумерки, забивались в свои лачуги и боялись выходить из дома.

Экзамены наши подходили к концу. Накануне последнего экзамена по Закону Божию мы по обыкновению собрались у Трубиных в саду и, ради такого случая, они приволокли самовар и устроили чаепитие в палатке.

Спустился вечер, темный, душный, полный весенней неги.

Прохоров вдруг сказал:

— И вот в такое время выходят привидения!

— Вздор, — закричал Петр, — мы их с Гришей решили на чистую воду вывести!

— Как?

— И очень просто, — ответил Григорий; — только мы решили это сделать после того, как переходные свидетельства получим, чтобы мы могли...

— Молчи! — остановил его Петр.

Он не окончил фразы и начал снова говорить:

— И вот, если из вас кто хочет, милости просим! Завтра у нас экзамен, послезавтра — совет, в субботу получаем свидетельства и в субботу же вечером охота на привидения! А?

— А не страшно? — спросил Прохоров.

Мы рассмеялись.

Вызвался я и Плаксин.

— Только уговор: молчать! А то пойдет звон и до самих

привидений дойдет. Тогда всё дело испорчено. Ты уж, Прохоров, помолчи!

— Ну, тоже, стану я болтать! — обидчиво отозвался Прохоров.

Всё-таки, собравшись на экзамен, мы сказали про план братьев Трубиных Довойно и еще одному товарищу, которые оба присоединились к нам.

Григорий и Петр, видимо, хлопотали за приготовлениями. Они достали длинные шесты и распилили их на палки в рост человека. Несколько раз они уходили на целый день; один раз к ним пришли два еврея и они долго шептались в палатке Григория.

Наконец, в субботу мы получили желанные свидетельства с надписью "переведен в УИ-й класс", и инспектор каждому из нас сказал напутствие, приглашая на занятия 17-го августа. До этого времени мы были свободны, как птицы. Большинство, в том числе я и Довойно, собирались уехать на другой же день: я — на урок, он — к родителям в имение.

Григорий подошел к нам и сказал:

— Сегодня приходите в 7 часов и во всем черном: и фуражка и блуза.

— На охоту! — весело сказал Довойно.

Григорий вздернул плечами:

— Может, и сражение будет!

Мы собрались в назначенное время.

Григорий торжественно стал перед нами и сказал:

— Для успешного дела, господа, нужно прежде всего согласие, потом — спокойствие и смелость. Мы с братом всё обдумали, составили план и вы должны нам во всем верить и повиноваться. Согласны ли вы?

Это уже походило на сцену "клятва на мечах" и нам очень понравилось.

— Согласны! Чего тут! Иначе бы не пришли! — ответили мы.

— Отлично! Тогда разделимся. Двое с Петром, двое со мною. Идите парами, сговоритесь и подходите к нам.

Я отошел с Кондратьевым, Довойно с Плаксиным, пошептались и вернулись к братьям. Мы подошли к Григорию.

— Ель или буковица? — спросил я.

Пусть ель будет! — сказал Григорий, и я остановился подле него, а Кондратьев пошел к Петру. Петр выбрал Довойно, а к нам присоединился здоровяк Плаксин.

— Теперь марш! Иди, Петр! — сказал Григорий. — Свисток с тобой?

— Есть! — ответил Петр. — Ну, идемте! — и, кивнув нам, он пошел из сада в сопровождении Довойно и Кондратьева.

Минут через 20 вышли и мы. Мы пошли не обычной дорогой, а следом за Григорием через заборы и чужие дворы, через проходы и чужие сады, через какие-то щели, пока не вышли на грязный двор, тесно загороженный ветхими домишками. С крыльца одного из них к нам подошел высокий, тонкий юноша с ярко горящими глазами.

— Здравствуйте! — сказал он и потом, вытянув руку, показал Григорию короткую толстую палку: — это хорошо будет?

Григорий с деловитым видом осмотрел ее, потом примерился ею, как будто по невидимым городкам, и, отдавая палку сказал:

— Ничего! С руки пускай легко и быстро. Так, чтобы она колесом вертелась!

Юноша закивал головою.

— Знаю, знаю!

— Сколько вас для меня?

— Пятнасти есть, може больше.

— Только смотрите, когда во второй раз свистну! В первый раз, это — наш сигнал. А второй — для вас...

— Знаю, знаю.

— А то вы нам ноги подшибете еще!

— Ну, зачем же!

— Тащи наши палки!

Юноша скрылся за углом пошатнувшегося домишка и вернулся с тремя большими, в рост человека, палками.

Григорий взял самую большую, дал палку мне, Плаксину и сказал:

— Как только стемнеет, мы выйдем с вами за ворота. Палки по земле волочить надо. Затем скоро объявятся эти привидения. Петр стоит на той стороне площади. Мы тотчас тихо двинемся к этим чучелам, к тем, что ближе к нам. Поняли?

Мы кивнули.

— Ну вот! И как только я свистну, вы тотчас бросайтесь и палкой по ногам; да норовите пониже бить! Ну, всё. Идем и будем ждать!

Мы вышли за ворота и я увидел, к своему удивлению, что мы оказались почти на углу площади и проходящей мимо улицы.

На площади бегали дети, евреи сидели у ворот и под окнами своих домиков, но я сразу почувствовал какое то искусственное спокойствие в их позах и лицах и заметил странное отсутствие молодежи. Григорий сел на лавочку и заговорил:

— Теперь скоро. Видишь, уж смеркается. Еще немного — и появятся наши голубчики! Вот, потеха-то будет!

— Кто они? — спросил я.

— После скажу. Да, еще! Отсюда бежать каждый сам по себе будет, а после к нам бегите! Тсс...

Вечер спускался быстро. Темнота окутала площадь и скрыла очертания домов. Наступила тишина.

— Тсс... — повторил Григорий, вставая и беря палку. Мы сделали то же.

И вдруг в тишине раздалось унылое завывание. Что-то неприятное, жуткое охватило меня невольно.

На высоте полутора-двух сажен вдруг показались в воздухе красные светящиеся пятна. Еще и еще...

Делалось страшно. Показались привидения...

V

Вверху вспыхивало синеватое пламя, ниже явственно горели, как фонари, два сверкающие глаза, и что-то неясное, белое, как огромный мертвец, завернутый в саван, колебалось в воздухе и медленно подвигалось с улицы на площадь.

Их было три и они двигались всё быстрее, сопровождая каждое движение унылым воем.

Подле домиков раздались крики, плач, захлопали двери, окна.

— Вперед! — услышал я голос Григория, спокойный и ровный. — Мы им покажем!..

Его голос сразу ободрил меня и мне сделалось весело, когда я крепко ухватил свою палку и двинулся с Григорием и Плаксиным.

— По первому моему свистку бросайся вперед и бей понизу. По второму, отбегай в сторону — и домой!

Двигались страшные колеблющиеся саваны в глубину площади и неслышно подвигались мы прямо к крайнему из них.

Вот уж я почти подле него. Григория уже нет возле меня. Я крепко сжал свою палку...

Тонкий свист прорезал воздух. Я взмахнул палкой, как при игре в "масло", и со всей силы махнул ею перед собою.

Раздался треск, она ударилась о палку, и в ту же минуту на землю упало что-то, рассыпая искры, а за ним тяжело рухнула на землю грузная фигура в белом, выругалась, вскочила, путаясь в белом балахоне, но я уже понял, какова сущность "привидения", и нанес второй удар палкой по этому белому.

В этот момент раздался второй протяжный свисток. Я бросил палку и побежал в сторону. Это было как раз вовремя. Вся площадь вдруг огласилась неистовым криком и по ней пробежали черные фигуры с возгласами:

— Бей их!

Белые фигуры приостановились. Ближайший ко мне ухватил и поднял тяжелую палку-ходулю. С улицы раздались крики:

— Наших бьют! Выручай!

— Бей их! — неслось с площади, и всё пространство, видимое мною, покрылось черными фигурами, которые выкрикивали злобные слова и беспощадно дрались.

Я побежал с площади и остановился подле ворот дома Трубиных.

Почти следом прибежали они, Довойно, Плаксин и Кондратьев.

— Ловко! Теперь шабаш с привидениями! — сказал весело Григорий. — Идемте, господа, чай пить!

Мы пришли в палатку Петра, где на столе уже кипел самовар. Петр стал хозяйничать, а Григорий растянулся на кровати.

— Ге! — заговорил он весело: — мы с Петром сразу догадались, что это какие-нибудь лайдаки на ходулях. Так и вышло! Мы с ним ходили и всё высмотрели. Напротив интендантское управление помещается и вот четыре писаря и забавлялись. Когда все, когда двое, когда трое. Надевали мучные мешки, а наверху горшок с двумя дырками и с горячими углями! Ха-ха-ха! Ловко сегодня им всыпали!..

— Но там потом поднялась какая-то драка! — сказал я.

— Это уж не наше дело. Это евреи сами от себя, — ответил Петр. — Ну, будем чай пить.

— Доброе дело проучить таких бездельников, — вставая с кровати, сказал Григорий.

VI

Дело вышло не совсем доброе. Рассвирепевшие евреи могли бы убить трех "веселых шутников, которых мы сшибли, если бы им на помощь не подоспела остальная команда.

Поднялась отчаянная драка. Была вызвана полиция. В результате: у двух евреев оказались проломленные головы и у одного писаря сломана нога.

Полицмейстер начал было производить дознание, но скоро прекратил его.

В городе же об этой битве на конной площади говорили чуть не всё лето и всегда при этом поминали братьев Трубиных, причем одни восхищались ими, другие ожесточенно ругали, как "разбойников".

Несомненно, что к последним принадлежало и наше начальство, которое не преминуло бы выключить их из училища, если бы...

Если бы они сами не предупредили этого события...

Да, когда мы приехали с каникул и явились в классы, то их уже ни в классе, ни в городе не было.

Я пошел на их прежнюю квартиру.

Оказалось, они уехали все...

После уже мы узнали, что они уехали держать экзамен в Морской корпус, выдержали и поступили, а родители их поселились подле них где-то в окрестностях.

И сразу стало скучно в наших классах. Инспектор и надзиратели торжествовали и еще строже стали преследовать нас за всякое уклонение от строгой дисциплины.

Словно ворвался к нам весенний разгул, жажда жизни, сознание силы, — покрутил, повертел нас, дал нам почувствовать истинное веселье беззаботной юности и затем бросил нас на произвол школьной муштровки.

И долго мы, особенно весною, вспоминали "братьев-разбойников", яркой ракетою мелькнувших в нашей жизни...

С той поры прошло много-много лет; и вот в роковые дни после 14 — 15 мая 1905 года я снова вспомнил этих милых братьев. Я прочел их имена в списках моряков, погибших в страшном Цусимском бою.

МОЙ ПЕРВЫЙ СЮРТУК

Я был уже в седьмом классе, жил уроками, без родительской помощи, много читал, писал за своих товарищей сочинения, сочинял стихи и думал, что человека умнее меня не каждый день можно встретить.

Очень любил я в ту пору представлять себя совсем взрослым (а кто не грешен в этом в 17 — 18 лет?), и меня всё чаще и чаще начинало мучить, что я всё еще щеголяю в гимназической куртке с кожаным кушаком, на котором блестела металлическая бляха с черными буквами.

Впереди рисовалась перспектива поездки в Петербург, и я всё больше и больше убеждался в необходимости приобрести себе статский костюм. Понятно лучше всего сюртук. Строгий, черный сюртук. И я распалялся Мечтами об этом чудном костюме. Мало-помалу, сюртук завладел всеми моими помыслами и, если я не делился ими со своими учениками и юными слушательницами, то давал им полную волю в беседах с товарищами и всегда находил среди них горячее сочувствие.

Придем ли мы в почтенное семейство договариваться об уроках, пойдем ли мы на вечер или в театр — в сюртуках мы будем несомненно солиднее и будем более внушать к себе уважения. Он послужит как бы гарантией за нашу зрелость до той поры, пока растительность не покроет наши лица.

Ко всему, дело сложилось так, что самое осуществление моей мечты вдруг стало, как мне показалось, настоятельно необходимым. Я давал в одном семействе тройной урок: красавицу Варю я готовил к экзамену на аттестат по математике и предметам; братца её, изрядного оболтуса — на вольноопределяющегося, и сестру их, бойкую Нину, репетировал в курсе 3-го класса. И вот, как раз в разгар моих мечтаний, они пригласили меня к себе на вечер, литературно-музыкальный, с танцами. У них собиралось всегда большое общество, бывало много молодежи и мне их семейство казалось очень аристократическим. Мое тщеславие было польщено этим приглашением и я согласился даже читать на вечере.

И тут приобретение сюртука показалось мне неизбежной необходимостью. Не идти же мне и не выступать перед обществом чтецом в смешной гимназической куртке?

Придя с урока домой в мою крошечную комнатку, которую я снимал у одной торговки кренделями на окраине города, я сел на кровать и весело засмеялся, а через минуту лежал на ней, задрав ноги, и предавался самым упоительным мечтам. И на этот раз не гордым мечтам о завоевании света, а только о пленении тех девиц, которых мне предстояло увидеть на вечере. Этот вечер был назначен на следующую субботу, а в начале недели я получил свои 25 рублей за урок и все их ассигновал на приобретение сюртука.

У моих товарищей были почтенные отцы и матери, дяди, тетки, к которым я мог бы обратиться за советом и помощью в таком исключительном для меня случае, но я считал подобное поведение ниже своего достоинства. Чего стоит человек, не умеющий купить себе сюртука?

Увы, и по сие время я стремлюсь проявить в этой области свою самостоятельность! И сколько раз я приносил домой простые шертинговые платки, купленные за полотняные; сколько раз одевался в костюмы, которые приводили в отчаяние мою жену, и однажды приобрел шубу, мех которой с непобедимым упорством приставал к моему платью, обращая меня в пушного зверя, а шубу — в плешивую мездру...

И это теперь, неоднократно наказанный неудачами, а тогда и подавно я не признавал ничьего руководства.

И вот я получил свои 25 рублей и тотчас, прямо с урока, направился в намеченный мною магазин готового платья, т.е. вернее — не магазин, а лавку. И даже, еще точнее, просто к портному Лазарю Скрипке, которого мы все знали и у которого были всегда в запасе две-три пары совсем готового платья.

Этот Лазарь Скрипка был красивый еврей, лет 35-ти, высокого роста, широкий в плечах, с курчавыми черными волосами на голове и бороде. Но у него была жена, внешностью совершенная ведьма, восемь штук Детей, — и всё это вместе сделало Лазаря в речах плаксивым, в действиях нерешительным и при этом несомненным мошенником.

К этому-то Скрипке я и пришел.

Господи Боже! Что тут было, когда я, войдя в его небольшую комнату, где он сидел на верстаке в грязной рубашке, с босыми ногами, объявил ему о цели моего прихода.

В первое мгновенье он как бы окаменел, затем чуть не кувырком скатился со своего верстака, быстрым движением подхватил и закрепил свои брюки, метнулся, как подстреленный, сперва в одну сторону, потом — в другую, подал мне табуретку и всё время говорил, не переводя дыханья:

— Пану сюртук тшеба? Ото важно! Пана сам Бух до меня привел... Я пану дам такова сюртук! Садитесь, пожалуйста... Я вам сейчас буду показывать!

Он выскочил в соседнюю коморку за перегородкой, о чем-то торопливо шептался с женою, чем-то стукнул, на кого-то крикнул и появился снова с желаемым сюртуком в руках. Он нес его, держа за ворот, на вытянутой руке, словно вытащенную из воды собаку.

— Вот! — торжественно сказал он: — самого лучшего материалу. Аглицкого. Пан Тышкевич такой носит, як Бога кохам! Ну, вы попробуйте! Атлас, шелк! Для вас только. И вам будет в самый раз. Пожалуйста, скидывайте ваши пальто и куртку! Так!..

Я снял пальто и блузу и примерил сюртук. Несмотря в зеркало, я чувствовал, что он мне велик настолько, что я смело мог бы надеть его поверх ватного пальто, но Лазарь Скрипка был другого мнения.

— Почти, как для вас! Ой, какой пан красивый! — воскликнул он, отойдя на шаг и взмахивая руками. — Я буду только самую чуточку делать его поуже, и тогда пан будет совсем франт! Позвольте, пожалуйста!

Он ухватил кусок мелу и стал чертить по сюртуку, немилосердно поворачивая меня во все стороны, заставляя нагибаться, вытягивать и сгибать руки, застегивать сюртук и расстегивать.

И всё! — сказал он, когда заметил, что голова моя начала уже болтаться, как привязанная. — Выпрядете завтра и всё будет для пана готово!

Я спросил о цене.

— Цена? Для другого я сказал бы: 40 рублей, 50 рублей! Но для пана только 20 рублей!

Я начал торговаться и выторговал два рубля. За 18 р. я имел сюртучную тройку, которую получил на другой день. Лазарь Скрипка хотел быть добросовестным и примерил ее на меня еще раз.

Это был костюм!

Скрипка вертел меня во все стороны, складывал с умилением руки, чмокал и говорил:

— Пан увидит, как он заблестит в этом сюртуке! Так и в Варшаве не сделают, дали Бух! Пан потом придет и скажет: молодец, Лейзер! Да!

Я теперь наверное знаю, что костюм можно сделать лучше даже и не в Варшаве. Можно сшить так, что брюки не будут казаться двумя пароходными трубами, в которые я сунул ноги, что воротник у сюртука не будет с ослиным упрямством лезть под самый затылок, а проймы в подмышках — заставлять невольно подниматься руки.

Но что я буду блестеть в нем, — Скрипка не соврал. Это я

увидел сразу и, признаться, даже удивился. Весь мой костюм, несмотря на свой, несомненно, черный цвет, блестел, как зеркало, или вернее, как хорошо вычищенные сапоги или, еще вернее, словно его с полчаса продержали под проливным дождем.

Скрипка приложил руку к вискам, закачал головою и сказал:

— Ой, ой! Пан не видел хорошего аглицкого сукна. Это такое сукно, что может носить только самый богатый. Мне оно нечаянно попалось, и я дал его пану, а пан не рад...

Я смутился, поспешил поблагодарить его и дал даже его ребятишкам 20 копеек на пряники.

Как-никак, а приобретение было очень удачное. С того времени до сегодня я не встретил человека, который мог бы похвастать, что имел сюртук, брюки и жилет за 18 рублей и 20 копеек.

Но когда я вспоминаю о нем, то думаю, что отчасти благодаря ему, я не могу теперь выносить игры на скрипке. Прекрасный инструмент напоминает мне отвратительного портного.

Но тогда, кроме благодарности, я ничего к нему не чувствовал.

Я уверен, что ни одна девушка не ждала с таким нетерпением первого бала, ни один только что произведенный в чин прапорщика юнкер не мечтал так о своей офицерской форме, — как я ждал вечера субботы и как я мечтал об эффекте своего костюма.

Юношеское тщеславие! Много времени спустя я понял его суету, но тогда, и долго еще потом, я придавал костюму слишком большое значение. Особенно изъянам в нем. Помню, как я мучительно стыдился бахромки внизу своих брюк или заплатки на локте, а когда на сапоге появлялась зловещая дырка, я не жалел чернил и ваксы, которыми замазывал через эту дырку свой носок.

А кто этого не делал?..

Все дни до роковой субботы я, возвратившись с уроков, говорил себе: "ну, помечтаем! " — и, улегшись на кровать, закинув за голову руки и положив на спинку кровати ноги, начинал мечтать... Сразу, бсзо всяких

приготовлений, — и мечты несли меня вдаль, как застоявшиеся кони легкую коляску...

Я видел сперва изумление, потом — улыбку удовольствия на хорошеньком лице Вари; я слышал радостно-изумленный возглас шаловливой Нины; видел совершенно изменившееся ко мне отношение их матери и, наконец, после моего чтения слышал шепот умиленных гостей: "кто этот интересный молодой человек"? — и хозяйка, с чувством самодовольства, знакомила меня и с важным генералом, и с хорошенькими дамами, и с председателем суда, и с правителем губернаторской канцелярии, называя меня всем по имени и отчеству.

Потом я представлял, что начались танцы. Рояль гремит, пары кружатся и мелькают, а я стою у стены, сложив на груди руки и со снисходительной улыбкою смотрю на эту дикую забаву, — в то время развлечение танцами я находил ниже своего достоинства.— Отчего вы не танцуете? — спрашивает меня самая красивая дама, обмахиваясь веером, и я с легкой улыбкою отвечаю ей, что считаю такую забаву достойной дикарей и детей. Она смотрит с недоумением, и я развиваю перед нею в общих чертах картину происхождения и развития танцев и шутя предлагаю ей заткнуть уши и, не слыша музыки, посмотреть на танцующих. Она смотрит и хохочет, я смеюсь вместе с нею, а потом говорю: "В настоящее время, когда от нас ждут энергичной культурной работы, когда кругом мы видим только горе, насилие и бедность, рядом со злом, насилием, деспотизмом и властью капитала, — тратить время на танцы я считаю преступлением". И я замолкаю и задумчиво гляжу на окошко, за стеклами которого чернеет ночь. Взволнованная дама отходит к хозяйке и вполголоса говорит с нею обо мне.

Вечер кончается. Я со всех сторон получаю приглашения. Самая красивая дама жмет мою руку и взволнованно говорит: "Вы открыли мне глаза на пустоту моей жизни!"

Хозяйка тихо шепчет мне: "спасибо"! А Варя, с разгоревшимся личиком, говорит: "Я гордилась сегодня вами!"

О, наивные, тщеславные мечтанья! Как грубо разбивает вас действительность!..

Наконец, наступила суббота, и от тревожного волнения в предчувствии предстоящего триумфа я почти обратился в идиота.

Пробил час, когда я приступил к сборам.

Сапоги у меня были прекрасные, я приобрел крахмальную рубашку с модным стоячим воротником, имеющим впереди вырез и два загнутых угла. Наконец, я приобрел перчатки, хотя и не собирался танцевать, и прекрасный, темный с синими полосками галстук.

Я был уверен в неотразимости своего костюма и медленно, с наслаждением одевался в свой первый статский сюртук.

Мой первый сюртук, вернее, какой-нибудь замазанный клочок от него, — помнишь ли ты своего первого владельца?

Коварный Скрипка, если ты жив, — помнишь ли ты своего юного покупателя?

Вероятно, нет.

Ну, а я во всю жизнь не забуду их и сейчас со всею остротою переживаю снова все мгновения того злополучного вечера.

Я сразу, с первого появления своего в ярко освещенной столовой, по встретившим меня взглядам понял, что произвел впечатление.

Мой оболтус-ученик выскочил из-за стола мне навстречу, но в двух шагах от меня словно остолбенел и разинул рот. Я снисходительно улыбнулся ему, встряхнул его руку и смело двинулся к хозяйке, разливавшей чай.

— Отчего вы не в куртке, Андрюша? — ласково сказала она и прибавила: — к вам куртка больше идет!

— Зато теперь он, как большой! — с грубым смехом сказал её муж и похлопал меня по спине.

Я почувствовал, как покраснели мои лоб и щеки, поклонился ей и ничего не ответил.

Хозяйка громко назвала меня по имени и отчеству, и я стал обходить вокруг стола, пожимая руки всем сидящим за столом.

— Какой вы забавный в этом сюртуке, — шепнула Варя, — совсем другой! — и прибавила: — садитесь с нами!

Я улыбнулся и опустился на стул подле Вари.

Зачем вы такой воротничок надели? — сказала мне её подруга: — вы в нем задохнетесь!

На дворе дождик? — почти громко спросила Нина, за что Варя — я видел — толкнула ее в бок.

Сознаюсь с позором: новая сюртучная тройка лишила меня обычной бойкости. Я только краснел и смущенно улыбался. Воротничок у рубашки оказался, действительно, немного тесен, невероятно жесток, подпирал меня под самые скулы и при этом в том месте, где скреплялся запонкой, защипывал кожу на моей шее

каждый раз, как я пытался повернуть голову. Новый же сюртук совершенно стеснял меня в движениях.

Хозяйка протянула мне стакан чая, и здесь я сделал ряд неловкостей.

Я потянулся за своим стаканом мимо лиц Вари и Нины. Нина довольно громко сказала сестре, — очевидно, намекая на блеск моего сюртука:

— Можно даже поправить волосы!

Рука моя дрогнула, чай плеснул, Варя вскрикнула: "ах!" — и этого было достаточно, чтобы я вылил на нее и всё остальное, содержавшееся в стакане.

— Он ее обварил! — закричала Нина.

Я выхватил платок и хотел вытереть Варе платье, но в растерянной поспешности провел платком по её лицу.

— Вы с ума сошли! — вскрикнула Варя и выскочила из-за стола, а я — следом за нею.

Спустя несколько минут всё успокоилось. Я просил у Вари извинения, хозяйка улыбалась и говорила:

— А в курточке вы бы этого не сделали! — и все кругом смеялись.

После чая мой ученик с идиотским видом потрогал мой сюртук и спросил:

— Отчего он так блестит? Я думал, что вы его смочили!

Я резко отвернулся от него.

Вечер был испорчен.

Я не дождался литературного чтения и, потихоньку выбравшись в переднюю, разыскал пальто с шапкой и пошел домой...

Когда в понедельник я пришел на обычный урок,

Варя была со мною суха и чопорна, а Нина, со свойственным ей легкомыслием сказала:

— Вы совсем-совсем были чучелой и блестели, как натертый маслом!..

Спустя несколько дней я имел случай показать костюм своему товарищу, барону Кур-де-Вилль, и он, весело расхохотавшись, сказал мне:

— Где ты купил такую гадость? Да ведь, из такого сукна и лакей не наденет сюртука!

И всё-таки я сносил его до совершенной негодности. По мере того, как он старел и изнашивался, компрометирующий блеск его постепенно тускнел и он как бы обновлялся.

Сюртуки же, которые я носил впоследствии, вели себя совершенно наоборот. С течением времени они покрывались лоском и начинали блестеть, словно время и жизнь наводили на них глянец.

Много лет прошло с того давнего времени моей самоуверенной юности. Суетное тщеславие уже давно покинуло меня, — но каждый раз, как я вспоминаю свой первый сюртук, я переживаю снова тот вечер, сокрушивший мою гордость, со всею остротой его впечатлений.

НЕУДАЧНАЯ ОХОТА

I

Со Страстной недели, с самых первых дней Казюк стал приходить ко мне и дразнить мое охотницкое сердце.

Казюк, сокращенное — Казимир, составлял между прочим одну из достопримечательностей нашего училища.

Он был у нас сторожем и заведовал лабораторией и физическим кабинетом.

Многолетнее служение при одном деле, присутствие из года в год при одних и тех же опытах и в кабинете, и в лаборатории, беседы с учениками, постоянное обращение с приборами, ретортами, колбами, закупка материалов — сделали из Казюка человека немало сведущего по физике и химии и незаменимого помощника при опытах.

Когда ученики впервые спускались в физический кабинет и с тревожным почтительным любопытством глядели на сверкающие медью и стеклом воздушные насосы, электрические машины и всякие приборы, — угрюмый Казюк с нескрываемым пренебрежением покрикивал на них:

— Ну, ну, руками не трогайте! Что за штука? Вот поучись — узнаешь. Машина Гольца! Ну, что? Понял? То-то!

Он сурово встряхивал огромною головою, и ученики тотчас проникались к нему почтением и, приходя домой, рассказывали о нем легенды:

— Этот Казимир так физику знает, что даже учителя поправляет... Он, говорят, раньше много учился и до всего самоучкой дошел...

Знать Казимир, пожалуй, и ничего не знал, но обращаться с приборами и машинами умел превосходно и по одному взгляду учителя догадывался, что надо ему подать или что приготовить.

Но в полном блеске он являлся только в лаборатории. Там он был настоящим хозяином.

Громадная зала со сводом и асфальтовым полом; полукругом устроенные места для учеников; в углу печки с вытяжными колпаками, со стеклянными шкафами, с песочными банями; вдоль стен — ряд столиков для практических занятий учеников последнего класса; огромный шкаф с пробами и кругом колбы, реторты, станки с изогнутыми трубками, воронки с пропускной бумагой и едкий запах щелочей и кислот... Храм науки.

И в нем своим человеком — Казимир, высокий, сутулый, с копной рыжих волос, с рябым безбородым лицом.

Темные нависшие брови придавали ему суровый вид, но серые глаза его смотрели всегда ласково.

С приходящими на уроки он обыкновенно был величественно суров, но с занимающимися в лаборатории держался на товарищескую ногу, нередко вмешиваясь в общий разговор.

И вот с этим-то Казимиром я и дружил.

Нас соединила с ним общая страсть — охота.

Положим я был горе-охотник. Ранней весною и летом мне более нравилось бродить по лесу или по берегам озер с ружьем, нежели бить глупую птицу, — но всё же я и стрелял, и мне доставляло удовольствие удачным выстрелом уложить утку или бекаса...

Что же касается Казюка, то он был, можно сказать, кровожадный охотник, и чем больше птицы наполняло его ягдташ, тем он был довольнее.

Природу он любил не меньше моего, но на охоте он не замечал ни красоты неба, ни игры света на облаках, ни прелестей ландшафта.

— Вот, погодите, сделаем привал, тогда я и полюбуюсь вместе с вами, — говорил он мне, в ответ на мои восторженные приглашения "полюбоваться"...

Узнали мы про свои взаимные наклонности случайно во время моих занятий.

Я занимался "выпариваньем" и, пока горелка Бунзена делала свое дело, разговорился с Казюком.

С этих пор и началось наше приятельство.

Общая страсть сблизила нас.

Мы ходили на охоту не иначе, как вместе.

Предварительно Казюк добывал сведения, и потом результаты своих разведок передавал мне.

— Вчера на ямы утки прилетели, — сообщал он мне в лаборатории или в коридоре училища.

И, значит, в ближайший праздник мы шли с ним к ямам, небольшим прудам, верст за восемь от города.

II

И теперь было то же. Наступила весна, и он приходил ко мне каждый день и сообщал о прилете птицы, словно он встречал ее каждый день с дороги.

— Откуда ты знаешь это?

Он улыбался во всю ширину рта, тряс рыжей копной и отвечал:

— Колдую!

А в действительности, собирал сведения от мужиков на базаре.

— И утка прилетела, и гусь. А мы с вами и ничего, — говорил он мне обиженным голосом: — этак я и один пойду.

— Как один? Это, разве, честно? — возмущался я. — Вот, подожди: на второй день праздника и пойдем!

— На второй! Будьте покойны, их всех перебьют. Нет, я уж один пойду!

— Погоди... Когда же ты хочешь?

— А завтра, в ночь. Утром в воскресенье вернемся.

— Да, ведь, ночью Великая заутреня!

— Мы в эту пору на ямах будем. До заутрени постреляем. В заутреню помолимся, а утречком опять постреляем, и домой. Вы еще в гости успеете!

Я колебался.

— Ну, подождем до вечера, — сказал я ему, наконец: — я тебе скажу.

— Отлично! — ответил он. — А ружье я прихвачу. Патрончиков изготовлю.

И он снял со стенки мое ружье, кивнул мне с лукавым видом и вышел.

Почти тотчас ко мне вошла Ануся, пожилая девушка, служившая у моего хозяина.

— Правда ли, пан, — решительным голосом заговорила она, — что тот лайдак вас на полеванье зовет?

— Правда.

— В ютро?

Я кивнул.

— Матка Воска! Иисус Христос! — закричала она, всплеснув руками. — Да где ж это видано?! У панича нет ни отца, ни матки, так он и мудрует, а я до пана директора пойду. Вот, что! Так не можно!

Она выбежала, а через минуту я слышал её резкий голос в комнате моего хозяина, одинокого часовщика.

— Я того лайдака кием в другой раз! — кричала она про Казюка. — А ты, пан, иди и скажи ему: не можно так, стыд.

Я, признаться, сконфузился, взял фуражку и вышел бродить по улицам.

Пасха была поздняя, — что-то 8 или 10 апреля, — а у нас на Благовещенье уже цвела сирень — и теперь стояла чудная весенняя погода. Жарко, как летом, но всё же нет изнуряющего зноя, и в воздухе чувствуется и возрождение жизни, и торжественность великих дней.

Впрочем, последнее чувствуется в городе при оживленном движении.

Была пятница. Только что вынесли плащаницу, и по улицам ходили богомольцы, совершая обычный обход по церквам или костелам.

И я пошел и по церквам, и по костелам.

В костелах в это время не так, как в наших церквах.

Огромный, с каменным полом, с рядом скамеек и резным алтарем в конце — он погружен в таинственный сумрак.

После ясного солнечного света, после весеннего тепла в нем и темно и холодно, и в глубине его каменных сводов гулко раздаются шаги.

Молящихся почти не видно, но вдали, сбоку мерцает слабый свет.

Там и молящиеся.

В глубине ниши устроена пещера. Среди цветов и растений лежит фигура Спасителя.

Словно труп Богочеловека, со следами терниев на лбу, с кровоточивой раной в боку.

Свет с боков и снизу освещает только Его бледную, измученную фигуру, а перед пещерою, протягивая к Нему руки или распластавшись, лежат и стоят молящиеся.

И вдруг раздается музыка: тихая, нежная мелодия на скрипке...

Потом, когда выйдешь и увидишь ясный весенний день и после мрачной сырости почувствуешь тепло, то весь проникаешься каким-то неясным смущением...

На улице я встретил двух товарищей, и мы вместе стали совершать обход.

— У заутрени будешь? — спросил меня Краснов.

Мне захотелось хвастнуть.

— Нет. Пойду на охоту.

— Что-о?

Это, правда, казалось изумительным, но, быть может, это самое изумление и оказало влияние на мое решение.

— К ямам пойду — ответил я с видом полного равнодушия, — там заночую, а утром домой.

— Ну, ну, — сказал Краснов, качая головой, — я уж матери не скажу про это. Скажу, что ты отозван.

— А что?

— Она звала тебя разговеться.

Я снова почувствовал себя смущенным.

А погода была на-диво. ч

Я подумал, как удивительно хорошо должно быть там, на озерах, окруженных орешником и свежей молодой березою.

— Пожалуй, и не говори. Мне всё равно...

— Нет, нет! А то она страх как на тебя рассердится, — сказал Краснов.

Я зашел к Казюку в лабораторию (он жил при училище) и сказал ему, что согласен.

Казюк очень обрадовался.

— В три часа зайду.

— Заходи в три...

III

На мое счастье в эту пору Ануся была в костеле.

Я надел высокие сапоги, сумку с патронами, ягдташ, накинул пальто и вышел тотчас, едва явился Казимир с двумя ружьями.

Казимир вместо сумки имел большой холщевой мешок, и в его обычном костюме были только переменены сапоги.

Мы зашагали и скоро вышли из города.

Крошечная Вилейка разлилась, как озеро. Кругом зеленела трава, и, едва мы перешли Крестовую гору, как красота расцветающей природы охватила меня чарующей силой и заставила забыть всякое смущенье.

А, собственно, ничего особенного не было.

Огромный луг, покрытый прошлогодней травою, на котором кое-где еще белели пятна нерастаявшего снега, на далекой окраине черный лес, и надо всем синий свод ясного неба. Ничего особенного, а сердце охватывало умиление, и чувствовались и сила, и бодрость, и вера во что-то светлое, радостное.

— Смотри, как хорошо! — сказал я.

Поспеть бы, — ответил равнодушно Казимир, отмеривая гигантские шаги.

Мы поспели часам к семи на место.

Ямы, — это — ряд небольших озер, разбросанных по огромной, но редкой березовой роще.

Мы остановились подле одного, выбрали место и расположились закусить.

— Я-то не буду: грех, — серьезно сказал Казимир.

— А охотиться не грех?

— Да, ведь, иначе всё перебьют... — ответил он.

Я съел пару яиц, запил холодным чаем и, завернувшись в пальто, сел у ствола березы.

Перед нами, сквозь куст орешника, растянулась зеркальная гладь озерка.

Ровным полукругом очерченный берег на другой стороне весь покрыт был орешником, и гибкие ветви свешивались над водою, а позади их белели стволы берез, а между ними синело небо.

И вокруг безмятежная тишина.

Солнце медленно спускалось к закату, и в природе было так дивно, прекрасно.

Я сидел погруженный в какие-то неясные грезы, а Казюк, бормоча что-то себе под-нос, зарядил ружья, уложил их рядом, разложил свои доспехи и стал что-то стругать ножом.

Я сидел и, вероятно, заснул.

Думаю, что заснул, потому что не сразу пришел в себя, когда Казимир толкнул меня, и солнце уже сменилось ясным месяцем, от которого было почти так же светло в прозрачном, чистом воздухе, как днем.

IV

Что такое? А? — вздрогнув, заговорил я; но Казюк зашипел, стиснул мне руку и только дернул головою вперед.

Я взглянул — и замер.

То же озерко лежало гладкое, недвижное, как зеркало, окруженное, словно рамкою, кустами орешника, но посредине его величаво плавал огромный белоснежный лебедь.

Видали вы лебедя на свободе, дикого лебедя?

Вот, царь-птица!

Белизна его перьев ни с чем несравнима. Огромный, изящный, с длинной шеей, которая извивается и колеблется с несказанной грацией; и он движется, не возмущая глади воды, не делая никаких видимых движений, словно несет его в тишине природы неощутимый ветер.

И вдруг этот красавец взмахнул крыльями и вытянул шею, и в тот же миг над нами прошумело что-то, и на гладь озера опустился другой лебедь.

Теперь их было двое.

Месяц освещал их серебряным светом, и я вспомнил сказку о принцессах в лебединых перьях. Они выходят на берег и сбрасывают с себя эти белоснежные одежды...

Я замер и молился.

До сих пор я помню это ощущение трепетного восторга.

Вдруг до моего слуха донесся щелк взводимых курков, и подле меня блеснул ствол.

Мною овладел ужас.

Я схватил Казимира за плечо.

Он опустил ружье и взглянул на меня.

— Хотите первый'?

— Нет! Не стреляй, Казюк, — заговорил я. — Смотри, как прекрасно...

— Что-о?

— Смотри, как они прекрасны. Разве они думают о смерти? Казюк, не стреляй, милый! Ведь, это гадко. Подумай, Казюк!

— Глупство! Для чего же мы тащились... Тссс!.. — зашипел он на меня и поднял ружье...

А в этот миг по воздуху вдруг разнесся удар колокола.

— Бом!

— Бом! Бом!.. — загудело в воздухе.

Я не выдержал.

— Не смей! — закричал я исступленно.

Лебеди вздрогнули, вытянули шеи, взмахнули крыльями и поднялись на воздух.

— Летите, летите! — закричал я, едва сдерживаясь от плача.

— Да вы с ума сошли! — крикнул сердито Казимир.

— Лучше побежим в город. Христос воскрес! Понимаешь ты это?..

Он вдруг улыбнулся и ответил:

— Воистину воскрес!

Мы поцеловались, наскоро собрали свои доспехи и устремились в город.

Воздух был наполнен колокольным звоном, и, казалось,

вся природа ликовала и принимала участие в этом празднике возрождения.

Мы почти бежали.

V

Когда мы взошли на высокую Крестовую гору, было, вероятно, уже часа два.

Под нами раскинулся город, — город ночью в великий праздник.

Он казался залитым огнем от иллюминации; по улицам мелькали огоньки: это — богомольцы со свечами. Откуда-то неслось торжественное ликующее пение, а колокола гудели, звенели и наполняли воздух радостным шумом.

— Ах, как хорошо!

— Хорошо! — согласился и Казимир.

Мы спустились в город.

Я успел переодеться и явился к Красновым, радостный, как самый праздник.

— Христос воскрес!

— А ты не на... — начал изумленный Краснов, но спохватился и ответил:

— Воистину воскрес!

VI

С этой изумительной ночи прошло много лет.

После этого я еще охотился и однажды подстрелил зайца. Он побежал и от боли кричал: "ай, ай, ай" совсем, как ребенок.

И я оставил охоту.

Теперь же, когда при мне говорят про удовольствие охоты, я всегда вспоминаю двух свободных лебедей, которых мы стерегли, как убийцы, и бедного зайца, кричавшего: "ай-ай-ай"...

ТЕРМОГЕН

I

— Вот, изволите ли видеть, — в раздражении сказал мне командир второй роты. — Я его послал на батарею, чтобы он передал мое поручение, а он встретился там с каким-то офицером, два часа провел с ним в беседе о взрывчатых веществах и, только уходя, вспомнил о моем поручении. Помилуй Бог, это не офицер, а одно недоразумение!

Он сердито бросил окурок папиросы и придавил его ногой. Я засмеялся.

— Так оно и есть, Егор Степанович, — ответил я. — Заметьте, что он приват-доцент, готовится к кафедре и при этом химик.

— Ах, черт его дери! — сердито буркнул капитан. — Здесь нужны не химики, а простые исполнительные офицеры. Вы ему, пожалуйста, внушите это, голубчик.

— Слушаю, только вряд ли он меня даже расслышит.

— Ну, повлияйте; держите его построже; гоняйте чаще.

— Слушаю, — повторил я и пошел к своему взводу.

Разговор касался прапорщика запаса, Павла Дмитриевича Тригонова. Я был поручиком, командовал взводом, числился кандидатом в ротные, а Тригонов был у меня младшим офицером. Правда, он не был военный, даже по внешнему виду: маленького роста, близорукий, несмотря даже на очки, с головой, ушедшей в приподнятые плечи, с жиденькими волосами на бороде и усах, с небольшой лысиной, хотя ему было всего 27 лет, и нежными белыми руками. Серая солдатская шинель висела на нем больничным халатом, шашка то путалась между ногами спереди, то была сдвинута совсем назад, папаха налезала совсем на уши. Перед нами он всегда словно стеснялся, а если нужно было командовать или разговаривать с солдатами, то он, видимо, чувствовал себя совсем несчастным; поправлял очки, кашлял, говорил каждому рядовому "вы" и словно подыскивал слова.

Занимался он беспрерывно, но все не военным делом. То у него в руках записная книжка, и он что-то вычисляет, исписывая ее странички, то книга, которую он читает с такой жадностью, как гимназист Шерлока Холмса, а если не пишет и не читает, то сидит, съежившись в комок, и глаза его рассеянно блуждают или сосредоточенно смотрят в одну точку, а он, перебирая нежными пальцами свою редкую бородку, так погружается в свои думы, что его надо было окликнуть два-три раза прежде, чем он придет в себя. Солдаты любили его по своему, но, как начальство, не признавали вовсе и, понятно, унтер-офицер имел в глазах их гораздо большее значение. Он был и храбр, но по-своему; вернее, храбрость его была от рассеянности и от сосредоточенных мыслей. Однажды, когда нас буквально засыпали шрапнелью и снарядами и мы сидели в окопах, не смея высунуть носа, он, погруженный в свои мысли, одиноко сидел на совершенно открытом месте под деревом. Когда адская стрельба стихла и мы вылезли из окопов, то с удивлением увидали его спокойно сидящим с записной книжкой и карандашом в руке. Я подбежал к нему и окликнул:

— Павел Дмитриевич, вы живы?

Он не сразу отвлекся от своей работы, а потом поднял глаза и, испуганно вставая, спросил:

— Что? Я нужен?

Мы все засмеялись, а капитан только махнул рукой:

— Никакой снаряд его не тронет!..

К сожалению, он ошибся.

Случалось нам ходить в атаку, наш Тригонов не отставал от всех. Он обнажал свою шашку, оглядывался на своих солдат, диким голосом кричал: "Вперед!", даже бежал, даже кричал "ура", но затем отдавался своим мыслям и в самый разгар рукопашного боя я видел его спокойно стоящим в позе задумавшегося Сократа.

Человека не переделаешь. Я видел в нем ученого, увлекавшегося какими-то задачами, и оставлял его в покое. Как знать, может быть, в его голове зарождалось такое же великое открытие, как атомистическая теория Менделеева. Ко всему он был великолепной души человек, мягкий, увлекающийся, всесторонне образованный, и с ним приятно было вести беседу, если только разговор не касался химии. Тогда беда! Он сразу загорался и был способен в окопах, среди рвущихся снарядов, забыв обо всем окружающем, прочесть целый курс органической или неорганической химии. Один раз как-то в разговоре упомянул кто-то о пикриновой кислоте[7], и он тотчас

[7] ...пикриновой кислоте — Пикриновая кислота (также мелинит, лиддит) — нитропроизводное фенола; пикриновая кислота и ее соли используются как взрывчатые вещества.

прочел нам целую лекцию. Лицо его оживилось, глаза загорелись, и он, вероятно, думал, что импровизирует поэму.

Как бы то ни было, я лично любил и уважал Тригонова, солдаты его любили и не уважали, высшие офицеры уважали и не любили. А Тригонов не замечал ничего окружающего и жил со своими думами и записной книжкой, исполняя свои обязанности по мере сил. Понятно, если бы это было не на войне, а в строевой службе мирного времени, Тригонов был бы на беспрерывном замечании, под постоянными арестами и, вероятно, в конце концов, изгнан со службы, как никуда не годный офицер; но на войне всякий человек дорог.

Я с Тригоновым постоянно старался жить вместе. Когда удавалось захватить какую-нибудь халупу, я непременно тащил его с собой. Сам о себе он бы не позаботился. В окопах также я помещал его в своей каморке, которую мой денщик старался обставить всевозможными удобствами. Толстый слой соломы лежал на земле, и к стенам были прислонены доски. Из досок или ящиков Анисим устраивал нечто вроде дивана, и всегда в нашей железной печурке горели или торф, или дрова. Этот же Анисим с особенной внимательностью относился к Тригонову и часто говорил про него:

— Выросла борода и офицер в некотором роде, а можно сказать, как ребенок. Не скажи ему: "Ваше благородие, кушать пожалуйте", так он целые сутки без еды просидит.

II

Мы были за Стрыковым. Там происходили беспрерывные бои, покуда мы не отогнали немцев. Наш полк был в передовой линии. Мы несколько раз ходили в атаку и выбивали немцев из окопов. Мой взвод шел всегда впереди, и Тригонов всегда рядом со мной. Я ни разу не видал в нем смущения или нерешительности, но не видал также, чтобы он хотя раз нанес удар, и могу присягнуть, что на его душе не было ни одного убитого, а на клинке его шашки ни капли неприятельской крови. Шел он вперед твердо, увлекая примером солдат, но в бою не участвовал. "Если его оставить, так его разом забьют", — говорили солдаты и всегда окружали его внимательной заботой.

Прошло немало дней, и окончились тяжелые бои; немцы

отошли, и мы временно могли отдохнуть. Наш полк прошел через Стрыково и расположился в небольшой деревушке. Мне удалось занять чистенькую маленькую халупу: в одной половине жил старик-крестьянин со своей женой и малым внуком, а другую половину занял я с Тригоновым. Заняли мы ее вечером, и Анисим тотчас угостил нас великолепным куриным бульоном.

Съели мы его с жадностью, потом съели курицу, стали пить чай, и тогда Тригонов вдруг обратился ко мне:

— Так как на короткое время наступило затишье, то я попрошу вас отпустить меня на пару дней в Варшаву.

— Как? — спросил я.

— На пару дней в Варшаву. Мне там очень надо быть.

— Для чего? Все-таки сейчас еще горячее время.

На лице Тригонова отразилось настойчивость.

— Вы простите, но мне совершенно необходимо. Я непременно должен произвести несколько опытов; там у меня есть один знакомый, а у него лаборатория.

— Батюшка, да какие же теперь лаборатории! — воскликнул я.

— Все равно. Во что бы то ни стало, мне нужно два-три дня провести в Варшаве. Я хотел бы проехать в Петроград, но...

Я замахал руками.

— Об этом не может быть и речи. Капитан вас не пустит, командир не пустит.

— Я так и думал. А в Варшаву дня на два, на три, это можете позволить и вы.

— Контрабандой...

— Это как знаете, но необходимо.

Я чувствовал, что ему, действительно, нужно для чего- то побывать в Варшаве; нашему полку был дан отдых, и я решил на свой страх отпустить Тригонова.

— Поезжайте, — сказал я. — Только, пожалуйста, не больше двух дней. Я, главное, боюсь, что мы отсюда уйдем, а вы по своей рассеянности нас не найдете.

Тригонов засмеялся.

— Ну, это про мою рассеянность легенды ходят, а когда мне нужно, я не забуду того, что должно сделать: и дорогу найду, и вас разыщу, хоть на дне моря.

— Тогда поезжайте. Только во всяком случае поторопитесь.

— Я сегодня же и поеду, — сказал он просто, вставая с лавки. — Спасибо вам.

— Не стоит, — ответил я, пожимая его тонкую руку. — Не лучше ли вам отдохнуть и ехать на рассвете?

— Нет!

— Как знаете! — и я написал ему ордер с поручением.

Он торопливо надел полушубок, поверх его солдатскую шинель, опоясался шашкой, нахлобучил папаху, которая сразу обратила его в маленькое чучело, и протянул мне руку.

— До свидания!

— Всего хорошего, — сказал я. — Кстати, Павел Дмитриевич, если не забудете, привезите мне 500 папирос.

— 500 папирос, — повторил он. — Постараюсь не забыть.

Он засмеялся детским смехом и вышел.

Вскоре я услыхал фырканье коня и затем топот копыт у окошка. Тригонов уехал. Я остался один в тесной горенке и невольно улыбнулся, подумав об этом человеке.

Сидел он в своей лаборатории, занимался своей алхимией, и вдруг судьба вырвала его от реторт и колб и бросила на войну...

III

Прошло три дня, а Тригонов не вернулся. Мы получили назначение выступить, сделали переход в тридцать верст и заняли приготовленные окопы. Видимо, немцы приготовились снова к наступлению, и мы готовились их встретить. А Тригонова все нет. Хорошо, что я догадался оставить записку о месте нашего назначения.

Только на пятый день объявился мой прапорщик. Был уже вечер, в окопах было смертельно холодно; Анисим разжег железку, я сунул ноги в мешок, завернулся в одеяло и дремал на жесткой постели, устроенной из двух ящиков, когда вдруг услышал голос:

— Вот и я!

Я тотчас же сел и увидел его. Маленькая фигура была вся занесена снегом. Очки запотели, и он походил на слепую сову. Войдя, он прежде всего осторожно поставил на землю какой-то сверток, завернутый в одеяло, потом снял папаху, шинель, протер очки, и я сразу увидел его рассеянное добродушное лицо с виноватой улыбкой на губах.

— Папиросы-то я позабыл, — сказал он.

Я махнул только рукой.

— То есть, не позабыл, собственно; а мне везти их было очень неудобно. Со мной была вот эта поклажа.

И он указал на сверток.

— Это что же?

— Победа! — ответил он.

— Отчего вы опоздали? — сказал я строго, желая показать, что его шутка неуместна. Он виновато улыбнулся.

— А я не заметил времени. Как сел за работу, так и не мог очнуться. Я ведь и не спал, то есть спал так, по несколько часов на стуле.

— Что же вы делали? — спросил я.

— Ой, большое дело! — ответил он.

Тем временем Анисим с деловым видом принес чайник, наполненный снегом, и поставил на нашу железку.

— Вы бы переобулись, ваше благородие, — сказал он Тригонову и тотчас нагнулся и стал стаскивать с него сапоги, потом достал валенки и с заботливостью переобул Тригонова. Тот благодарно кивнул Анисиму.

Я смотрел на него, и мне казалось, что на лице его отражается какое-то особенное, новое выражение; как будто спокойствие, какое-то горделивое сознание полного удовлетворения. Раньше он был погружен в задумчивость, а теперь, напротив, его глаза смотрели светло и, пожалуй, весело. Вода закипела; я встал, заварил чай, и мы выпили по два стакана. Потом я сказал:

— Мы ждем немцев, но их до сих пор нет, и пока что недурно хорошо выспаться.

Анисим уже приготовил подобие ложа для Тригонова, достал его мешок и широкое одеяло, толстое, как попона. Тригонов закутался и лег.

В нашей душной яме стало тепло. Я уже совсем засыпал, когда Тригонов вдруг окликнул меня и взволнованно заговорил.

— Я не могу сегодня молчать. Вы знаете, я сделал замечательное открытие... по военной части. Вы знаете... — голос его выдавал волнение; лица его в темноте я не видел. — Если мы его применим теперь на войне, то немцы не выдержат, и мы их победим только этой штукой...

— Которую вы привезли с собой? — сказал я.

— Вот, вот!

В моем вопросе была легкая насмешка, но Тригонов не разобрал ее, и мне стало совестно. Я знал, что его имя уже известно науке и что он очень мало походит на шарлатана.

— В чем же ваше изобретение? — спросил я.

— Видите ли, — оживленно говорил взволнованный Тригонов. — Я добыл особое вещество в жидком виде, как вода... после я, вероятно, сумею его сгустить, но теперь нет времени. Так вот. Если эту жидкость оставить на воздухе, то она начнет быстро улетучиваться. Заметьте! — воскликнул он, — несмотря на холод, при 15® мороза, при 20!..

— Ядовитые газы? — спросил я.

— Нет, не то; совсем другое. Видите ли, по мере того, как она улетучивается, она обладает свойством развивать тепло, неимоверное тепло. Могу сказать уверенно, что на окружности 12 саженей во все стороны будет развиваться жар, а не тепло, который дойдет до 500®. Да, до пятисот! Ни одно живое существо не будет в состоянии удержаться. Станет взрываться порох, и если я, например, волью эту жидкость в окопы, то раньше, чем разовьется температура до высшей точки, люди не выдержат и бросятся бежать во все стороны. Я его назвал термогеном.

Я даже приподнялся на своем месте.

— Это не фантазия?

— Нет! Я давно об этом думал, а здесь мысли мои прояснились. Я, так сказать, эмпирически открыл это вещество, а потом — вот теперь — приехал в Варшаву; у меня там есть знакомый доктор Пяц, он известный химик. Я попросил у него позволения поработать в его лаборатории и добыл это вещество. Опыт я произвел у него на огороде; понятно, в лаборатории нельзя было. И полный успех! Полный...

Он замолчал, а я был поражен. Действительно, это изобретение было удивительно. Быстрая победа на нашей стороне, если мы применим это средство; но тут же у меня мелькнуло сомнение.

— А как пересылать эту жидкость врагу? — спросил я.

В темноте послышался вздох.

— Вот в этом-то сейчас и задача! Если бы я был артиллеристом... Мне, видите ли, кажется, что ее можно будет разливать в снаряды. Снаряд разорвется, и содержимое расплещется вокруг по земле...

— А если во время наполнения снарядов она прольется?

— Вот, вот! — он вздохнул. — Да и когда наливать будут, все-таки она будет улетучиваться. В такой атмосфере нельзя будет работать.

Я вздохнул тоже.

— Следовательно, ваше изобретение неприменимо.

— Я не знаю! Я с собой привез две бутылки и хочу сделать опыт. Изготовлять ее легко, сколько угодно, а эти бутылки я хочу пожертвовать.

— А где можно произвести ваш опыт?

— Пробраться к немцам, — сказал он просто.

— Ну, дорогой мой, это почти неосуществимо.

— Но я проберусь к их окопам и кину свои бутылки, они разобьются, и я увижу, что из этого выйдет. А потом уже можно подумать, как посылать. Ведь затем у нас и голова.

И он засмеялся. Потом снова оживился и долго говорил о том, как пришел к этой мысли, какими путями теоретически дошел до решения своей задачи, но в его речи было столько специальных терминов, что я совершенно не смог ее усвоить и под его речи крепко заснул.

На другое утро, когда мы сидели за чаем, я кивнул головой на сверток и спросил:

— Это?

— Вот-вот! — он подбежал и осторожно стал разворачивать сверток.

Две бутылки из-под кваса были тщательно завернуты в солому, войлок и одеяло. Он вынул их и торжественно показал.

— Вот! А их действие я испытаю во что бы то ни стало.

Глаза его блеснули. Я немного встревожился.

— Дорогой мой, эта штука очень опасна в наших окопах. Вообразите, что они разобьются...

— Да, — сказал он, — тогда дело плохо; но я заверну их со всевозможной тщательностью, а потом засуну в угол, под нашу рухлядь; авось, Бог помилует.

И он улыбнулся детской, ясной улыбкой.

В эту минуту раздался характерный треск рвущейся шрапнели.

— Вот, словно вас дожидались! Кажется, начинается! — сказал я, вставая, и торопливо вышел из своей ямы.

Действительно, начиналось. В отдалении показался неприятель, и его густые колонны двигались прямо на наши окопы. В то же время вдали гремели пушки, и над нами стала рваться шрапнель, а следом посыпались и снаряды. Неприятель приближался. Мы допустили его на 300 шагов, когда раздалась команда, и линия наших окопов сверкнула огнями.

— Стрельба пачками! — скомандовал я.

Залп следовал за залпом; пулеметы затрещали, обливая ряды немцев свинцовыми пулями, словно из лейки.

Град не выбивает так поля, как наш огонь.

Ряды немцев падали, как скошенные. Их колонны дрогнули и отступили. Потом второй раз они сделали попытку подойти к нам и снова были отбиты нашим огнем. Они отошла к своим окопам и залегли в какой-нибудь тысяче шагов от нас.

Начался артиллерийский бой. На нас тучей понеслись шрапнель и снаряды, и среди них загудели, завыли их знаменитые чемоданы {...чемоданы — крупнокалиберные снаряды (разг .).}, несущие ураган смерти.

Нам приходилось тяжело. Из какого-то невидимого места нас обстреливали особенно сильно.

Наши батареи не могли их нащупать. Необходимо было высмотреть эту проклятую батарею, чтобы сшибить ее, — иначе хоть оставляй позицию; и у меня вдруг мелькнула мысль испытать средство Тригонова. Я пошел к своему капитану и сказал:

— Позвольте мне, Егор Степанович, на разведку. Я найду эту батарею.

Капитан замотал головой.

— Вы? Да что вы! Для чего... Это надо послать солдата.

— Нет, пойду я, и со мной Тригонов.

— Тригонов? — добродушный капитан даже всплеснул руками. — Милый мои, да вы обезумели! Куда же он к черту годится для такого дела? Посреди дороги остановится, уткнет палец в лоб и задумается. Какой! Придет в немецкий окоп и там сядет. Разве он годится на какую-нибудь разведку?

— Будьте покойны, он пойдет за мной, и это будет его боевое крещение; мы с ним, может быть, — и я засмеялся, — заставим замолчать батарею.

— Ну, ну, — сказал капитан, качая головой. — Вы, кажется, от этого самого химика и сами немножко того, — и он повертел пальцем около лба.

— Так я иду, — сказал я.

— Благослови вас Бог! — ответил капитан. — Только осторожненько, голубчик, и скорее.

— Слушаю...

Я быстро вернулся к своему взводу, нашел Тригонова и сказал:

— Есть случай произвести ваш опыт.

— Какой? — спросил он быстро.

— А вот какой... — и я рассказал ему про взятое на себя поручение.

Лицо Тригонова просияло.

— Отлично! Значит, я с вами?

— Да! И пойдем сейчас, берите бутылки.

— Одну вы, другую я...

— Хорошо.

Тригонов тотчас побежал в землянку, а я осторожно высунулся, взял бинокль и постарался определить направление, откуда летели на нас градом губительные снаряды. Тригонов вернулся с двумя бутылками.

— Если мы их разобьем по дороге, то для нас они безвредны; мы успеем уйти, — сказал он.

— Лучше разобьем их на той батарее, — сказал я, смеясь. — Ну, с Богом!

IV

Я передал команду унтер-офицеру, и мы с Тригоновым осторожно вылезли из окопов. Нас было отчетливо видно на снежной поляне, но мы быстро пробежали открытое пространство и скрылись за деревьями, в небольшой роще. Я решил идти этой рощей в обход немецкой позиции, дождаться сумерек и вечером прокрасться в том направлении, в котором, мне казалось, находится губительная для нас батарея. Мы двинулись.

Путь был тяжелый, кругом лежал огромными сугробами наваленный снег, и мы шли, погружаясь в него иногда по пояс. Над нами безвредно пролетали снаряды с немецких и наших батарей, и иногда жужжала совсем близко пуля, сшибая ветви у деревьев и сбрасывая с них хлопья снега. Мы медленно и неуклонно продвигались вперед, не отдыхая ни на мгновение. Ружейная стрельба и резкий треск немецкого пулемета помогали нам определять положение немецких окопов, а гулкие раскаты пушечных выстрелов вели нас к проклятой батарее. Каждую минуту мы опасались, что нам встретится немецкий дозор, и я все время держал руку у кобуры. Тригонов шел с полной беспечностью и время от времени говорил:

— Только бы нам пробраться на их батарею! Вот там-то вы и увидите действие термогена. Воображаю, какой будет эффект!

И он вдруг провалился в снег до самых плеч. Я помог ему выбраться и сказал:

— Эффект эффектом, а вы лучше идите за мной; я буду прокладывать дорогу.

Мы продолжали путь. Зимний день короток; вышли мы после полудня, и до сумерек оставалось несколько часов, но они мне казались вечностью.

— Здесь окопы, — вдруг сказал Тригонов, и, действительно,

совершенно ясно по одной линии с нами раздавались выстрелы немецких винтовок и резкий треск их пулеметов. Привычное ухо сразу отличает частую дробь нашего пулемета от резких раскатов немецких.

Я жалел, что не взял с собой бинокля, но и так, в просвете деревьев, я увидал клубы дыма, которые поднимались, словно пар, над поверхностью снежной равнины.

— Держаться надо подальше, — сказал Тригонов, — того гляди, что провалишься к ним в окоп.

— Ну, им тут окапываться не для чего.

Наконец, надвинулись сумерки. Сперва серые, они скоро сгустились, и ружейная пальба смолкла, только продолжали грохотать пушки.

В то же время мы выбрались из снежных сугробов, отряхнули покрывавший нас снег и почувствовали под собой твердую дорогу.

— Теперь надо быть особенно осторожным, — вполголоса проговорил я. — Они совсем близко.

И вдруг, словно в подтверждение моих слов, почти под нашими ногами друг за другом громыхнули три выстрела. Я вздрогнул и отшатнулся. Тригонов тихо засмеялся.

— Они здесь, за пригорком, — сказал он шепотом. — Ляжем и поползем.

Мы опустились на снег. Тригонов прижал к себе бутылку и, словно плывя на одном боку, пополз, опираясь на правую руку. Я сунул свою бутылку за пазуху и пополз на руках.

Снова грянули пушки почти под нами. Мы удвоили осторожность. Как знать, может быть, здесь обрыв, и мы рискуем скатиться по снегу к немцам в гости.

— Дерево! — сказал Тригонов.

В темноте я увидел черный силуэт развесистого дерева, на сучьях которого искрился снег, словно на убранной рождественской елке потухающие огоньки. Мы подползли к нему и встали на ноги.

— Бум, бум, бум! — снова раздался грохот пушек. Я выглянул из за дерева и, совсем близко, внизу под ногами, увидел неприятельскую батарею. Стволы пушек были подняты кверху, солдаты суетились около орудий и продолжали посылать в наши окопы гибельные снаряды. Я стал высматривать расположение. В лощине, прикрытые гребнем холма и кустарником, стояло шесть орудий; позади них, шагах в тридцати, прямым рядом стояли зарядные ящики и подле них запряженные кони, а в середине горели костры.

— Отсюда не докинуть, — с сожалением сказал Тригонов.

Я быстро сообразил. Нет никого остерегающего батарею; все заняты работой, и мы могли обойти батарею со стороны, где стояли зарядные ящики, и оттуда бросить бутылки.

— А как их разбить?

— Просто бросим в ящик!

— Они разобьются со звоном, и нас тотчас схватят, — сказал я.

— Нет; что значит среди этого грохота стук разбитой бутылки? Даже не услышат.

— Пожалуй, — согласился я. — Тогда ползем.

Мы проползли по краю оврага, потом опустили ноги и неслышно по снегу скатились вниз, в узкую ложбину. Теперь совсем рядом с нами стояли лошади, а дальше ящики. Мы прошли несколько саженей.

— Здесь кидать, — сказал Тригонов и поднял свою бутылку.

— Только смотрите, — сказал я, — чтобы она разбилась.

— Я-то уж знаю! — проговорил он и взмахнул рукой.

Бутылка полетела, ударилась о колесо и разбилась с легким звоном. Действительно, в сравнении с грохотом выстрелов этот шум был слишком ничтожен. Я в свою очередь размахнулся бутылкой и кинул ее в другой ящик. Она также ударилась и разбилась.

— А теперь следите, — сказал Тригонов, — только лучше нам отсюда убраться. Сейчас станут взрываться эти ящики.

Его голос прозвучал такой уверенностью, что меня охватил страх.

— Идем скорее! — сказал я, и мы поспешно двинулись назад.

Вползать по склону было тяжело. Ноги скользили, снег обваливался, и мы, поднявшись кверху, снова скатывались вниз. Пот катился с нас градом и тут же замерзал на усах, бороде, ресницах. Наконец, мы осилили подъем и влезли.

— Чувствуете? — с торжеством спросил Тригонов.

Я с удивлением почувствовал, как тепло вдруг коснулось моей щеки, словно до нас донесся жаркий июльский ветер; и в то же время растаяли ледяные сосульки на усах и бороде.

— Начинается, — сказал Тригонов и тихо засмеялся.

— Бум, бум, бум, — гремели пушки одна за другой.

— Сейчас пойдет другая стрельба, — сказал Тригонов, — идемте скорее прочь.

Я прибавил шагу, Тригонов шел за мною. Мы шли по откосу и уже сравнялись с передней частью батареи, как вдруг раздался оглушительный взрыв.

— Я говорил! — в диком восторге закричал Тригонов.

V

Слова его оправдались. Раздался такой грохот, словно залп из ста пушек. Это взорвался первый зарядный ящик. Снаряды лопались и трещали, шрапнель с визгом разлеталась на куски. Пушки смолкли, но вместо них друг за другом взрывались зарядные ящики. Словно гремели сотни батарей. В брызгах вылетающего огня мы увидели смятенных людей, которые кидались во все стороны. Сорвавшиеся с коновязей кони с диким ревом пронеслись по снежной равнине и скрылись вдали, а восемнадцать ящиков рвались с невероятным грохотом, и во все стороны с визгом и шипением летели осколки и пули разорвавшихся снарядов.

— Бежим! — крикнул я, пораженный виденным.

— Я говорил! — с восторгом кричал Тригонов. — Мой термоген победит!

— Бежим! — повторил я.

Грохот от взрыва снарядов продолжался. Казалось, окрестность охватило землетрясение: стреляли десятки батарей, из разъяренного вулкана выбрасывались громадные камни, тряслась земля. Панический ужас охватил меня среди этой ночи при грохоте беспрерывных взрывов, под свистом смертоносных пуль.

— Ой! — вдруг услышал я тихий крик и в то же мгновение увидел, как Тригонов тяжело опустился на снег. Я нагнулся к нему.

— Милый, что с вами?

— Ранен, — сказал он.

— Встаньте, идем...

— Не могу, — проговорил он.

Я напряг все усилия и приподнял его. Голова его бессильно свесилась на грудь. Я растерялся на одно мгновение. Сделать перевязку, — но было темно; распахивать его шинель, снимать полушубок было некогда. Я наклонился, взвалил его себе на спину и тихо пошел по тяжелой снежной дороге. Ноги мои скользили, я увязал в снегу, обливался потом и то и дело опускал на землю несчастного Тригонова и с усилием переводил дух, а выстрелы все еще гремели; смутно доносились до меня крики растерявшихся людей. В немецком лагере царило смятение. Я снова поднимал Тригонова на спину и снова тащил его по сугробам снега, изнемогая от усталости. Взошла луна и осветила все пространство. Я опустил Тригонова и посмотрел на его лицо: оно было бледно, как снег. Полузакрытые глаза остекленились; из полуоткрытого рта тонкой струей текла кровь. Я положил его на снег и осмотрел руки, лицо, грудь, живот, ноги, но не увидел раны. Тогда я повернул его спиной кверху и увидел возле правой лопатки в клочья разорванные шинель и полушубок. Кровь большим сгустком замерзла по краям огромного отверстия. Очевидно, случайный осколок снаряда ударил его в спину и в одно мгновение пресек его жизнь. Я снова поднял его похолодевший труп и пошел тяжелой дорогой. Мне казалось, что я изнемогу и погибну среди этих сугробов, замерзну от холода в эту светлую ночь. Но Бог спас. Луна описала дугу и стала опускаться к горизонту; надвинулась предрассветная тьма, и звезды ярко выступили на небе, когда я, наконец, добрался до последних деревьев перелеска и увидал гряду наших окопов. Я сделал последний привал. Снова опустил труп на снег и сам прилег подле него. Усталость охватила мои члены, голова склонилась на грудь, но я победил сонливость, поднялся, снова взвалил на плечи печальную ношу и, наконец, дошел до наших окопов.

— Кто идет? — спросил часовой.

— Свой! — ответил я и, обессиленный, опустился на снег вместе с трупом.

Солдаты выбежали из окопов. Анисим наклонился надо мной. Я на мгновение потерял сознание и очнулся только в своей землянке.

Анисим растирал мою грудь суконкой; жарко горела железная печка, и на ней шумела в чайнике вода...

— Где прапорщик? — спросил я.

— Мы его там оставили, чтобы не оттаял, — ответил Анисим, — как есть насмерть. В спину...

Его голос задрожал.

— Да, убит, — сказал я с тяжелой грустью.

VI

Час спустя я был у капитана и доложил ему о нашей разведке.

— Могу уверить вас, что вредной для нас батареи больше нет, она вся разметена.

— Как? — спросил капитан с изумлением.

Я рассказал ему, что мы сделали и чему я был свидетелем.

— То-то мы слышали чертову пальбу, а снаряды не падали, — сказал капитан и потом вдруг воскликнул: — Но ведь это чудо из чудес! И он это выдумал?

— Он это выдумал, — повторил я, — а теперь убит.

— Убит? — капитан широко перекрестился. — Вот и здесь недоразумение, — сказал он, качая головой. — Химик, а для войны оказался первый человек. Надо доложить командиру.

Мы прошли вместе в небольшую деревушку, что находилась позади окопов, и проснувшийся генерал внимательно выслушал мое донесение.

— Это прапорщик запаса Тригонов? — спросил он.

— Да, — ответил я.

— Тригонов... Мне говорили о нем; он химик. Что же, насмерть?

— Насмерть, — ответил я. — Осколок снаряда ударил его в спину.

Генерал перекрестился.

— А его изобретение, этот состав?..

— Я ничего не знаю, — ответил я. — Вероятно, его изобретение погибло с ним вместе.

— Это будет очень печально, — сказал генерал.

Я промолчал.

Наутро мы подняли труп Тригонова. Доктор осмотрел его. Осколок бомбы пробил ему спину и глубоко ушел внутрь.

— Вероятно, — сказал доктор, — у него внутри все перебито.

Мы завернули его в одеяло и торжественно похоронили позади окопов. Солдаты набожно молились подле его могилы и, словно уважая торжественную минуту, немецкие батареи смущенно молчали, только изредка щелкали ружейные выстрелы.

Тригонов был убит, и с ним вместе погибло его замечательное изобретение.

От дивизионного генерала приехал адъютант вместе с артиллерийским полковником. Они забрали с собой все записки Тригонова; артиллерийский полковник расспрашивал меня, не говорил ли он что-нибудь о своем изобретении, и я должен был ответить, что ничего не знаю. Мне было больно и стыдно, что в ту ночь я не напряг своего внимания и не запомнил ничего из его рассказа о том, каким путем он дошел до своего открытия.

Мир праху его! Он был необыкновенный человек...

После я узнал, что особая комиссия ездила в Варшаву, в

лабораторию Пяца, но не нашла там никаких следов великого открытия, также как никаких указаний в записках Тригонова.

Его великое изобретение пропало, но, вероятно, если он думал об этом, то в том же направлении сейчас думает не один химик и специалист; быть может, кто-нибудь уже приближается к разрешению той же задачи, которую так успешно решил Тригонов...

www.ingramcontent.com/pod-product-compliance
Lightning Source LLC
LaVergne TN
LVHW030910080826
845145LV00010B/2841
* 9 7 8 1 6 4 4 3 9 8 0 5 0 *